역사의 한복판에서 길을 묻다

한홍구의 한국 현대사 이야기

특강

역사의 한복판에서 길을 묻다

한홍구 지음

한겨레출판

| 차례 |

3 토건족의 나라, 대한민국은 공사 중

4 헌법 정신과 민영화, 대한민국의 정체성을 묻는다

괴담의 사회사,
여고괴담에서 광우병 괴담까지

부패와 저항이 있는 곳에 괴담이 있다

경찰 폭력의 역사,
일본 순사에서 백골단 부활까지

한국 경찰의 역사를 돌아본다

7 사교육 공화국, 잃어버린 교육을 찾아서

—————————————————— 더 이상 개천에서 용 안 난다

8 촛불, 몸에 밴 민주주의의 역동성

—————————————— 역진의 시대, 우리는 무엇을 할 것인가?

역주행의 시대, 다시 마음을 다지며

세상이 참 어수선하다. 역사를 공부하는 사람들은 대부분 역사의 진보를 믿고, 그래서 낙관적이다. 어려서 역사에 흥미를 가진 것으로 치면 40여 년, 대학에 들어가 전공으로 삼은 때부터 쳐도 만 30년이 되었는데 이런 어지러움은 처음인 것 같다. 이 어지러움은 이명박 정권이 등장한 이후 역사가 빠른 속도로 역주행하면서 생겨난 것이다. 지난 20여 년간 더디지만 조금씩 이뤄온 민주주의가 이렇게 속절없이 산산조각날 수 있단 말인가? 역사의 진보를 믿어 의심치 않았던 입장에서 참으로 당혹스러운 일이다. 더구나 근현대사 교과서 파문이나 과거사 관련 위원회의 무력화 등 이 정권과 뉴라이트들이 벌인 짓거리는 역사 전공자들을 몹시 분주하게 만들었다. 6월 항쟁 직전인 1987년 5월에 『한국민중사』 사건과 관련해 성명서를 발표한 이후 20여 년 만에 행동이 굼뜬 역사 연구자들이 다시 성명을 발표하기까지 했다.

이명박 정권의 역주행으로 인해 모든 사람들이 당혹해하고 있지만, 내 개인 입장에서는 과거 청산 작업이나 양심에 따른 병역 거부 운동처럼 지난 몇 년간 온 힘을 다했던 공든 탑이 하루아침에 뒤엎어지는 꼴을 봐야 하는 것이 참으로 견디기 힘든 일이다. 상황은 우리의 상상력이 그려내는 최악의 시나리오를 비웃으며 훌쩍 달려가고 있다. 촛불시위에 유모차를 끌고 나온 어머니들이 불려가서 조사를 받지 않나, 인터넷에 정부를 비판하는 글을 올린 네티즌이 구속되지를 않나, 역사의 역주행이 어지러울 뿐이다.

1년밖에 지나지 않았지만 역사 연구자들이 이렇게 힘들었던 때가 또 있었나 싶다. 그리고 지금처럼 역사를 공부한다는 것의 무게를 실감한 적도 별로 없었던 것 같다. 2008년 5월 이후 촛불이 타오르면서 많은 사람들이 우리의 근현대사에 새삼 관심을 갖기 시작했고, 8월 이후 촛불이 꺼져가면서 우리가 맞는 오늘과 내일을 역사의 흐름 속에서 돌아보아야 할 필요성이 더 많이 제기되었다.

이 무렵 한겨레교육문화센터의 이란 씨가 대한민국사 강좌를 해보자고 제의해왔다. 처음에는 책에서 늘 하던 이야기에다 촛불을 역사적 관점에서 설명하는 정도로 준비하면 되겠다고 생각했다. 그런데 한겨레출판의 이기섭 대표와 〈한겨레21〉에서 악연을 맺은 고경태 기자가 똑같은 이야기를 되풀이하지 말고 새 시대에 맞는 이야기를 하라고 강권했다. 〈한겨레21〉에 「한홍구의 역사이야기」를 연재할 때, 당장 눈앞에 벌어지는 사건들에 대해 근현대사의 맥락에서 재해석하고 개입하는 것이 기본 정신이었는데 그 취지를 살리라는 것이었다. 역사는 현재와 과거의 대화라는 고전적인 명제를 들먹이면서 반협박 조로 강권하는 바람에 관성적으로 짜보았던 처음 기획안을 버리고 2008년 상황이 요구하는 대한민국사 강좌를 다시 기획하기로 했다.

이명박 정권이 잃어버린 10년 운운하며 워낙 여기저기서 사고를 치는 바람에 그걸 일일이 다 따라가면서 역사적인 설명과 해석을 시도 하는 것은 불가능한 일이었다. 그러나 현재 상황에 대해 역사학, 특히 근현대사 연구자로서, 그리고 촛불시위 기간 내내 즐거워하며 길바닥에서 살았던 시민의 한 사람으로서 최소한도의 발언을 해야 한다는 생각에서 이 책에 수록된 여덟 번의 강의를 준비했다.

1강의 주제는 뉴라이트와 역사 교과서 문제였다. 난데없는 '건국절' 논란을 거치면서 이 땅의 수구세력의 뿌리와 현실 인식을 짚어보는 작업을 이 강좌 전체의 총론으로 삼았다.

2강의 주제는 조작 간첩 사건이었다. 촛불에 대한 이명박 정권의 반격이 본격화된 7월 중순에 원정화 간첩 사건이 터져 나왔다. 이는 지난 3년간 국정원에서 신물이 나도록 조작 의혹 간첩 사건에 묻혀 살아온 나를 예비군 훈련 나갔다가 현역으로 말뚝 박게 되는 것 같은 기막히고 허탈한 상태에 빠트렸다. 이런 함량 미달의 간첩을 또 봐야 하다니……

3강에서는 촛불시위 기간에 죽은 것 같았다가 끈질기게 되살아나는 대운하와 뉴타운 광풍의 진원지라 할 부동산 투기 문제와 토건국가 대한민국의 역사를 짚어보았다.

4강에서는 민영화니 선진화니 하면서 신자유주의에 입각한 우리 사회의 재편 작업을 대한민국 국가 정체성의 근원이라고 할 수 있는 제헌헌법에 비추어 비판적으로 살펴보았다. 이 강의에서는 좌파나 중간파가 아니라 우파만이 모여 제정한 대한민국의 제헌헌법이 지금 저들이 떠들어대는 민영화가 아니라 공공성을 추구했음을 밝혀보고자 했다.

5강의 주제는 괴담이었다. 우리 사회의 혼돈과 불안을 상징하는 괴담도 생산과 유통과 소비의 주체에 따라 계급적 성격이 달라진다는 점을 강조했다.

경찰 폭력 문제를 다룬 6강에서는 호랑이보다 무섭다던 일제강점기의 순사들, 그리고 친일 경찰의 뿌리를 그대로 이어받은 채 더더욱 군사화된 한국 경찰이 지닌 폭력성을 역사적으로 풀어보았다.

7강에서는 이제 신분 상승의 통로라는 기능을 접어버리고 기득권 세력이 기득권의 보호장벽으로 삼아버린 교육 문제를 살펴보았다. 촛불을 처음 든 이들이 바로 "잠 좀 자자, 밥 좀 먹자"를 외친 학생들이었고, 이명박 정권이나 조중동이 우리 사회 최고의 공공의 적으로 꼽는 집단이 바로 전교조라는 점만으로도 지금 우리가 교육 문제를 천착해야 할 이유는 차고 넘친다.

8강은 전체 강좌를 마무리하는 측면에서 촛불의 역사성을 살펴보았다. 수십만의 사람들이 촛불을 들었다. 촛불은 가장 어두웠던 순간에 우리에게 한줄기 빛을 보여주었다. 황홀한 촛불. 그러나 촛불로 밥을 지을 순 없었다. 촛불이 꺼지고 어둠이 계속될 것인가, 아니면, 촛불로 안 된다면 횃불이, 들불이 타오를 것인가?

여덟 번의 강의들 중에는 나에게 비교적 친숙한 주제들도 있지만 부동산 투기와 토건국가 문제, 공기업 민영화와 공공성, 경찰 폭력, 각종 괴담 등 그동안 전혀 다루어보지 않았던 주제들도 많았다. 이런 주제를 준비하는 것은 쉽지 않았다. 그러다 보니 특정 글이나 주변 분들께 의존하거나 도움을 받는 경우가 많았다. 강연 형태라 일일이 밝히지 못했지만, 3강 부동산 광풍과 토건국가와 관련해서는 강준만 교수와 홍성태 교수의 연구에 많이 의존했고, 5강 괴담에서는 소설가 서해성 형의 반짝이는 아이디어와 조언에, 6강 경찰 폭력에서는 인권실천시민연대 오창익 사무국장의 풍부한 경험과 성실한 자료에 크게 힘입었음을 밝히는 것으로 고마운 마음을 대신하고자 한다. 공개 강의를 준비하면서 주변 사람들에게도 민폐를 끼치게 되었는데, 김두나 님은 기본적인 강의 계획을 듣고 여기저기서 내가 채 소화하지 못할 만큼 많은, 그러면서도 양질의 자료를 준비해주었다. 이원함 님은 이 자료를 정리해 강의안을 만드는 작업을 도와주었다. 평화박물관의 김영환 님은 바쁜 일정에도 강의에 동참하면서 늘 정신없는 나를 위해 이것저것 세심하게 챙겨주었다. 한겨레출판의 박상준 님은 갈팡질팡 왔다 갔다 했던 강의 내용을 깔끔하게 정리해주었다. 이분들의 도움으로 무사히 강의를 마치고 그 내용을 묶어 이 책을 내게 되었다. 이분들과 두 달 동안 강의를 들은 수강생 분들께 이 자리를 빌려 고마움을 전한다.

이 강의는 2008년 10월 13일부터 12월 1일까지 진행되었다. 마지막 강의가 끝난 지 세 달밖에 안 되었지만 지금 다시 읽어보니 벌써 낡은 이야기가 된 부분도 없지 않고, 내가 너무 안이하게 세상을 바라보았구나 하는 자책을 떨치기 힘든 부분도 많다.

전교조 선생님들 중에 해직교사가 곧 나올 것이라던 불길한 예언은 강의가 끝나자마자 현실이 되었다. 점점 수위가 높아지는 경찰 폭력에 대한 우려 때문에 이를 강의 주제로 삼았지만, 어느 날 아침 경찰의 진압 과정에서 6명의 목숨이 희생되었다는 참담한 뉴스를 접하게 되리라고는 꿈에도 생각하지 못했다. 역사학 분야에서는 나름대로 기민하게 움직여 이 강의를 준비했지만, 이명박 정권이 내세우는 속도전을 따라가기가 이렇게 힘들구나 새삼 느끼지 않을 수 없다.

1980년 광주를 겪은 후에도 학생운동과 청년운동 주변을 서성였다. 그러나 나는 그때 겁 많고 조금은 비겁한 20대였다. 광주를 겪었으니 악랄한 학살정권과 싸우다가 죽을 수 있다는 것 정도는 알았지만, 내가 스스로 목숨을 걸고 싸운다는 각오는 가져본 적이 없다. 그 시절 읽어는 보았지만 조금은 불편하게 여겼던 채광석 형의 「밧줄을 타며」나 이광웅 선생의 「목숨을 걸고」 같은 시가 나이 쉰이 넘은 지금 오히려 절절하게 와 닿는다. 30년 전 난쟁이가 오르던 굴뚝 대신, 30년 후 하루아침에 철거민이 된 복집 사장님이 망루에 오르는 지금은……

이 땅에서
진짜 술꾼이 되려거든
목숨을 걸고 술을 마셔야 한다.

이 땅에서
참된 연애를 하려거든
목숨을 걸고 연애를 해야 한다.

이 땅에서
좋은 선생이 되려거든
목숨을 걸고 교단에 서야 한다.

뭐든지
진짜가 되려거든
목숨을 걸고
목숨을 걸고……

2009년 3월 한홍구

역사의 내전, 뉴라이트와 건국절 논란

소망의 역사를 기록하려는 사람들

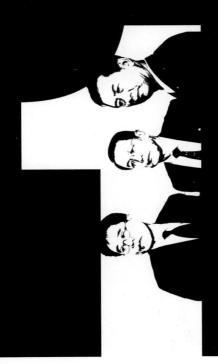

한국 근현대사에
올드라이트는 있었나?

여러분, 반갑습니다. 앞으로 여러분하고 두 달 동안 한국 현대사를 공부하게 될 한홍구입니다. 이명박 시대를 맞이해 바빠진 사람들 중 하나가 역사학자입니다. 잘 하지 않던 성명서도 내고 여러 가지 일들을 많이 겪고 있죠. 저도 조금 일조하고 있고요. 이번에 한겨레교육문화센터에서 강의를 준비하면서 요즘 많이 언급되는 민영화나 토목국가, 경찰 폭력, 교육 문제 등을 이야기해달라는 요청을 받았습니다. 제가 평소에 잘 다루지 못했던 주제들이지만 이명박 시대에 피해 갈 수 없는 문제가 아닌가 싶습니다.

뉴라이트, 쌍라이트 형제?

오늘 첫 번째 주제로 그동안 논란이 많았던 뉴라이트(New Right)에 대해 이야기해보겠습니다. 뉴라이트는 2004년에 갑자기 출현했습니다. 그 전에는 뉴라이트라는 말 자체가 없었죠. 처음에는 사람들이 "뭐라고? 새로운 불빛이라고? 그게 무슨 얘기야?"라고들 했습니다. 우리나라 사람들이 영어의 'L' 하고 'R' 발음을 잘 구분하지 못하잖아요. 뉴라이트를 'Light'로 착각한 사람도 있었고 쌍라이트 형제가 다시 나타났나 하는 우스갯소리도 있었습니다.

어쨌든 갑작스럽게 올드라이트(Old Right)와 구분되는, 아니 구분된다고 표방하는 집단이 출현했습니다. 당시 언론에서 대대적인 각광을 받았죠. 한국판 새역모〔1997년 1월 도쿄 대학 후지오카 노부카쓰(藤岡信勝) 교수 등이 자유주의사관에 입각한 민족주의를 주장하며 결성한 일본의 우익단체 '새로운 역사 교과서를 만드는 모임'의 약칭〕라고 할 만하게 새로운 역사 교과서를 만들어내기도 했는데, 특히 이명박 집권 이후에 교과서 개정 등을 통해 목소리를 높이고 있습니다. 지난 광복절에는 정말 뚱딴지같이 건국절 파동이 있었고요.

이러한 현상들을 보면서 저는 역사의 내전이 벌어지고 있는 건 아닌가 하는 생각을 해봅니다. 지금 동아시아에서는 어떤 의미에서 '역사의 전쟁'이 벌어지고 있습니다. 한국과 일본 사이에 교과서, 일본군 위안부, 독도 문제 등에 대한 논란이 한 치의 양보 없이 치열하게 전개되고 있고, 중국하고도 동북공정 같은 문제로 편하지 않은 관계가 이어지고 있죠. 나라끼리는 역사의 전쟁을 치르고 한국 내부에서도 역사의 내전이 벌어지고 있습니다. 한쪽에서는 지난 10년 동안의 민주정권 시기에 나름대로 과거를 청산하는 작업을 해왔지만, 이명박 정부가 들어선 뒤에 그 성과들이 뒤엎어지고 있습니다.

그 작업을 가장 열심히 수행하는 집단이 바로 뉴라이트라고 할 수 있습니다. 나중에 자세히 말씀드리겠습니다만, 뉴라이트가 등장한 게 바로 노무현 정부 때 과거 청산 작업이 본격화되던 시점입니다.

뉴라이트 등장의 전조
2003년 6월 21일 오후 시청 앞 서울광장에서 열린 '반핵반김 한미동맹 강화 6·25 국민대회' 모습.
2003년은 보수세력의 '행동주의'가 절정에 이르렀고, 이듬해인 2004년부터는 '뉴라이트 운동'이 본
격화되었다.

그래서 〈조선일보〉를 비롯한 수구 언론들의 각광을 받았습니다.

그렇다면 우리 역사에서 뉴라이트 이전에 올드라이트는 어떤 존재
였을까요? 과연 한국 역사에서 자유주의라는 게 가능했는지, 그 실체
가 무엇이었는지, 여하튼 뭔가는 존재했으니까 새롭게 '뉴'라고 붙이
지 않았겠습니까? 이제 실제로 그 자유주의가 어땠는지 한번 짚어볼
필요가 있습니다.

제대로 된 '자유주의'를 경험하지 못한 한국의 근현대사

우리 근현대사를 볼 때 해방 이전에는 자유주의가 거의 없었다고 해
도 과언이 아닙니다. 자유주의를 내세울 집단이나 세력이 없었죠. 우

리가 자생적으로 근대화 능력을 키워나가는 와중에 제국주의의 침략을 겪고, 그 과정에서 자생적 근대화의 흐름이 짓밟혔습니다. 결국 한국의 시민사회나 자본주의가 채 발달하기 전에 일제에 의해 위로부터 덮어씌워진 근대화를 겪게 되었죠.

제국주의는 한편으로 아주 근대적인 면모를 지니고 있습니다. 그렇게 제국주의에 의해 근대화를 강요받다 보니 반제국주의 운동은 반근대적인 성격을 띠는 경우가 많았습니다. 예를 들어 단발령이 포고되자 의병장들이 내 목은 잘라도 머리는 못 자른다고 완강히 저항했다든지, 사진을 찍으면 영혼이 딸려간다며 무서워하기도 했죠.

한국의 민족해방운동 내에서도 상당히 많은 반근대적인 요소를 찾아볼 수 있습니다. 그 대표적인 사례로, 이북의 〈로동신문〉을 보면 가끔 황당한 이야기들이 있죠.

"위대한 수령 김일성 동지께서는 솔방울로 수류탄을 만드시고, 모래알로 총탄을 만드시고, 가랑잎으로 압록강을 건너시고……." 그런데 지금 우리 입장에서 보면 황당하기 짝이 없지만 나름대로 족보가 있는 이야기라고 생각합니다. 아무것도 없는 독립군 빨치산들이 막강한 일본군을 상대로 승리를 거두었어요. 전근대적인 사고방식을 가진 사람들 입장에서는 그걸 자기들 식으로 합리적인 설명을 해야 하지 않습니까? 당시 세계 최강인 일본군을 상대로 무기도 없이 어떻게 싸워서 이기겠느냐 이겁니다. 김일성이 도술이라도 부려야 하는 거죠. 이런 맥락에서 반근대적 또는 전근대적 정서들이 나오는 게 아닐까 싶습니다.

1930년대와 1940년대에 우리나라에서 반일 정서를 지닌 집단이 조선시대 영웅소설에나 어울릴 법한 낡은 의식을 가졌던 한계도 있겠죠. 인정할 수밖에 없는 우리 현실입니다. 독립운동을 하던 분들 중에 누구보다도 빨리 서구의 최신 문물을 접하는 분들도 있었지만, 반일 적인 대중의 상당수는 일본 제국주의의 본질을 '근대'로 이해하면서 그들이 강요한 모든 것을 통째로 거부했습니다.

여기서 또 제국주의와 반자본주의 문제가 나오는데요. 레닌의 정의 에 의하면 제국주의는 가장 고도로 발달한 자본주의입니다. 우리는 반제국주의를 하다 보니까 자연스럽게 반자본주의를 한 경우가 많았 습니다. 그래서 우리 독립운동은 반자본주의 성격이 굉장히 강해요. 원래 사회주의 성격이 강해서라기보다 제국주의 침략세력이란 본질 적으로 자본주의 세력이었기 때문이죠. 그걸 반대하다 보니 아주 자 연스럽게 반자본주의 정서가 강해졌습니다. 사회주의가 들어오기 이 전부터 자본주의에 대한 반감이 컸다는 말이지요.

어쨌든 일제는 1930년대, 1940년대에 이르러 조선에서 본격적인 공업화를 시작했습니다. 그래서 자본주의가 발전하기 시작합니다만 충분한 발전이라고까지는 이야기하기 힘든 수준이었습니다. 자본가 계급도 충분히 형성되지 못했습니다. 식민지 조선의 경제는 분명히 자본주의였는데 그 자본을 누가 가지고 있었나요? 대부분 일본인들 이었던 탓에 조선의 경제 발달 정도에 비해 자본가 계급의 발달이 미 약했다고 할 수 있습니다. 그러다 보니 조선 내에 자유주의자들의 계 급적 기반이 취약했던 겁니다.

자유주의를 구가할 만한 사상적 자유랄까, 그런 풍토도 안 되어 있 었습니다. 언론, 출판, 집회, 결사의 자유가 일제강점기에 보장되었나 요? 3·1운동 직후에 언론과 출판의 자유가 일시적으로 주어졌다가 1930년대 들어 차츰차츰 빼앗기게 됩니다. 사실 1930년대에는 식민지 종주국인 일본에서조차 언론, 출판, 집회, 결사의 자유가 완전히 자취를 감춥니다. 우리가 자유주의를 누리거나 훈련을 받을 만한 상황이 전혀 아니었던 거죠.

태평양 전쟁이 일어나면서 일제는 본격적인 총동원 체제에 들어갑니다. 세계 역사상 최악의 국가주의와 최악의 유사가족주의가 하나로 합쳐집니다. 천황폐하가 어버이가 되는 겁니다. 식민지를 포함한 일본 제국이 하나의 대가정을 이루어 무조건 어버이에게 복종하는 체제에서 근대적인 자유주의랄까, 독립된 개인을 바탕으로 한 자유로운 사회는 존립이 불가능했습니다.

제가 1989년에 미국 유학을 갔어요. 그런데 너무 당연하게 받아들였던 한국식 가치관이 미국 사회에서 정반대의 평가를 받는 것을 보고 대단히 당혹스러웠던 경험이 있습니다. 우리에게는 '개인주의' 하면 이기적이고 집단을 생각할 줄 모른다는 부정적 인식이 깔려 있습니다. 미국에서는 개인주의가 굉장히 좋은 의미더라고요. 독립된 개인이 모여 사회를 만들고, 그 사회가 국가를 구성하기 때문에 한 개인이 출발점이 됩니다. 그 개인은 신과 직접 교통하는 아주 독립된 개체입니다.

우리는 전통적으로 유교 사회였습니다. 유교는 관계를 가장 중시하죠. 우리는 아버지의 아들로서, 아내의 남편으로서, 자식의 아버지로서, 형의 동생으로서 존재하지 나 개인으로서 존재해본 경험이 별로 없습니다. 그런데다 나라를 빼앗기고 보니 민족의 독립이 절체절명의 과제가 되었습니다. 나라와 민족이 독립하려면 개인의 힘으로는 힘들었겠죠. 그래서 뭉치기 위해 계급이나 민족 같은 큰 단위를 내세우게 됩니다. 개인은 큰 단위에 묻혀버렸죠.

만주군관학교 우등생 박정희
1942년 만주군관학교 졸업식에서 박정희가 우등상을 받고 있다. 6년 뒤 그는 좌익 혐의로 한국군에서
숙청될 위기에 몰렸으나, 그로부터 14년 만에 대한민국 대통령의 자리에 오른다.

게다가 우리는 독재정권하에서 자유주의가 굉장히 나쁘다고 배웠습니다. 특히 박정희 시절에 자유는 방종이라고 배웠거든요. '북괴'가 언제 쳐들어올지 모르는데 자기 멋대로 뿔뿔이 흩어지면 어떻게 싸우느냐, 강력한 지도자 밑에서 국민이 총화단결해야 한다, 민주주의니 자유주의니 이런 건 서양 것이다, 우리한테 맞지 않는다. 뭐, 이런 이야기죠.

누가 맨 처음 이런 이야기를 했습니까? 1910년대, 1920년대부터 일본의 국가주의자, 국수주의자들이 해오던 주장이었습니다. 이것이 1930년대 일본 사회의 지배적인 관념이 되었죠. 그 교육을 받은 사람들이 누굽니까? 1960년대, 1970년대 대한민국을 이끈 사람들입니다.

이래서 우리나라 친일파 문제가 복잡합니다. 일본 놈들한테 붙어

나라를 팔아먹은 친일파도 있지만, 그보다 더 무서운 건 일본식 교육을 체화하고 현실에서 실행하려 했던 박정희 같은 사람들입니다. 박정희 시대가 완전히 그런 시대였습니다. 박정희 개인으로 따지자면 감옥으로 보내야 할 만큼 친일 행적이 수두룩하지는 않겠지요. 문제는 박정희의 사고방식이 전형적인 일본식 교육과 훈련을 통해 형성되었다는 겁니다.

일본 군국주의자들이 자유주의나 민주주의를 뭐라고 비판했느냐 하면 일본 정신에 맞지 않는다, 서양에서 온 외래 사상이다, 우리는 일본 혼을 지켜야 한다, 그랬습니다. 그러면서 군국주의로 몰아갔죠. 박정희도 민주주의를 욕보이면서 '한국적 민주주의'를 내세우지 않았습니까? 자유주의와 군국주의, 또는 군사독재는 결코 양립할 수 없거든요.

미군정, 친일파를 파트너로 선택하다

저는 친일 혐의를 받는 사람들 중에 우리나라를 대표하는 인재가 상당히 많았다고 생각합니다. 문제는 이렇습니다. 여러분, 새 옷을 샀는데 옷에 얼룩이 묻었습니다. 그 옷을 어떻게 하시겠습니까? 빨아서 입으시겠어요, 버리시겠어요? 여러분이 이건희 정도 되는 부자라면 상관없겠지만 보통 사람이라면 당연히 세탁해서 입겠지요.

사실 1930년대 조선 사회의 웬만한 지식인들은 대부분 얼룩이 묻어버렸습니다. 일본이 스프레이를 뿌린 셈이니까요. 필사적으로 거부할 수도 있었겠죠. 하지만 그렇게 하지 못한 사람들이 대부분이었습니다. 우리 입장에서 볼 때 해방 이후 중요한 역할을 맡을 만한 좋은 인재들이 다 똥물을 뒤집어쓴 거라는 말입니다.

저는 친일파라고 비판받는 사람들 중에 본인의 과오를 반성하고 용서를 구하라고 하면 그렇게 할 분들이 많았을 거라고 생각합니다. 그런데 불행하게도 우리나라에서는 기회가 없었어요. 그 사람들이 자기 과오를 반성하고 국민에게 사죄와 용서를 구하면서 새로운 국가 건설에 참여할 기회를 갖지 못한 채 얼룩이 묻은 상태로 남게 되었다는 겁니다. 결국 우리가 존경할 만한 우파 지식인들이 거의 남아 있지 않게 되었습니다. 해방 이전에도 건전한 자유주의의 토양이 거의 없었는데 해방이 되고 난 다음에도 지식인들이 대중 앞에 떳떳이 나서기가 어려운 상황이 된 것이죠.

일본 파시즘의 지배를 벗어났지만 남과 북이 갈린 상태에서 북쪽에는 소련이, 남쪽에는 미국이 들어왔습니다. 미국과 소련은 취한 정책이 달랐어요. 소련 슈티코프(T. E. Shtikov) 군정 사령관의 담화문이 어떤 내용이었습니까? 축하한다, 모든 것은 조선 인민에게 달렸다, 이제 조선 인민들이 새 나라를 맘껏 건설하라. 반면에 맥아더 사령관의 일반 명령은 한마디로 뭐였습니까? 까불지 마라, 일본법은 살아 있다, 그 법에 따라 법과 질서를 준수하라. 이랬거든요.

이 차이를 놓고 1980년대 운동권에서 미국은 점령군이고 소련은 해방군이라고 이야기했는데, 저는 그것이 굉장히 단순한 논리라고 생각합니다. 양쪽 다 점령군입니다. 그런데 왜 소련은 유화적으로 나왔을까요? 사실 소련은 가만히 앉아 있어도 원하는 대로 이루어지게 되어 있거든요. 미국은 상황이 달랐습니다. 자칫 한반도가 사회주의화 내지는 공산주의화될 가능성이 컸죠. 38도선 이남이라도 챙기려면 깊숙이 개입할 수밖에 없었던 겁니다. 그래서 친일파를 하수인으로 만들

**반민특위 법정에 끌려가는 친
일파**
반민특위의 친일파 청산 노력은
미군정과 이승만 정권의 친일파
등용으로 무산되고 만다. 청산
되지 않은 친일파의 역사는 반
세기 만에 비슷한 역사를 만들
고 있다.

면서 적극적으로 개입했죠. 그러다 보니 본격적인 친일 청산을 안 한
겁니다.

우리한테 맡겼으면 친일 청산을 했겠습니까, 안 했겠습니까? 정말
로 조선 사람들의 합의로 새 나라를 세웠다면 일제에 협력했던 사람
들한테 새 나라를 맡겼을까요, 아니면 독립운동했던 사람들에게 맡겼
을까요? 물어보나마나 독립운동을 한 사람들이겠죠.

해방 당시에는 친일파조차 친일 청산을 당연하게 여겼습니다. '죽
을 죄를 졌지만 제발 죽이지나 말았으면, 죽여도 나만 죽였으면, 마누
라나 자식새끼는 놔두고 나만 죽였으면……. 혹시 죽도록 패기만 하고
목숨만은 살려줄 수 없을까. 죽도록은 아니고 반 죽도록 패는 정도면
안 될까.'

그저 이런 생각을 하고 있었을 텐데 그게 뒤집힌 거죠. 미국이 들어
와서 친일 청산을 전혀 하지 않았습니다. 그것이 미국의 선택이기도
합니다. 한국의 친일파를 청산했다가는 미국은 자기 세력을 키울 수
없는 겁니다. 한반도에 들어왔지만 영원히 군정을 할 수도 없고, 미국
의 이익을 위해 실무를 담당할 사람들을 조선인들 중에서 찾아야 했

죠. 그런 사람들이 주로 친일파 집단에서 나오리라고 판단하게 된 거죠. 그렇게 친일파가 득세하면서 미국식 민주주의가 이식됩니다.

더 이상 학살할 좌파가 없다

그런데 당시 우리 정체성은 무엇입니까? 우리가 조선 사람의 모습을 하고 있지만 정신은 황국신민으로서 살아왔거든요. 나이 먹은 사람들도 일제 치하에서 36년이나 살았고 30대, 40대는 아예 어릴 때부터 확실한 군국주의 교육을 받았습니다.

그런 상태에서 미국 옷을 입기 시작했습니다. 교육제도가 바뀌고 미국식 민주주의가 들어왔습니다. 필연적으로 삐걱거릴 수밖에 없는 상황이죠. 또 남북이 갈라진 상태에서 북쪽으로부터 친일파나 지주 자본가의 자식들이 대거 내려왔습니다. 벌써 남쪽은 좌우의 힘이 불균형한 상태가 됩니다. 게다가 미군정이 우익의 뒤를 받쳐주었죠.

4·3사건 같은 민간인 학살이 여기저기서 자행되었습니다. 우리나라의 민간인 학살은 한마디로 완전한 싹쓸이라고 생각하시면 됩니다. 전 세계에서 우리처럼 철저하게 민간인 학살이 이루어진 나라도 별로 없어요. 그러다 한국전쟁이 일어났으니 어떻게 되겠습니까? 한국전쟁 이전에 이미 이승만 반공정권이 좌익을 엄청나게 탄압한데다 전쟁이 터지니까 보도연맹원 학살을 통해 왕창 죽이고 내려갔습니다.

보도연맹 학살을 피한 좌익이나 좌익 가족이 눈이 벌게져서 복수하겠다고 나섰습니다. 실제로 보복 학살이 자행된 지역도 분명히 있었습니다. 그러다 인천상륙작전이 진행되니까 그동안 모습을 드러냈던 좌익들은 둘 중 하나를 선택해야 할 처지에 놓입니다. 북으로 가든지,

지리산으로 들어가든지. 지리산으로 간 사람들은 거의 다 죽었습니다. 북을 선택한 사람들은 모두 북으로 올라갔고요. 좌익은 완전히 씨가 말랐습니다. 죽어서 씨가 마르고, 북으로 올라가서 씨가 마르고.

그리고 남은 사람들이 학살을 당했습니다. 학살당해 죽은 사람들은 모두 좌익 행동을 했을까요? 총을 든 사람이 짐을 나르라면 어떻게 하겠습니까? 당연히 나를 수밖에 없겠죠. '나야 짐만 좀 날랐는데…….' 이렇게 생각했던 사람들이 부역자로 몰려 학살당하거나 처벌받았습니다. 30만 명 넘게 부역자로 처벌되었어요.

전쟁 기간에 북으로 갈 사람들은 다 넘어갔습니다. 남북의 통로가 열린 상태에서 한쪽은 막 죽이니까 다른 통로로 피하게 되었겠죠. 전쟁이 끝난 다음은 거의 멸균실 수준이었다고 생각합니다.

가령 중남미 국가들을 보면 1960년대, 1970년대 군사독재 치하에서 실종자가 엄청 발생했지요. 우루과이는 비교적 실종자가 적었는데도 2만 명 정도 됩니다. 그보다 많은 나라들은 20만 내지 30만 명 정도였고, 인도네시아도 공산 폭동 일어났을 때 30만 명이 희생되었습니다. 단위가 다릅니다.

우리가 겪었던 박정희, 전두환 시절의 독재가 악랄하기로 치자면 어디 가서 빠지지 않는 악랄한 독재인데도 민간인 의문사나 사망자 숫자가 광주와 4·19를 제외하면 몇백 명 단위입니다. 왜 다른 독재 국가들과 수치가 다르냐? 죽일 사람 다 죽이고 시작한 독재였기 때문입니다. 멸균실 수준으로 싹쓸이를 했는데 더 이상 죽일 사람이 어디 있겠습니까? 다른 나라 기준으로 볼 때는 죽이지 말아야 할 일반인까지 죽여놓고 시작한 나라여서 박정희, 전두환 독재조차 더 이상 죽이기에 껄끄러운 수준이었던 겁니다.

반민특위 친일행위 투서함
1948년 제헌의회에 설치되었던 반민특위는 일제강점기에 악질적인 친일 행위를 한 사람들을 색출하기 위해 제보를 받았다. 반민특위 전남북국 조사위가 광주에 설치한 친일행위자 투서함에 한 시민이 투서를 하고 있다.

 양민학살이 뭡니까? 누구한테 물어도 양민을 죽이는 건 잘못이라는 말에 대부분 동의할 겁니다. 그러면 불량민은 죽여도 괜찮은가요? 아니잖아요. 아무리 공산주의자라고 해도 정당한 법절차를 밟아 처벌해야지 민간인을 무조건 쏴 죽이는 게 어디 있습니까? 그러다 보니 자유주의는 사치죠. 민주주의도 사치입니다. 그때 영국 신문기자가 이렇게 썼어요.

 "한국에서 민주주의가 발달하기를 기대하는 건 쓰레기통에서 장미꽃이 피기를 기대하는 것과 같다."

 이승만이 미국식 민주주의를 도입했다고 하지만 그게 무슨 민주주의입니까? 그 당시 선거할 때 이야기를 들어보면 갑자기 불 꺼지고, 두들겨 패는 소리 나고, 투표함 바꿔치기 하고, 투표함에 몰표 왕창 집어넣고, 뭐, 그런 식이었습니다. 유명한 사사오입 사건도 있잖습니까? 국회에서 정부의 개헌안이 한 표 차이로 부결되었는데 이승만이 너희는 사사오입도 모르냐면서 직접 반올림을 지시해 하루아침에 번복되었죠. 다음 날 국회의장이 어제 계산이 잘못되었다고 땅땅땅 통과시키는 웃기는 민주주의 시대를 우리가 살았습니다.

이제 우리는 4·19를 겪게 됩니다. 저는 4·19가 굉장히 중요한 사건이라고 생각합니다. 해방 이후 한국전쟁을 거치는 동안에 멸균실 수준의 학살을 당했는데 거기서 우리가 7년 만에 살아난 겁니다. 학생들이 거리에 나와 한편으로는 민주주의를 요구하고 한편으로는 자유를 요구합니다. 자유와 민주가 하나의 화두로 떠오르기 시작했죠.

우리는 5,000년 내내 보수였다

잠깐 이야기를 건너뛰죠. 과연 한국 사회에 진짜 보수가 있었는가에 대해 이야기를 좀 하고 넘어가겠습니다.

저는 한국이 전통적으로 매우 보수적인 사회였다고 생각합니다. 근대에 들어서는 아주 역동적인 사회가 되었지만 전통적으로 보수적인 사회였죠. 우리는 왕조가 한번 세워졌다 하면 기본이 500년입니다. 조선 500년, 고려 500년. 신라는 1,000년 왕국이었습니다. 중국은 왕조의 수명이 고작 200년, 300년입니다. 거기다 중국은 왕조가 교체되면 엘리트들도 바로 교체됩니다.

우리는 신라시대의 귀족이 고려 사회에 그야말로 소프트랜딩했죠. 신라 경주 김씨의 대표자 격인 김부식이 『삼국사기』를 썼고 고려시대 최고의 이데올로그가 되었습니다. 고려시대 권문세족은 조선 사회에서 어떻게 되었습니까? 조선의 신흥사대부들이 일어나기는 했지만 구왕조의 엘리트들도 대부분 소프트랜딩했습니다. 일부 몇몇 집안하고 왕실이 타격을 입었지만 고려의 권문세족은 기본적으로 조선에 소프트랜딩을 했습니다. 그럼 조선시대 양반들은 일제강점기에 어떻게 되었을까요? 일제가 들어오면서 조선의 구지배 엘리트들을 제거했나

요? 아니죠. 놔뒀습니다. 소프트랜딩을 했어요. 일제강점기의 친일파
는 어떻게 되었습니까? 역시 소프트랜딩했어요. 최근에 우리가 민주
화 과정에서 독재 권력의 핵심이었던 놈들을 감옥에 보냈습니까? 단
한 명도 못 보냈죠. 그자들도 다 소프트랜딩을 했습니다. 그런 면에서
보면 우리나라 보수 엘리트층은 기가 막힌 생명력을 가지고 있는 겁
니다.

중국은 우리와 다릅니다. 중국에서는 왕조가 바뀌는 게 보통 일이
아니었어요. 송나라가 망하고, 금나라가 섰다, 원나라가 섰다. 이게
뭐예요? 북방민족이 들어오는 겁니다. 종족이 다릅니다. 여진족이 들
어오고, 몽고가 들어오고, 거란이 들어오고, 한족이 잡았다가 다시 만
주족이 들어오고. 그러면 구엘리트들은 완전히 교체됩니다. 적어도
톱클래스는 완전히 교체되는 겁니다.

우리는 그런 교체가 없었습니다. 여러분, 사극을 보세요. 가령 정조
대왕이 무슨 개혁을 하려고 새로운 정책을 내놓죠. 그러면 신하들은
"전하, 아니 되옵니다"라고 합창을 합니다. '아니 되옵니다'의 근거는
전례가 없다는 겁니다. 2,000년 전에 쓰인 『주례(周禮)』라는 책에 나
오지 않는다는 거죠. 전례가 없으면 못 한다는 말은 새로운 것은 하나
도 못 한다는 이야기예요. 이렇게 우리나라는 굉장히 보수성이 강한
사회였어요. 신라, 고려, 조선 왕조로 이어지면서 농경사회와 유교 문
화 등 온갖 보수적인 속성은 다 갖춘 역사를 간직하고 있습니다.

현재 우리 사회의 보수라고 하는 사람들과 옛날 전통적인 보수들은
서로 연결되어 있을까요? 저는 불행하게도 거의 닿아 있지 않다고 생
각합니다. 그들이 살아남기는 했지만 보수주의자로서 지켜야 할 덕목
은 완전히 내다버렸죠.

원칙적으로 보수 또는 우파의 조건은 무엇입니까? 신자유주의자들이 좋아하는 글로벌스탠더드에 비추어 보면, 우파의 조건은 죽으나 사나 민족을 내세우는 겁니다. 미국은 다민족국가이다 보니 민족보다 애국주의를 내세우고, 우리는 민족주의나 애국주의가 거의 비슷한 비중을 차지할 수 있습니다.

우파는 민족을 내세워 계급이 떠오르는 걸 막고, 여성이 떠오르는 걸 막고, 소수자들이 떠오르는 걸 막아냅니다. 그런데 한국의 자칭 보수파가 민족을 이야기합니까? 절대 안 합니다. 민족 대신에 동맹을 이야기합니다. 말하자면 8·15광복절에 성조기를 들고 나온다는 말이지요. 썩 유쾌하지는 않지만 그날은 못 본 척할 수 있을 것 같습니다. 왜? 광복을 맞았을 때 우리 선열들도 많이 싸웠지만 미국이 해방에 중요한 기여를 한 것도 사실이기 때문입니다.

그런데 왜 3·1절에도 성조기를 들고 나올까요? 이러니까 한국의 자칭 우파를 우파답지 않은 우파, 보수답지 않은 보수라고 하는 겁니다. 이런 현상이 나타나는 이유는 한국의 극우는 처음부터 폭력에 의존한 세력이었기 때문입니다. 폭력과 외세가 아니었으면 도대체 존재할 수가 없는 겁니다. 그 근원이 바로 친일파입니다.

도저히 용서할 수 없는 친일파

친일파에도 여러 등급이 있습니다. 친일파라고 무조건 때려잡아서는 곤란하죠. 사실 친일 청산 잘하는 길은 잘 봐주는 것입니다. 친일 청산은 아주 관대하게 가는 게 맞다고 생각합니다. 단, 조건이 있습니다. 본인이 잘못했다고 사죄할 때라야 합니다.

저는 웬만한 친일파는 다 봐줘야 한다고 말하는 사람인데, 그래도 봐줄 수 없는 친일파가 있습니다. 이들은 반드시 처벌하고 넘어갔어야 했다고 생각합니다. 그 수는 최소한으로 줄이더라도 말입니다. 어떤 부류의 친일파냐 하면 독립운동하는 사람을 밀고하고, 체포하고, 고문하고, 학살한 자들입니다. 이런 친일파까지 봐줘서는 안 되죠. 진짜 친일파는 이런 사람들로 한정지어야 합니다.

그런데 불행하게도, 아주 불행하게도 대한민국의 핵심 권력을 장악한 집단이 바로 이 사람들이었습니다. 친일파 중에서도 가장 악질적인 친일파가 대한민국을 먹어버렸습니다. 정당성이 없는 악질 친일파는 폭력에 의존할 수밖에 없었습니다. 그런데 분단이라는 특수 상황이 이들에게 '반공'이라는 정당성을 부여합니다. 이들이 반공을 내세우면서 살아남았고, 또 집권을 한 거죠. 그러다 보니 말이 필요 없는 겁니다. 주먹으로 해결해도 되는데 머리는 뭐 하러 씁니까? 머리는 박치기 할 때나 쓰지, 담론을 생산하고 국민을 설득하는 데 쓰는 게 아니죠.

우리가 어렸을 때 많이 듣던 말이 있습니다. 질문이 많으면 "묻지 마, 다쳐" 그럽니다. 자꾸 질문하면 진짜 다치게 되죠. 그러면서 "말 많으면 공산당"이라고 합니다. "묻지 마, 다쳐!" "말 많으면 공산당!" 이런 식으로 사회를 유지했는데 무슨 말이 필요하겠습니까?

진보, 내가 해봐서
잘 안다

보수세력의 놀랄 만한 무능력

여러분, 이명박 정권이 등장하고 나서 놀라셨죠? 여러 가지로 놀라셨을 텐데, 진보 진영이나 일반 국민뿐 아니라 아마 이명박 정권 내부 사람들과 보수층도 놀랐을 겁니다.

보수세력이 지난 10년을 좌파 아마추어 정권의 집권이라고 평가 절하했습니다. 그래도 노무현 정권을 보면 나중에 장기적인 업적이라고 평가할 만한 부분이 있죠. 나름대로 시스템을 만들기 위해 굉장히 노력했고, 약간의 성과도 거두었습니다. 그런데 지금 이명박 정권이 들어와서 하는 짓을 보면 으악! 하고 놀랄 일이 한두 가지가 아닙니다.

여러분, 밥솥 시리즈 아십니까? 예전에도 많이 나왔던 이야기지만 요즘 새로운 버전이 등장했죠.

박정희가 열심히 일해서 밥솥을 하나 장만했어요. 그리고 밥을 지어놓고 죽었습니다. 전두환이 들어서서 퍼 먹었죠. 그 다음에 노태우가 보니까 밥은 전두환이 다 퍼 먹어서 누룽지를 긁어 먹었습니다. 김영삼이 밥솥을 열었는데 아무것도 없거든요. 박박 긁다가 솥단지를 깨먹었어요. 김대중이 들어서서 외국 돈도 빌리고 카드빚도 내서 전기밥솥을 하나 장만했습니다. 그랬더니 노무현은 110V냐, 220V냐 코드만 만지작거리다가 밥을 못 지었어요. 국민들이 배고파 죽겠다고 아우성을 치니까 이명박이 나타나서 "밥은 내가 해줄게. 내가 금방 지을 수 있어" 하고 그 전기밥솥을 장작불 위에 딱 올려놓았다는 거 아닙니까. 누가 지어냈는지 참 기막힌 유머입니다.

보수세력이 등장한 다음에 정말 놀란 게, 그래도 이 사람들이 국정을 30, 40년 동안 담당했던 세력이기 때문에 뭔가 있을 줄 알았죠. 민주화 세력한테 아마추어라고, 무능하다고 어쩌고저쩌고 하더니 불과 석 달 만에 드러난 보수의 본색이 무엇입니까? 쇠고기 문제 협상을 보십시오. 일을 그렇게 하면서 국민들이 어떻게 나올지 감도 못 잡잖아요. 또 환율 문제에 대처하는 거 보십시오. 아무런 기본도 없는 겁니다.

3년 동안 '국정원과거사위원회'에서 일한 제 경험과 이명박 정권 집권 이후 몇 달을 지켜본 것을 종합해보니 과거 수구세력이 어떻게 정권을 유지하다가 내주게 되었는지 보이더라고요. 아, 이 사람들이 예전에 말 안 들으면 잡아다가 줘 패면서 국정을 운영하고 정권을 유지했던 거구나, 하는 생각이 들더군요.

정권은 왜 놓쳤느냐면 우리 사회가 어느 정도 민주화되면서 마음대로 안기부에 잡아다가 거꾸로 매달고 두들겨 패지 못하게 되지 않았습니까? 또 민주화되면서 방송이 정권의 손아귀를 벗어나 독립성을 회복하고, 교육도 전교조가 생기면서 많이 달라졌죠. 주먹으로 팰 수도 없고, 정권 유지의 버팀목이었던 방송과 교육을 놓쳐버리니까 정권을 유지하기 힘들었던 겁니다.

지난 10년 동안 나름대로 민주화해 국정원도 개혁을 한다고 했지만 사람을 안 바꿔놓으니까 지금 어떻습니까? 정권을 잡고 다시 보수의 본색을 드러내는데 국정 운영 능력은 전혀 없어요. 그러니 결국 공안 통치로 되돌아갈 수밖에 없지 않겠습니까? 우리나라 보수들이 정말 아무 능력이 없구나, 실무 능력이 이렇게 없을 수가 있나, 놀라울 정도입니다.

지극히 상식적인 우파가 진보였던 시절

우리 사회에 뒤죽박죽인 것이 참 많아요. 진보진영, 재야진영을 이끌었던 분들을 보십시오. 장준하, 문익환, 함석헌, 계훈제, 박형규, 정경모, 리영희, 김수영 같은 분들의 과거를 더듬어보면 놀랍습니다.

장준하 선생은 해방 직후에 민족청년단이라는 단체의 핵심 간부였는데, 줄여서 '족청'이라는 이 단체는 사실 극우 파시스트 단체라고 해도 과언이 아닙니다. 또 장준하 선생이 발간한 〈사상계〉는 초기에 굉장히 친미적이었습니다. 그러다 점차 깨어가면서 나중에는 "모든 통일은 선이다"라고 주장하게 되었고, 그러면서 박정희하고 대차게 붙다가 의문사를 당하신 것 아닙니까.

함석헌 선생은 누구예요? 공산주의가 싫어 월남한 기독교 사상가입니다. 신의주 반공학생사건의 사상적 배후라고 할 수 있어요. 또 문익환 목사는 누구예요? 이분은 좌우 대립이 심할 때 미국 통역장교였어요. 박형규 목사도 마찬가지고. 문익환 목사는 1970년대에 민주화

운동 하시면서도 미군 철수 반대 서명을 받고 다니셨잖아요. 1980년 대에는 제일가는 반미 목사가 되셨지만 말이에요.

계훈제 선생은 우익 반탁 진영의 행동대장이었습니다. 주먹패가 많이 활동하던 시절에 우파에서 가방끈 짧은 주먹패를 대표하는 사람이 김두한이었다면, 이분은 가방끈 긴 주먹패였어요. 계훈제 선생은 반탁학련의 행동대장을 지낸 분이죠. 나중에 재야진영에서 집회할 때 보면 늘 꾸부정하게 서 계시니 굉장히 약해 보이셨거든요. 제가 처음 뵈었을 때 저 분 누구냐고 선배한테 물었는데, 옛날에 날리던 주먹패였다는 이야기를 듣고 깜짝 놀란 적이 있습니다.

리영희 선생은 한국전쟁 당시 국군 통역장교였죠. 재야가 형성되기 전에 돌아가셨지만 김수영 선생도 반공포로 출신이잖아요.

이렇게 우리나라에서 재야진영을 처음 열기 시작한 분들이 사실은 다 우파였어요.

반면에 한국의 이른바 보수 논객들도 과거가 화려합니다. 한국의 집권 수구세력은 거의 대부분 주먹에 의존해왔지만 어쩌다 말로 해야 할 때가 있습니다. 백날 박치기만 할 수는 없잖아요. 그러면 옛날에 진보적인 운동을 했던 사람들을 데려오는 겁니다.

지금 우리나라 우파에서 말로 떠드는 일을 하는 사람들 내지는 말로 뭔가 좀 했던 사람들은 따지고 보면 한때 운동권이었습니다. 아마 운동권 경력 없이 우파 이데올로그 노릇 하는 사람은 〈조선일보〉의 김대중 씨뿐이지 싶습니다.

"내가 진보 해봐서 잘 안다."

예전에 〈조선일보〉 주필이었던 류근일 씨는 1950년대에 떠들썩했던 필화사건의 주인공입니다. 1950년대 이승만 시절에 서울대 문리대 학보에다 무산대중이 주인이 되는 사회를 건설하자고 했으니 당연히 시끌벅적한 필화사건이 났죠. 그 후로 무슨 사건이 터졌다 하면 류근일은 별 관련이 없어도 꼬투리를 걸어 잡아갔습니다. 4·19 때도 잡혀갔고, 민청학련 때는 〈중앙일보〉 논설위원 하다가 잡혀갔죠.

그래도 류근일은 연줄이 아주 좋았습니다. 이게 한국 사회 보수성의 특징인데 빨갱이 딱지보다 연줄이 더 강하죠. 류근일의 아버지가 유명한 학자인데 월북했거든요. 그분이 홍석현, 홍라희의 아버지인 홍진기 씨하고 친구였습니다. 류근일이 똑똑하고 재주 있으니까 〈중앙일보〉 회장이었던 홍진기 씨가 데려다 〈중앙일보〉 논설위원을 시켜주었죠. 민청학련 사건으로 들어갔다 나와서 류근일이 〈조선일보〉에 들어갔는데 1980년대까지 쓴 글들을 보면 글이 참 좋습니다.

국가보안법 조작사건 등과 관련해 제일선에서 싸웠던 사람이 조갑제고, 류근일은 피해 당사자죠. 1980년대에 조갑제도 좋은 글 많이 썼습니다. 정말 그때는 자유주의자라고 해도 손색이 없는 좋은 글이 많았어요. 가령 조갑제나 류근일이 1980년대에 쓴 글의 일부를 그대로 가져다가 〈한겨레21〉에 실어도 되겠다 싶을 정도로 좋은 글이 많았죠. 고문 문제라든지 군사독재를 비판하는 글들을 보면 정신 멀쩡하던 사람이 이렇게 바뀔 수도 있구나 싶습니다.

이재오와 김문수 이야기는 제가 『대한민국史』에서도 썼습니다. 이재오 씨는 제가 고등학교 때부터 이름을 들었어요. 대성고등학교에

정권 교체를 위해 우파들이 모였다
2007년 1월 뉴라이트전국연합, 선진화국민회의 등 보수단체 회원들이 모여 '범우파 대연합' 구성을 위한 논의를 하고 있다. 조갑제, 서경석 목사, 김진홍 목사 등의 얼굴이 보인다.

다니던 친구의 선생님이었는데, 이 친구가 만날 자랑하는 게 학교에 아주 좋은 국어 선생님이 계시다는 거예요. 저도 그런 선생님한테 배우고 싶었는데, 친구가 얼마 안 있다 코가 쑥 빠져서 그분이 잡혀갔다고 그래요. 남민전 사건으로 잡혀간 거죠. 이재오는 나중에 전민련 통일위원장도 했고 1980년대 아주 어려운 시절에 민족학교를 열어 반합법 강좌를 추진했던 분입니다.

김문수는 1970년대, 1980년대에 전설적인 노동운동가였죠. 사실 학생 출신으로 노동운동에 뛰어들어 제대로 발붙인 사람이 많지 않습니다. 자기네끼리 그룹을 만들었지 실제 노동자 조직에 들어가 노동조합 만들고 위원장까지 한 사람은 몇 안 되는데 그중 한 사람이었죠. 저희는 김문수라는 이름을 수없이 들으면서 자랐어요. "노동운동을 하려면 김 아무개 선배처럼 해야 한다." 그래서 배우고 싶은 선생님, 따르고 싶은 선배였는데 하루아침에 달라지더라고요.

이외에도 많죠. 송복 선생은 보수우익이라도 점잖게 행동하는 분이신데 옛날 통혁당에서 내던 잡지 〈청맥〉의 편집장 출신이에요. 노태우 정권 때 청와대 공보수석도 하고 대사도 지낸 김학준 〈동아일보〉 사장도 학생운동권 출신으로 동백림 사건 관련자였습니다. 지금 한나라당 대변인인 차명진은 김문수를 따라다니며 노동운동을 했고, 심재철은 1980년도 서울대 총학생회장 출신이죠. 김진홍 목사, 서경석 목사도 그렇습니다. 김진홍 목사는 1970년대에 진짜 열심히 했다고 하거든요. 그런 사람들이 다 지금은 돌아섰죠.

전향한 사람들 중에서 일부는 왕년에 내가 해봐서, 같이 놀아봐서 잘 아는데 걔네들 진짜 빨갱이다, 지금도 하는 애들은 진짜 나쁜 애들이다, 이러고 있습니다. 그렇게 전향해서 뉴라이트가 되었는데, 특히 주사파에서 전향한 친구들이 많고 PD계열에서 전향한 친구들도 있습니다. 주사파 패거리에 대해서는 제가 〈한겨레21〉에 쓴 것이 있으니 혹시 기회가 되면 인터넷에서 「뉴라이트는 '품성'을 갖춰라」나 「남한 주사파의 비극과 희극」이란 글을 찾아보세요. 그 시절 이야기들을 제가 좀 많이 써놨습니다.

뉴라이트는
어떻게 등장했나?

'과거 청산 없는 민주화'의 역겨움

2004년에 뉴라이트가 등장한 배경을 이야기해보죠.

2004년에 탄핵이 있었습니다. 수구세력이 노무현을 죽이려고 한 거죠. 탄핵 당시에 제가 어떤 사진을 보고 무릎을 쳤어요. 이게 탄핵의 본질이다! 국회에서 가결된 탄핵안을 헌법재판소에 제출하는 사진입니다. 누가 제출했느냐 하면 당시 한나라당 법사위원장과 법사위원회 간사이던 김기춘하고 김용균이었어요.

김용균은 그 직전 제16대 국회 말기에 제출되었던 친일진상규명 특별법안을 법사위원회에서 단기필마로 막아낸 사람입니다. 그 법안을 누더기로 만들었어요. 국회의원 하나가 완전히 작심하고 막아서면 법안이 저렇게 누더기가 되는구나, 할 정도였습니다. 친일 진상규명 여론이 워낙 거세서 한나라당 안에서도 대체로 합의가 되었는데 법사위원회에서 그렇게 막으니까 다 무력화되었어요.

알고 보니 김용균의 아버지가 친일파였습니다. 대단한 친일파는 아니고 그냥 동네 면장이었어요. 청산 대상도 아닌 겁니다. 그런데 왜 그랬느냐? 김용균이 하는 말이, 진상규명법이 통과되면 친일파 세력이 기분 나쁘지 않겠느냐는 거예요.

얼마 전에 종합부동산세 논란 때 있었던 일과 비슷하죠. 종부세 없애면 가난한 사람들 가슴에 대못 박는 거라고 하니까 강만수가 1퍼센트 부자들 가슴에 대못 박는 거는 괜찮으냐고 받아쳤잖아요. 김용균도 친일파 가슴에 대못 박히는 거 막기 위해 단기필마로 나섰습니다. 이 사람이 어디 출신인가 하면 합천이에요. 합천이 누구 고향이죠? 바로 29만 원밖에 없는 불우이웃, 그분의 고향입니다. 비유하자면 5공의 궂은 일을 도맡은 집사라고나 할까요. 그런 역할을 한 사람입니다.

김기춘은 5·16 장학생 1기인가 그래요. 1기로 출발해 나중에 유신헌법 작성의 실무 책임자가 됩니다. 엘리트 검사로 중앙정보부에 파견 나가 유신헌법을 만드는 핵심이 되었죠. 유명한 초원복집 사건 있죠? 대통령 선거 때 "우리가 남이가"라는 말로 지역감정을 부추기다 걸린 사건. 그때 부산, 경남 지역 기관장들을 초원복집에 모은 사람이 바로 김기춘입니다.

이런 사실들을 종합하면 그림이 나오죠. 친일과 유신, 5공, 지역감정의 대표들이 국민이 뽑은 대통령에 대한 탄핵결정서를 제출하러 가는 역사의 한 장면입니다.

대통령을 탄핵할 수 있다는 것은 형식 민주주의에서 더 이상 제약이 없어졌다는 이야기입니다. 형식 민주주의의 꽃인 대통령 책임제에서 절차 민주주의의 꽃이 무엇일까요? 대통령 탄핵 아니겠습니까. 대통령에 대한 탄핵이 가능하다면 뭐든지 다 할 수 있다는 겁니다. 어렵

탄핵세력의 본질
국회 법제사법위원장실에서 김기춘 위원장(중앙)이 노무현 대통령 탄핵소추 의견서에 서명한 뒤 함승희 의원과 김용균 한나라당 간사(우)와 함께 기자들에게 들어 보이고 있다.

게 쟁취한 민주화의 성과를 누가 누렸습니까? 한나라당이 누린 겁니다. '과거 청산 없는 민주화'가 초래한 민주주의 자체의 위기였죠.

우리가 민주화를 하기는 했는데 어떤 민주화입니까? 구시대와 폼나게 단절한 것이 아니라, 구시대를 다 살려놓고 그 똥물이 가득 찬 통에다 계속 새 물을 부었습니다. 언젠가는 맑아지겠지 하면서요. 그러다 보니 구체제의 오물은 그대로 남겨둔 채 절차적 민주화만 이루어졌어요. 탄핵의 내용은 어땠습니까? 반민주적이었죠. 과거 청산 없는 민주화, 절차만 남은 허울뿐인 민주주의가 민주주의의 핵심을 죽여버린 겁니다.

제가 진보진영의 입장에서 평가하자면, 노무현 대통령이 여러 가지 잘못은 있지만 김대중 대통령과 비교해 딱 두 가지를 잘했어요. 하나는 과거 청산이고, 다른 하나는 양심에 따른 병역 거부 문제였습니다.

김대중 대통령은 사실 인권 대통령으로서 양심에 따른 병역 거부 문제를 받아들여야 했는데, 이 양반이 보수파의 눈치를 본 겁니다. 그래서 사전에도 없는 '양심적 병역 기피'라는 황당한 용어를 만들어 썼습니다. 과거 청산과 관련해서는 완전히 낙제점이죠. 김대중 대통령이 또 무슨 이야기를 했나요? 박정희 기념관을 짓자고 했죠. 박정희를 청산하는 게 아니라 오히려 기념관을 짓자고 했습니다.

5년 임기 전체에 종합점수를 준다면 저도 김대중을 노무현보다 훨씬 높이 평가합니다. 하지만 과거 청산에 관한 한 김대중과 노무현은 비교가 안 된다고 생각합니다. 뭐, 노무현은 구세력에 별로 빚진 게 없이 대통령에 당선된 사정도 있었죠. 그에 반해 김대중은 DJP 연합이라는 부담 때문에 분명히 한계가 있기는 했습니다.

어쨌든 노무현이 대통령에 당선되었는데 보수세력이 탄핵해 죽이려고 했습니다. 그런데 국민이 반대했어요. 문제는 그 다음입니다.

2004년 5월 노무현이 대통령에 복귀하고 6월, 7월, 8월 3개월 동안 보수세력과 양심에 따른 병역 거부 문제로 한판 붙었고, 국가보안법 문제도 한판, 그리고 행정수도 문제로 또 한판 붙었습니다. 그렇게 엎치락뒤치락하면서 보수 대 진보가 팽팽하게 균형을 이룹니다.

그때 노무현이 잘못한 것이 탄핵에서 복귀하자마자 다 개혁해야 했어요. 이것이 국민의 뜻이라고 천명하면서 개혁을 진행해야 했는데 안 한 겁니다. 그러다 8·15광복절에 칼을 좀 뽑았습니다. 국가보안법 철폐와 포괄적 과거 청산 이야기를 한 거예요.

그런데 과거 청산이라는 말이 좀 살벌합니다. 다른 나라에서는 '이행기 정의(transitional justice)'라는 표현을 쓰는데 우리는 어찌어찌하다 보니 과거 청산이 되었어요. 그때그때 정의를 세우지 못하고 그냥 흘려보낸 이행기가 너무 많거든요. 전환기마다 청산을 못 하고 계속 누적되다 보니 한데 묶어 과거 청산이라는 말로 표현하게 되었고, 그 과거 청산을 늦었지만 본격적으로 하겠다고 의사를 밝힌 겁니다. 청산당하는 사람들이 위기감을 느꼈겠죠.

수구세력의 구원투수, 뉴라이트

아시다시피 우리 사회는 진보와 보수가 균형을 이룬 사회가 아닙니다. 보수가 번번이 이겼죠. 그러다 김대중 정권 때 잠깐 진보로 넘어온 겁니다.

수구세력의 입장에서는 잠깐 넘겨준 거니까 당연히 되찾아오겠거니 생각했습니다. 그런데 2002년 대선에서 또 졌어요. 두 번 연달아 졌지요. 수구세력이 화가 나기도 하고 불안감이 들기도 했겠죠. 이런 식으로 나가면 안 되겠다 싶어서 한 짓이 대통령 탄핵입니다. 그러나 국민들의 반대로 탄핵에 실패하고 국회의원 선거까지 져버렸어요. 선출되는 권력을 다 뺏긴 겁니다.

김대중 정권 때는 수구세력이 국회를 꽉 잡고 있으니까 과거 청산이고 뭐고 아무것도 할 수가 없었잖아요. 의회 독재라는 말까지 나왔죠. 그런데 국민들이 국회까지 바꾸어버렸어요. 국민들이 노무현한테 길을 만들어준 거죠.

이제 수구세력이 발악을 하게 됩니다. 노무현이 국회까지 업고 밀어붙이면 어떻게 될지 모르잖아요. 여태까지 수구세력은 공안기관의 힘으로 문제를 해결했는데 그런 수단이 없는 겁니다. 오히려 수구세력으로서는 믿을 게 언론뿐이었어요. 그리고 언론과 함께 바람잡이 역할을 하기 위해 등장한 것이 바로 뉴라이트입니다.

뉴라이트의 면면을 보면 과거에 다 운동권에 있던 사람들입니다. 사실 운동권에 몸담았던 사람들이 권력의 품에 안긴 경우는 예전에도 많았습니다. 그런데 그건 개별적인 포섭이었어요. 뉴라이트는 궤가 다릅니다. 수구세력이 본격적인 위기상황에 몰리자 과거 운동권들이 뉴라이트의 간판 아래 '집단'으로 등장했습니다. 몸값을 불리면서 떼로 등장한 겁니다.

처음 등장할 때 뉴라이트가 주장하길 "우리 사랑하는 조국 대한민국이 절체절명의 위기에 빠졌다. 자유민주주의 시장경제라는 정당성과 대한민국 건국의 역사적 정통성이 집권세력에 의해 의문시되면서 국가 정체성이 손상되고 있다"고 했습니다. 앞서 말씀드린 노무현 정권의 과거 청산 작업에 대한 위기의식의 발로죠. 친일과 학살과 군사독재 시기의 인권침해를 조사하겠다고 하니 굉장한 위기의식을 느낀 겁니다.

게다가 제7차 교육과정부터 교과서가 바뀌었잖아요. 근현대사 교과서가 만들어졌습니다. 사실 근현대사 교과서에 대해 역사학자들은 불만이 많습니다. 진보적인 내용을 제대로 못 담아냈다고 평가하는 실정이죠. 그러나 수구세력은 그런 수준의 교과서조차 감당이 안 되었던 겁니다. 그동안 뉴라이트가 한 일 중에 가장 핵심이 교과서 문제라고 할 수 있습니다. 여기에 뉴라이트의 본질이 있습니다.

이처럼 '과거 청산'과 '교과서 문제'를 그냥 놔두면 안 되겠다는 수구세력의 위기의식이 뉴라이트라는 패거리를 불러오게 만들었습니

다. 다시 말해 수구세력이 과거 청산이라는 역사의 내전에서 위기에
몰렸을 때 뉴라이트가 그들의 구원투수로 등장한 거죠.

1945년의 역적이
1948년의 건국 공신으로

"현대사 공부하면 다친다!"

우리 역사학도들이 현대사를 공부하게 된 건 1980년에 광주를 거치면서부터입니다. 제가 1988년 2월 일제강점기의 독립운동을 주제로 석사논문을 발표했어요. 그런데 독립운동사로는 이게 서울대 국사학과에서 두 번째로 나온 논문입니다. 첫 번째는 1968년인가 1969년에 일본 사람이 3·1운동에 대해 박사논문을 쓴 게 있습니다. 사실상 독립운동사 논문으로는 제가 서울대 국사학과에서 최초로 쓴 셈입니다. 서울대가 특히 늦었지만 그만큼 우리 근현대사 연구가 굉장히 지체되어 있죠.

1980년 광주를 겪고 도대체 미국이 우리에게 무엇인가, 어떤 관계인가, 우리는 왜 분단되어 있는가를 고민하면서 현대사 연구가 시작되었습니다. 제가 현대사를 공부하겠다고 하니까 선생님들께서 격려해주시는 게 아니라 오히려 말렸습니다.

"너 어쩌려고 그래. 현대사 공부하지 마라. 다친다."

선생님들도 현대사를 연구하신 적이 없어 잘 모르시니 우리는 좌충우돌하면서 독학을 했습니다. 요즘은 컴퓨터로 검색하면 다 나오지만 옛날에는 그런 게 없었잖아요. 도서관에 가서 〈신동아〉나 〈사상계〉 같은 거 보고 그랬습니다. 잡지를 한 권 한 권 꺼내 보면서 주요 사건에 관련한 논문을 찾아보고 목록부터 작성한 세대입니다. 현대사 연구에 관한 한 저희는 선생님도 선배도 없었어요. 제가 나이는 얼마 안 되지만 현대사 분야에서는 농담 반 진담 반으로 '원로사학자'입니다.

환경이 열악하다 보니 근현대사 공부 자체가 그야말로 하나의 투쟁이었습니다. 그래서 미숙한 점이 많고, 잘못된 점도 많고, 편협한 시각도 많습니다만 근현대사 연구자들은 진보적인 시각을 가질 수밖에 없는 겁니다. 물론 근현대사 연구자라고 전부 다 진보적인 시각을 가진 것은 아니죠. 그러나 역사학자들 내부에서는 진보와 보수의 편차가 크지 않다고 생각합니다. 역사학자들은 있었던 것은 있었다고 이야기하거든요. 없었던 일을 있었다고 이야기하지 못합니다. 역사학계 내부에서도 진보와 보수가 나뉘지만 역사학자들만 모아놓고 보면 객관적인 사실 확인은 기본 원칙입니다. 가령 한 사건을 놓고 '4·3민중항쟁'으로 부를지, '4·3사건'으로 부를지에 대한 차이는 있을지언정 제주도에서 누가 누구를 죽였다는 것은 사실로서 대체로 동의가 이루어지죠.

그런데 여기에 뉴라이트 정치학자, 사회학자, 경제학자, 정치인까지 등장하면 이야기가 달라집니다. 사실 자체를 두고 있었던 것을 없었다 하고 없었던 것을 있었다고 하게 되죠. 뉴라이트가 만든 근현대사의 가장 큰 특징은 있었던 사실로서의 역사가 아니라, 자기네들 입장에서 있었으면 좋았을 소망으로서의 역사를 가르치려고 하는 겁니다.

친일파의 반격

쉽게 이야기해서 뉴라이트는 대한민국 건국 세력을 미화하고 싶은 겁니다. 그런데 아시다시피 건국 세력 상당수가 친일파하고 떼려야 뗄 수 없습니다. 친일파가 살아남기 위해 실제 1948년 8월 15일 대한민국 정부를 세울 때 국민들과 한 약속을 저버렸다는 말이에요. 대한민국 제헌헌법을 친일파가 만든 건 아니거든요.

우리 제헌헌법을 보면 "3 · 1운동을 계승했다"고 되어 있고, 친일파와 민족반역자를 처벌하기 위한 소급 입법을 인정했습니다. 친일 청산이 헌법적 근거를 지니고 있었던 거죠. 그런데 현실은 어떻게 되었습니까? 친일파 청산에 실패했습니다. 우리는 보통 실패했다 하더라도 다시 도전할 수 있잖아요? 사업에 실패하면 재기하면 되고, 대학 입시에 실패해도 재수나 삼수를 할 수 있습니다. 하지만 친일 청산 실패는 그런 차원이 아니었습니다. 친일파 청산을 주장하던 민족적 양심을 가진 세력이 도리어 친일파한테 청산당했습니다. 역청산을 당한 겁니다. 그냥 단순한 실패가 아닙니다.

1948년 8월에 대한민국 정부를 수립할 때만 해도 친일 청산이 약속되어 있었습니다. 비록 우파가 대한민국을 건국하더라도 국민들의 지지를 받을 수 있었던 것은 우파 중에서도 민족적 양심을 가진 세력이 친일파를 청산하겠다고 했기 때문입니다. 미군정 때 못 했으니까 친일 청산을 하되 우리 손으로 하자! 그럴듯한 이야기잖아요. 국민들이 그거 믿고 찍어준 겁니다.

1949년 5월, 6월에 '남로당 프락치 사건', '반민특위의 습격', '백범 김구의 암살' 등 굵직굵직한 사건들이 연달아 발생했는데 이 세 가지는 역사책에 따로따로 나올지언정 하나의 사건입니다. 친일파의 반격! 친일파가 대한민국을 찬탈하는 쿠데타 과정이라고 묶어서 설명해야 한다고 저는 생각합니다. 그런 과정을 통해 대한민국이 친일파의 손에 들어갔습니다. 지금 뉴라이트들은 대한민국을 찬탈한 세력과 그들의 바람막이가 되었던 이승만을 중심으로 역사를 미화하려고 합니다. 그렇게 이 작업이 친일하고 연관되어 있어요.

사실 1970년대, 1980년대 군사독재 시절의 국정교과서보다도 현재 뉴라이트가 대안 교과서라고 내놓은 게 더 황당합니다. 1970년대와 1980년대에는 이 사람들이 객관적인 역사교육 같은 걸 주장하지 않았어요. 국적 있는 교육, 한국적 교육, 한국적 민주주의를 내세웠죠.

한국적 민주주의가 뭡니까? 제가 초등학교 시절에 반공도덕 교과서에서 배운 게 북한의 흑백함 선거였거든요. 북한에서는 흑백함을 갖다놓고 선거한다. 찬성하는 사람은 다 백함에 표를 넣어 찬성표가 99퍼센트, 98퍼센트 나온다. 이게 무슨 놈의 선거냐. 이렇게 배웠습니다.

우리가 유신을 하고 체육관 선거할 때 박정희는 몇 퍼센트 나왔나요? 99.7퍼센트인가 99.8퍼센트 나왔습니다. 0.3퍼센트도 박정희를 반대한 게 아닙니다. 그때는 투표용지에 후보자의 이름을 쓰게 되어 있었는데, '박정히'라고 잘못 적어서 무효표가 나온 겁니다. 그냥 100퍼센트 다 박정희를 지지했죠.

그렇게 되니까 엉뚱하게 신라시대의 화백제도가 한국적 민주주의의 원형으로 등장합니다. 화백제도는 옛날 신라 귀족들이 모여 만장일치로 의견을 통일하는 겁니다. 만장일치가 뭐예요? 센 놈들한테 비토권을 준 거죠. 체육관에서 100퍼센트 나온 결과를 한국적 민주주의라고 이야기하며 여기에 화백제도를 갖다 붙이는 그런 교육이었어요. 하지만 군사독재 시절에도 이런 걸 객관적인 교육이라고 안 하고 한국적 민주주의라고 했어요.

군사독재 시절에 친일파 이야기는 어떻게 했습니까? 그때는 친일파를 미화할 엄두를 못 냈습니다. 어디 감히 친일파를 미화합니까? 그런데 지금은 이승만을 건국의 아버지, 박정희는 산업화의 아버지라고 하죠. 전두환은 아직 차마 아버지라고까지는 못 하지만 나중에 죽고 나면 반공의 아버지라고 할까요? 이번에 국방부에서 전두환이 친북세력을 척결하기 위해 단호한 조치를 취했다는 내용을 교과서에 넣자고 했다가 소동이 일지 않았습니까?

건국절의 비밀, 친일파가 애국자로 변신하는 명분

뉴라이트들이 정말로 역사를 왜곡하고 있습니다. 그들 입장에서 다시 쓰려고 하는 겁니다. 그들 입장에서 건국절을 만들려고 그럽니다. 그동안 광복절 잘 지내왔습니다. 그런데 왜 건국절 얘기가 나올까요?

사실 건국이라는 말은 쓰면 안 된다고 주장하는 역사학자들도 있지만 저는 꼭 그렇게는 생각하지 않습니다. 임시정부 시절에 건국강령을 만들었거든요. 임시정부가 1919년에 수립되었다고 하더라도 건국이라는 말은 쓸 수 있다고 생각합니다. 하지만 뉴라이트처럼 하는 건 말도 안 되는 이야기입니다. 임시정부는 광복과 건국이 같이 가는 건데 뉴라이트가 광복은 지우고 건국을 내세웁니다. 왜 그럴까요?

복잡하게 생각할 것 없이 역지사지해보면 됩니다. 여러분이 친일파

이승만 건국 대통령님, 감사합니다
뉴라이트전국연합, 국민행동본부, 한국자유총연맹 등 보수단체 회원들이 이승만 전 대통령의 얼굴이 인쇄된 펼침막을 들고 '건국 60주년' 기념행사를 하고 있다.

입장에서 보세요. 어떤 날을 기억하고 싶을까요? 1945년 8월 15일은 친일파한테 무슨 날입니까? 제삿날입니다. 반면에 1948년 8월 15일은 어떤 날입니까? 서광이 비친 날입니다. 살 수 있다, 드디어 살았다.

여러분 같으면 어떤 날을 기억하고 싶으시겠습니까? 1945년 8월 15일의 광복을 이야기하면 당연히 순국선열이 떠오르고, 그 반대편에 친일파가 떠오르는 구도 아닙니까? 건국절부터 시작하면 이전의 행적이 어땠는지 물어볼 필요도 없죠. 전에는 친일파로 통했지만 이제 반공투사가 되는 겁니다. 왜? 독립운동가들 중 상당수가 공산주의자나 사회주의자였으니까요. 이 사회주의자를 잡는 기술자, 전문가가 최고의 반공투사, 최고의 애국자가 되는 거죠.

그래서 이 사람들이 자기들끼리 역사를 새로 쓰는 겁니다. 건국절을 자꾸 들이미는 이유가 바로 그런 맥락입니다. 이렇게 정말 뜬금없는 주장들을 하니까 국민들은 어리둥절하죠. 멀쩡하게 광복절을 잘 기념하고 있는데다, 또 광복이나 건국이란 것이 일반 국민들의 상식으로는 경쟁하는 관계가 아니잖아요. 우리나라가 해방되고 새로 나라를 세우는 거니까 당연한 수순이죠. 그걸 엉뚱하게 광복절은 지우고 건국절만 하자고 하니 어리둥절한 겁니다.

서양에서는 민족과 국가가 거의 일치합니다. 여러분도 영어 공부하다가 사전에서 'nation'을 찾아보고 굉장히 헷갈린 경험이 있을 겁니다. nation에는 국민이라는 뜻도 있고, 민족도 있고, 국가도 있어요. 우리는 이게 엄연히 구분되어 있지 않습니까? 영어에서는 nation에 다 포함되어 있으니까 어떻게 구분해야 하는지 당혹스러웠을 겁니다. 서구인들의 사회역사에서 nation이라는 집단은 그야말로 국민국가 내지는 민족국가로부터 발생한 겁니다.

뉴라이트는 죽었다 깨어나도 민족을 내세우지 못합니다. 친일파가 어떻게 민족을 내세웁니까? 오로지 국가만을 내세울 수밖에 없죠.

그들의 입장에서 보면 한일합방 이후 비로소 문명이 꽃을 피웠고, 이 문명을 일제강점기에 누가 담당했느냐 하면 우리가 친일파라고 욕하는 사람들입니다. 그런 시각에서 볼 때 독립운동하던 민족주의자들은 뭐예요? 산골에서 축지법 쓰고, 둔갑술 부리고, 솔방울로 수류탄 만든다고 믿던 미개한 족속 아닙니까. 마적 떼나 별로 다를 바 없는 족속입니다. 그럼 뭐 하러 건국절만 기념합니까? 한일합방일인 8월 29일을 차라리 문명절이라고 기념해야지. 독립운동하던 사람들은 그날을 국치일로 기억하잖아요. 일본하고 합방한 게 그렇게 문명에 기여한 것이라면 차라리 그날을 문명절로 기념하라고 제가 야유조로 쓴 적도 있습니다. 이렇듯 뉴라이트들은 민족은 죽이고 국가만을 내세울 수밖에 없습니다.

국가보안법, 너밖에 믿을 게 없다

뉴라이트가 밤낮 떠드는 게 국가 정체성인데 이것은 또 무슨 이야기입니까? 한마디로 좌파정권이 과거 청산을 통해 대한민국의 건국 주체들을 욕보이면서 국가 정체성과 헌법정신을 짓밟았다는 겁니다. 이게 뉴라이트들의 핵심 주장입니다. 그래서 과거사 청산은 무조건 덮어야 한다는 거죠. 지금 열심히 덮으려 하고 있잖아요.

도대체 국가 정체성이라는 게 무엇이냐? 대한민국의 국가 정체성을 어디서 따질 것이냐? 그 기준이 무엇이냐? 이 또한 우리가 생각해봐야 합니다.

저는 그 기준은 두 가지뿐이라고 생각합니다. 하나는 '대한민국 임시정부'이고, 또 하나는 '대한민국 제헌헌법'입니다. 그런데 임시정부와 제헌헌법에 기초한 대한민국의 국가 정체성을 짓밟은 게 바로 뉴라이트가 떠받드는 대한민국 건국 세력입니다. 뉴라이트가 국가 정체성이라고 착각하는 건 바로 국가보안법 정체성입니다. 대한민국의 헌법에 입각한 국가 정체성이 아니라 국가보안법 정체성이죠. 국가보안법 정체성을 어디서 확인할 수 있었나요?

이명박이 중국에 다녀오자마자 비서를 붙잡고 물어봤죠. 촛불집회의 배후를 물었죠. 자신이 이해 못하는 사회현상이 나타난 겁니다. 거기에는 반드시 배후가 있다고 생각하죠. 여러분, 이 유혹에 한번 빠져보세요. 얼마나 세상살이가 편해지는지. 내 마음에 안 드는 모든 나쁜 것은 다 배후가 있죠.

이게 바로 국가보안법 정체성입니다. 이 국가보안법 정체성에 입각해 대한민국에서 어떤 일이 일어났는지 다음 시간에 조작 간첩 사건을 중심으로 말씀드리겠습니다.

질의응답

Q —— 어떤 목적이었든 일제강점기에 일본인들이 우리나라에 근대화와 산업화에 필요한 제반 시설들을 건설한 것이 사실입니다. 그런 시설들이 해방 이후 한국 사회 발전의 근본이 되었다는 평가도 있습니다. 역사적 해석이 아닌 객관적인 눈으로 보았을 때 실제로 그렇다고 이야기할 수 있지 않을까요?

A —— 일제가 만든 철도나 도로, 항만시설을 나중에 우리가 산업화하면서 분명히 이용했습니다. 그런데 그게 일본의 기여일까요? 절대 아니라고 봅니다. 분명히 일본이 만들었고, 일본의 주도로 만들어졌습니다. 그러나 과정 자체가 폭력적이고 수탈적이었어요. 한국이 독립국가였으면 그런 거 안 만들었을까요? 물론 그만큼 많이 만들지 못했을지도 모르지만 어떤 지배세력이 들어서든 만들었을 거라고 생각합니다. 철도와 항만시설 등 그 자체가 조선 사람의 피와 땀으로 만들어졌으니까요.

일본이 들어와 기반을 쌓았다, 1960년대와 1970년대에 우리나라가 산업화할 수 있었던 것은 자본가들이 일제로부터 자본주의 경영을 배웠기 때문이고, 이를 통해 국민들을 교육했기 때문에 그게 재산이 되었다고 이야기합니다. 하지만 그 대가와 비용도 따져봐야 합니다. 식민지 근대화론은 순수한 학문적 입장보다 정치적 언설, 담론으로 봐야 한다고 생각합니다.

Q —— 대한민국의 정체성을 임시정부에서 찾는다고 하셨습니다. 그러면 사회주의 세력의 기여는 잊고 우파인 임시정부의 정체성만 인정하는 것이 아닐까요?

부산우편국의 전화선 설치
인부들은 민간인이 아니라 일본 군인
들이다. 이처럼 일제강점기에 만들어
진 산업시설들은 조선의 근대화가 아
닌 대륙 침략의 발판 마련을 위한 군
사용이 대부분이었다.

A —— 제 전공이 원래 임시정부가 아니라 항일 빨치산 연구입니다.
큰 역사의 틀에서 보면 임시정부의 정통성만 인정해서는 안 된다고
생각합니다. 사실 정통성이라는 개념 자체를 쓰면 안 됩니다. 정통성
이란 중세의 낡은 개념이고, 또 현재 우리가 분단국가에 살고 있기 때
문입니다. 남북으로 갈라진 시대에 한쪽에만 정통성을 부여하면 다른
한쪽을 배제하는 것이거든요. 통일국가를 만들 때는 남북이 서로 대
등하게 배려해야 합니다.

독립운동은 크게 볼 때 민족해방운동 전체를 계승해야 하죠. 3·1
운동 직후에는 상해 임시정부가 일정 부분 그 역할을 했다고 생각합
니다. 그때는 모든 민족해방운동의 갈래가 임시정부로 모여들었습니
다. 그러나 바로 갈라졌죠. 임시정부가 제 역할을 못 하면서 독립운동
세력들이 분열되고 각자 여러 운동을 했습니다.

1940년대쯤 되면 국내에 건국동맹이 있고, 해외에는 임시정부와 연
안 지역의 독립동맹, 만주에서 활동하다가 소련으로 피신한 항일투쟁
세력까지 3대 세력이 존재했죠. 이를 다 아울러야 한다고 생각합니
다. 현실적으로는 이들 세력이 하나로 합쳐지지 못했습니다만 다행히

정강정책을 보면 거의 똑같습니다. 항일무장투쟁 세력이 내세운 강령인 조국광복회의 10대 강령, 연안의 조선독립동맹의 강령, 임시정부의 건국강령이 모두 대동소이합니다.

독립운동세력의 강령에서 공통된 내용은 중요 산업의 국유화, 8시간 노동제, 토지국유화, 파업의 자유, 무상교육, 무상치료 등입니다. 지금 기준으로는 기절초풍할 내용들이죠. 이것이 우리가 세워야 할 대한민국에 대한 약속인데 이런 부분에서는 좌우의 생각이 크게 다르지 않았습니다.

그러면 임시정부 법통을 계승한다고 주장하는 대한민국 정부가 건국강령 부분을 제대로 계승했느냐 하는 문제제기가 가능합니다. 그거라도 제대로 지키라는 거죠. 적어도 대한민국 헌법을 만들 때는 임시정부의 정통성을 계승했다는 점을 명시한 셈이기 때문에 국가 정체성 면에서 이 부분을 이야기할 수 있습니다. 그리고 대한민국 수립 자체를 한 차원, 한발 떨어져 이야기할 때는 민족해방운동 세력 전체를 계승하는 것으로 보는 게 더 타당하다고 생각합니다.

Q —— 노무현 정부가 가장 잘못한 일은 무엇입니까?

A —— 우선 국가보안법을 폐지 못한 게 정말 안타깝습니다. 이명박 정부는 당연히 비판받아야 합니다만, 원래 그런 사람들이니까 그들에게 흉기를 넘겨준 잘못을 물어야 하죠.

탄핵 직후에 어떤 상황이 되었습니까? 국회의원 과반수를 얻었어요. 대한민국 수립 이후 처음입니다. 이른바 민주개혁 세력이 152석으로 단독 과반수를 차지했습니다. 여기에 민주노동당 10석이 있어요.

국회의원들 중에 국가보안법 사건으로 감옥에 갔다 온 사람들이 30명 내지 40명은 되었습니다. 정부를 보세요. 민변 출신 대통령에 민변 초대 회장이 국정원장, 민변 부회장 강금실이 법무부 장관이에요. 민변 창립 멤버 천정배가 여당 원내대표였죠. 그런데 국가보안법을 폐지 못했습니다. 이거 어디 가서 하소연해야 합니까?

저는 노무현 정부가 망한 이유가 이것 때문이라고 생각합니다. 국가보안법이 작동해서 망한 것은 아닙니다. 그럼 뭐냐? 이런 상태에서 국가보안법도 폐지 못하는 멍청이들. 그것을 읽힌 거죠. 한나라당이나 수구꼴통에게 알려준 겁니다. 죽어라 저항하면 살 수 있다, 죽기로 저항하면 살 수 있다, 쟤네는 말만 있지 의지가 없다. 노무현 대통령처럼 빠른 시일에 자신의 지지세력을 자기 손으로 파괴한 정치인은 없습니다. 지지세력을 분열시킨 것, 너무 큰 잘못이죠.

부동산 잡는다고 했다가 하루아침에 노무현 지지율이 6~7퍼센트 하락한 적이 있어요. 부동산 원가 공개 안 한다고 한 날입니다. 지지자들이 배신당했다고 생각한 거예요. 그러고는 부동산 잡는다, 잡는다, 하다가 결국 강남 아줌마들하고의 기싸움에서 졌죠. 왜 강남아줌마들이 노무현을 지지하지 않는지 참 궁금해요. 부동산은 3배, 주가는 2배나 올려주었습니다. 어느 대통령이 강남 아줌마 재산을 그렇게 늘려줬습니까? 노무현 정권 때 일어난 일이에요. 그래놓고 결국 정권을 내주고 물러난 거 아닙니까.

이명박이 노무현보다 적은 득표로 대통령이 되었습니다. 이것은 무엇을 의미합니까? 투표할 맛이 안 나게 만들어버린 겁니다. 노무현 정부가 시스템 면에서는 평가받을 부분이 많다고 생각합니다. 그러나 정권을 내준 뒤에 다 엎어져버렸어요. 시스템을 만들어놓으면 누가 들어와도 괜찮겠지 했겠지만 이게 얼마나 허술한 생각입니까? 지금 민주주의의 후퇴를 보십시오.

이명박이 등장하고 6개월쯤 더 지난 다음에 대한민국 사회가 완전히 20년 전으로 돌아갔습니다. 어떤 칼럼에 따르면, 전두환 시절과 비교할 때 이명박 정부는 고문 빼놓고 다 하고 있다고 합니다. 얼마 안 있어 그것도 할지 모르겠어요.

이런 부분에 대해 노무현 정권이 역사에 책임을 져야 한다고 생각합니다. 진보적인 가치를 표방하고 당선되었으면 그걸로 심판을 받아야죠. 민주화 20년 동안 상당히 많이 진척되었다고 생각했던 것들을 지금 많이 잃어버리고 있습니다. 그걸 우리가 어떻게 되찾고 지켜낼지 지금부터 철저히 준비해야 합니다. 지금 저는 그런 고민을 하고 있고, 그 고민을 여러분과 함께 풀면 좋겠습니다.

Q —— 요즘 뉴라이트와 교육부에서 근현대사 교과서를 개정하라는 압력이 많습니다. 개정을 막으려면 어떠한 노력을 해야 할까요?

A —— 어차피 근현대사 교과서를 손볼 거라면 크게 개정해야 한다고 생각합니다. 오히려 새로 반영해야 할 내용들이 많습니다. 아직도 우리 근현대사 연구는 일천합니다. 1980년대에는 준비운동만 했고, 1990년대 들어 조사를 시작해 2000년대부터 최근까지 중요한 사건들이 많이 밝혀졌어요. 국정원, 국방부, 경찰, 진실화해위원회 등이 조사하면서 자료들이 많이 쏟아져 나오고 있습니다. 국가기관에서 조사관들을 동원해 연구했기 때문에 개인 연구만큼 정치하지는 않겠지만 엄청나게 빨리 진행되었습니다.

지금 근현대사 교과서 문제가 나오는 데는 이유가 있어요. 이명박 세력의 국가보안법 정체성을 고려하면 해답이 간단하게 나와요. 왜 촛불 정국이 일어났나? 전교조 빨갱이들이 새빨간 교과서로 애들을 망쳐놔서 그렇다. 유모차 끌고 나온 사람들이 새빨간 교과서로 수업한 첫 세대다. 얼마나 간단 명쾌합니까? 세상이 환하게 보이죠. 그래서 교과서를 고치겠다고 합니다.

지금 근현대사 교과서에 반영된 내용은 1996년부터 1997년까지 연구한 성과입니다. 그로부터 10년 동안 그 전의 몇 배나 되는 연구 성과를 이루어냈습니다. 국가 차원에서 조사위원회를 만들어 노근리 사건, 제주 4·3사건, 그리고 한국전쟁 시기의 민간인 학살사건을 얼마나 많이 조사했습니까? 이런 사실들을 반영해야 합니다. 인혁당 사건도 재심에서 완전히 무죄판결이 났잖아요. 그 시절에 그런 일이 있었다는 사실, 그리고 긴급조치가 어떤 것인지를 가르쳐야 합니다. 저는 과거사 진상규명 작업을 통해 밝혀진 중요한 사실들이 전면적으로 등장해야 한다고 생각합니다.

민주화의 성과도 기재해야죠. 정치적 민주화에 경제적 민주화가 뒤를 따랐습니다. 이로 인해 그동안 지체되었던 부의 분배가 상당히 이루어졌고, 임금도 인상되었습니다.

뉴라이트는 대한민국의 발전을 산업화 덕분이라고 말합니다. 그런데 박정희 시대에 국민들한테 경제발전을 원하느냐, 아니면 민주화하다 쪽박 차고 북한에 적화통일 되겠느냐 협박한 겁니다. 1987년 이후에 어떻게 되었습니까? 한국 경제가 세계 경제에서 비약적인 위치로 올라선 것은 오히려 1988년 올림픽 이후, 그러니까 1990년대 이후입니다. 민주화되니까 한 단계 더 높은 차원에서 산업화가 되었습니다.

민주화와 경제성장이 함께 이루어지는 경험을 우리가 한 것입니다. 뉴라이트는 산업화되었기 때문에 민주화되었다고 주장하지만 웃기는 이야기죠. 사실 민주화와 산업화가 동시에 이루어질 수 있는데 독재세력은 국민들을 협박하고 사기 쳐서 민주화를 억눌렀습니다. 바로 이 이야기를 하자는 겁니다.

분명한 것은 근현대사 교과서는 역사학자들에게 맡겨야 한다는 것입니다. 역사교육을 정치교육으로 삼아서는 안 되잖아요. 우리가 교과서에 어떤 내용을 담아야 할까요? 일본을 비판하는 것과 똑같은 기준을 우리에게도 적용해야 합니다. 군국주의자를 비판하고, 반민주적인 인권침해를 비판하고, 이와 똑같은 것들을 우리 역사에 적용해야 한다고 생각합니다.

> **편집자주**
> 다음은 강의를 수강한 정양기 씨가 서면으로 질문한 내용과 그에 대한 답변이다. 답변은 네 번째 강의 전반부에 이루어졌는데 질문과 응답이 첫 번째 강의 주제와 관련한 내용이어서 이 부분에 싣는다.

Q —— 4년 동안 나치 지배를 받았던 프랑스나 북한에서는 구악을 일시에 처리했습니다. 아시아, 남미, 아프리카의 많은 식민지 국가에서는 그 잔재를 어떻게 처리했나요?

A —— 프랑스에서는 1,000명 넘게 사형을 선고했는데 우리나라는 반민특위가 제대로 활동하지 못하고 오히려 친일파들의 공격을 받아 깨져버렸습니다. 우리는 36년 동안 일제의 지배를 받았죠. 프랑스는

4년이었어요. 4년 동안 나치의 지배를 받은 프랑스는 1,000명을 사형시켰고, 한 세대가 넘게 36년을 지배당한 우리는 거의 처벌 못 했죠.

200년 동안 영국의 지배를 받은 인도는 어땠나요? 친영파 숙청이 과제로 제기되었나요? 저는 인도 독립운동사를 처음 배울 때 의문이 들었습니다. 간디나 네루나 인도의 유명한 독립운동가들을 보면 다들 자치 문제를 가지고 싸우잖아요. 자치를 주장하고 자치활동 속에서 자라나죠. 한국에서는 어때요? 1920년대나 1930년대 초반에 자치를 주장하면 친일협력자, 타협파 취급을 받거든요. 우리는 독립운동의 기본 형태가 무장투쟁입니다. 폭탄 던지고 총 쏘는 게 독립운동의 주된 형태였다는 말이죠.

우리가 3·1운동 즈음에 독립했으면 어땠을까요? 당연히 이완용을 사형시켰겠죠. 그런데 해방은 이완용이 늙고 병들어 죽은 뒤에 이루어졌습니다. 한 세대가 지난 다음이에요. 우리가 4~5년 만에 독립했다면, 고종 황제 살아 계실 때 독립했다면 훨씬 더 세게 처벌했을 거예요. 고종 황제가 돌아가시고 3·1운동 무렵에라도 독립을 했더라면 대한제국으로 가든 대한민국으로 가든 나라 팔아먹은 원흉들, 또 악질적으로 협력했던 사람들 1,000명 정도 사형시키는 것은 일도 아니었을 겁니다.

세월이 흐르다 보니 문제가 간단하지 않은 거예요. 북한에서는 철저하게 했다지만 사람을 많이 죽이는 게 능사는 아닙니다. 그리고 북한도 생각보다 많이 죽이지 않았어요. 다 죽이면 어떻게 합니까? 친일파라는 게 일본에서 기술도 배우고, 교육도 받고, 일본 사람들하고 친하면서 관리능력을 갖춘 사람들이에요. 당장 공장 돌리고, 관공서 돌릴 때 전문기술을 가진 사람들이 필요한데 그런 사람들은 친일파로 분류될 가능성이 많죠. 그 사람들을 다 죽이고 산속에서 총 쏘던 사람들만으로 나라를 운영할 수는 없어요. 북한에서도 친일파가 과거를 반성하면서 동참하는 방법을 찾았습니다.

중요한 것은 친일파가 해방된 사회에서 정치적 주도권을 잡거나 힘을 쓰지 못하게 하는 일이지 꼭 죽이는 것을 의미하지는 않았어요. 각 나라마다 제국주의에 협력한 세력을 청산하는 방식은 달랐는데 다만 그들이 새로운 사회, 즉 제국주의가 물러가고 새로 열린 국가에서 계속 주도권을 장악하지 못 하게 막는 방법을 찾아나갔다고 이야기할 수 있죠.

Q —— 예전에 일본 정치인이 한국에 산업화와 근대화의 기반을 다져줬는데 한국인들은 그 은혜를 모른다고 해서 무척 격분한 일이 있습니다. 몇 년 전 타이완에 가보았더니 일제를 미개한 타이완에 의료, 학교, 행정 시스템을 갖춰준 은인으로 여기더라고요. 타이완 영화인 〈비정성시(非情城市)〉에서도 패망 후 본국으로 돌아가는 일본인들을 대하는 타이완 사람들의 태도가 멀리 자식을 보내며 걱정하는 모습이었습니다. 그리고 2~3년 전쯤에 KBS에서 한 인터뷰를 보았습니다. 인도, 필리핀에서 만난 사람들이 학교를 설립해주었다는 등의 이유로 식민제국에 매우 고마워하는 내용이었죠. 여기에 대해 어떻게 생각하시는지요?

A —— 일본의 공식 식민지는 한국하고 타이완입니다. 타이완이 우리보다 먼저 식민지가 되었죠. 타이완에도 반일운동 전통이 있었습니다만 일반적인 타이완 사람들의 정서는 한국하고 판이하게 다르죠. 타이완 총통을 지낸 리덩후이(李登輝)는 아예 대놓고 일본 식민지 시절에 발전했다, 고맙다, 하는 식이었어요. 우리로 치면 나라가 발칵 뒤

집어질 발언이었는데 타이완 사회는 요동치거나 하지 않았죠.

타이완은 인구 구성이 복잡해요. 타이완에 갔을 때 텔레비전을 보니 같은 중국말인데도 또 다른 중국말 자막이 나오더라고요. 우선 타이완 본토 말이 있고, 광둥어와 만다린이 있죠. 그리고 처음부터 타이완에 살던 원주민이냐, 즉 고산족 계통의 원주민이냐, 명나라 말이나 청나라 초기에 본토에서 건너온 사람이냐, 아니면 국민당 정부 때 건너온 사람이냐에 따라 다시 입장들이 갈려요. 중국 본토에서 온 사람들도 타이완 사람들의 생각에는 외래 지배자일 수 있고, 일찍이 300~400년 전에 타이완으로 건너온 사람들의 입장에서는 장제스(蔣介石) 정부도 지배자일 수 있고, 일본도 마찬가지로 지배자일 수 있죠. 우리는 삼국통일 이후에 아무리 늦춰 잡아도 고려부터 단일한 영토와 의식을 1,000년 넘게 지켜온 나라예요. 타이완은 독자적인 정체성 같은 게 없기 때문에 외세에 저항하는 강도가 다른 것 같아요.

제국주의는 두 가지 속성이 있지 않습니까? 강압적인 지배와 아울러 타율적인 근대화가 진행되면서 그 혜택을 받은 사람들은 일본이 타이완을 잘살게 해주었다고 생각할 수 있죠. 타이완의 초기 총통이나 총독, 개발정책을 시행한 사람들이 조선처럼 강압적인 정책보다 좀더 유화적인 정책을 쓴 면에서도 차이가 나고요. 물론 타이완도 반일운동의 전통이 강한 측면이 있습니다. 총통까지 지낸 사람이 그렇게 말할 정도로 친일 분위기가 강한 면이 있지만, 한편으로는 야스쿠니 신사참배 같은 문제에 대해 더 열심히 싸우는 타이완 사람도 많죠.

Q —— 일제 징병에 끌려갔다가 살아 돌아오신 아버지께서 "그래도 조선 사람들은 내선일체라고 해서 대우를 해줬는데 중국 사람들은 사람 취급도 하지 않았

다"고 하시더라고요.

A —— 조선인하고 중국인이 있으면 일본인은 조선 사람을 훨씬 우대했을 거예요. 인종 차별에도 일종의 위계질서가 있었던 거죠. 일본이 건설한 만주국은 복합민족국가입니다. 만주족, 일본인, 중국인, 조선인, 몽고인, 백계 러시아인이 있고 수가 아주 적지만 타이완 사람들도 있어요. 말로는 오족협화(五族協和)라면서 민족 간 차별은 없다고 했지만 민족적 위계질서를 분명히 설정해놓았습니다. 그중에서 1등은 당연히 일본인이고, 2등이 조선인과 타이완인입니다. 3등이 만주족이고, 4등이 몽고족, 중국인은 5등이에요. 급식을 할 때도 일본 사람은 100퍼센트 쌀밥, 조선인과 타이완인은 70퍼센트 쌀밥, 만주인은 50퍼센트 쌀밥, 중국인은 깡수수밥 하는 식으로 차등을 두었어요.

자, 2등 신민 대우를 받은 게 좋은 걸까요? 일본군 위안부 문제를 생각해보세요. 전체 일본군 위안부를 8만에서 20만 명 정도로 추정합니다. 20만 명으로 잡는 사람은 일본군 29명마다 1명의 위안부가 배치되니까, 전쟁이 끝났을 때 일본군 숫자가 700만 명이니 위안부는 20만 명쯤 되지 않았겠느냐고 추정하죠. 일본이 자료를 폐기했기 때문에 알 수는 없지만 적어도 몇만 명 이상이었던 것만은 확실해보입니다. 정확한 규모는 몰라도 모든 연구자들이 동의하는 부분이 있어요. 전체 위안부의 80퍼센트 이상이 조선인이었을 것이라는 겁니다. 이에 대해서는 모두 고개를 끄덕끄덕해요.

숫자로는 중국인이 훨씬 많고 또 타이완 같은 다른 일본 점령지도 많은데 왜 조선인만 많이 끌고 갔을까요? 여러 가지 설명이 가능하겠지만 저는 제일 중요한 이유가 조선인이 2등 신민이기 때문이라고 생각합니다. 1등 신민인 일본 여자를 끌고 갈 수는 없고 일본 내의 저항도 만만치 않았을 테죠. 3등이나 4등은 저열하기 때문에 위대한 황군 병사에게 제공할 수 없다고 했겠죠. 그래서 성병이 없고 정조관념이 뛰어난데다 일본에 많이 동화되어 인종적으로 가깝다고 여긴 2등 신민인 조선인들 중에서 끌고 간 게 아닐까요?

이 2등 신민 의식의 부작용이랄까, 일제로부터 물려받은 나쁜 유산이 있어요. 사실 우리는 일본인들이 아니었더라도 인종적 편견이 강할 수밖에 없습니다. 한 번도 섞여 살아본 경험이 없잖아요. 외국인을 집단으로 본 거는 전쟁 때입니다. 임진왜란, 병자호란, 몽고 침입 등. 그러니 외국인에 대한 기억이 안 좋았겠죠. 그러다가 일본인하고 섞여 살면서 2등 신민 대접을 받았어요. 그 후에 우리가 정말 많은 민족을 보게 된 게 한국전쟁 때죠.

우리에게는 여전히 2등 신민 의식이 있어요. 백인 다음으로 우리를 2등으로 생각하니까 흑인을 그 밑이라고 깔보죠. 그 부작용이 1992년 LA 흑인폭동으로 이어졌어요. 4·29폭동의 원인은 여러 가지겠습니다만 저는 폭동의 피해가 한인타운에 집중된 데는 이유가 있다고 생각합니다. 뭐, 미국 경찰이 의도적으로 시위대를 그쪽으로 몰아넣은 탓도 있겠지만 한국 사람들이 평상시에 지니고 있던 인종적 편견 때문에 흑인들이나 중남미계 사람들의 분노를 살 수 있었다는 겁니다.

한국인이 또 중국인을 깔보지 않습니까? 그리고 베트남 전쟁에서 한국인들이 베트남 사람들을 많이 무시했어요. 그때 베트남 사람들을 무시하면서 'GOOK'이라고 불렀대요. 'GOOK'이란 미국에서 아시아 사람들을 싸잡아 낮춰 부르는 말이에요. 중국 사람들은 칭크, 일본 사람은 잽, 아시아 사람을 다 낮춰 부를 때는 'GOOK'입니다. 이 말이 어디서 왔을까요? 바로 'HAN GOOK' 이에요. 한국전쟁 당시에 서양인들이 'HAN GOOK' 에서 따와 한국 사람들을 'GOOK' 이라고 불렀거든요. 우리가 무슨 뜻인지도 모른 채 그 말을 배워서 베트남 사람들에게 쓴 거죠.

Q —— 개인은 물론 처자식까지 희생시키고 가산을 탕진한 항일 독립운동가들과 친일했던 자들은 반드시 구분해야 한다고 생각합니다. 그러나 우리나라는 아직 과거를 청산하지 못했어요. 우리와 비슷한 처지의 다른 나라들은 어땠는지 궁금합니다. 우리나라만 특이하게도 21세기가 되어서까지 과거 청산 논쟁이 계속되는 것인지요?

A —— 우리의 역사 전통에 특이한 점도 있다고 해야겠죠. 가령 조선시대 당쟁을 보면 300여 년 전의 일을 가지고도 싸우죠. 우리가 역사적인 기억을 근거로 과거에 집착하는 측면이 있는지도 모르겠습니다. 저는 다른 나라에 비해 우리나라는 지식인들이 정치를 해온 전통이 있어 더욱 그렇다고 생각해요. 그리고 한 왕조가 계속 이어져왔기 때문이죠. 중간에 왕조가 교체되었으면 이전 왕조의 일을 가지고 그렇게까지 싸웠겠습니까? 우리는 엘리트의 연속성이 강했던 탓에 그렇게 싸운 측면이 있죠.

　과거 청산 문제는 다른 나라들도 마찬가지입니다. 냉전체제가 무너지고 난 다음에 과거 청산은 전 세계적인 현상이에요. 한국만 겪는 게 아닙니다. 교황도 400년 전의 마녀사냥과 종교개혁 때 탄압한 일에 대해 사죄했죠. 미국도 선주민 학살이라든가 가깝게는 제2차 세계대전 당시 일본계 미국인들을 강제 수용한 데 대해 사죄했어요. 적성국가 출신이라는 이유로 일본계 미국인들을 감금했는데 독일 사람들은 감금하지 않았죠. 독일도 미국과 전쟁을 하고 있었지만 독일계 미국인이나 이탈리아계 미국인은 감금하지 않고 일본계 미국인만 수용소에 집어넣었죠. 중남미는 과거 청산을 둘러싼 갈등이 더욱 거셉니다.

우리나라는 어때요? 2007년, 2008년에 진실화해위원회가 유신시대의 긴급조치 판결문을 분석해서 발표할 때 판사들의 이름을 안 뺐다고 난리법석이 났죠. 판사는 판결로 말한다고 하잖아요? 판결문은 국가 공문서고 영원히 보존되는 공문서에는 당연히 판사의 이름이 기재되어야 하는데 그 판결문에 있는 이름을 삭제하지 않았다고 난리가 난 겁니다. 남미에서는 판사를 법정에 세우죠. 우리하고는 과거 청산의 질이 다릅니다. 한국에서는 얌전하게 과거 청산을 하고 있었죠.

동구에서는 엊그제까지 비밀경찰이 고문과 사찰을 하고 있다가 갑자기 무너지지 않았습니까? 자료를 폐기하거나 감출 틈도 없이 그대로 남아 있는 문서들을 가지고 비밀경찰들을 파헤치기 시작하니까 과거 청산의 강도가 말도 못 하게 세죠. 당장의 자료를 바탕으로 엊그제까지 진행되던 인권침해를 단죄하기 시작한 거예요. 동구에서는 우파가 공산주의자들을 대상으로 과거 청산을 합니다. 과거 청산에 대한 기준이 강화되는 데에는 동구의 우파들이 일조를 하는 거죠.

한국은 일제강점기, 그러니까 주로 1940년대의 과거 청산이에요. 스페인도 비슷하고요. 유럽의 선진국가 중 하나인 스페인에서는 1936년에 발발한 스페인 내전에 관련한 과거사 청산을 지금 하고 있죠. 스페인이 우리보다 훨씬 세게 하고 있어요.

우리만 발목을 붙잡힌 게 아니에요. 다만 다른 나라에는 큰 중심적인 사건이 있죠. 그런데 우리는 60년 역사가 다 그 대상이에요. 1940

년 내지 1945년부터 시작해 1990년대 중반의 사건들까지 과거 청산의 대상이 되니까요. 해야 할 것들이 너무 많죠. 더군다나 50년 동안 청산 대상 세력이 계속 집권하면서 자기 재생산을 해왔기 때문에 우리 사회의 저항이 훨씬 더 큰 겁니다. 이래서 우리가 시끌벅적하지만 사실은 솜방망이인 과거 청산을 하고 있죠. 저는 좀더 철저한 과거 청산을 해야 하지 않을까 생각합니다.

우리의 과거 청산이 왜 이렇게 얽혔느냐? 여러분, 제국주의로부터 독립한 다음에 누가 집권을 하면 좋겠습니까? 물어볼 나위 없이 독립운동 세력이 집권하는 게 마땅하겠죠. 전 세계 대부분의 국가가 그렇습니다. 그런데 딱 두 나라에서 제국주의에 협력했던 세력이 집권을 했어요. 남베트남하고 한국입니다. 둘 다 분단국가였는데 그중에서 남베트남은 없어졌죠. 북베트남에 흡수 통일되었어요. 딱 하나 남은 게 한국입니다.

저는 이를 바로잡는 과정이 민주화 운동이었다고 생각해요. 우리의 민주화 운동이 철저하지 못하고 한 번도 깨끗하고 완전하게 정리하지 못한 수십 년에 걸친 과거를 바로잡는 작업을 하고 있습니다.

고민해봐야 할 게 한국에서는 이른바 좌익 빨갱이들, 그러니까 '좌빨' 들만 과거 청산을 주장하는 것처럼 몰고 가는 거예요. 저는 이게 굉장히 잘못되었다고 생각해요. 한국의 우익이 존경받지 못하는 이유는 그들이 저지른 과거의 잘못 때문이죠. 그런데 중앙정보부가 무고한 시민을 잡아다 두들겨 패고 지하실에 거꾸로 매달아 고문해 조작 사건을 만든 게 어떻게 이념적인 문제겠습니까? 보편적인 인권 차원에서 오히려 한국의 보수세력이 먼저 나서서 잘못을 정리한다면 국민 화합에 도움이 되고 우리가 미래로 나아가는 데 도움이 될 겁니다. 한국의 보수세력이 이를 하지 않아 신뢰와 존경을 받지 못하는 것 아니겠습니까?

간첩이
돌아왔다,
잊혀진 추억이
현실로

함량 미달 간첩의 부활

간첩 잡는 아빠 되고
신고하는 엄마 되자

간첩은 창녀, 세리와 더불어 가장 오래된 직업으로 알려져 있습니다. 적이나 경쟁자가 뭘 하는지 궁금한 것은 누구나 마찬가지겠죠. 그럴 때 돈 있고 힘 있는 사람들은 간첩을 활용합니다.

인류 역사를 보면 예로부터 다양한 형태의 간첩을 만날 수 있어요. 『손자병법』의 「용간(用間)」편에 간첩 활용법에 관한 장이 있습니다. 그에 따르면 "어떤 경우에도 간첩을 쓰지 않을 수 없지만, 간첩을 부리는 것은 어진 장수라야 한다"고 나옵니다. 간첩이 적에게 "상대편에서 당신을 이렇게 들여다보고 있소"라고 말하면 큰일 나겠죠.

간첩 시대의 아픈 기억

간첩은 특히 전쟁 시에 꼭 필요한 존재입니다. 그래서 적국에 간첩을 보내는 것은 위법이 아닙니다. 어느 편이나 서로 간첩을 활용하죠. 단, 조건이 있어요. 간첩은 절대 포로 대접을 받지 않습니다. 포로는

명동 거리의 반공방첩 표어
1965년 5월 '반공방첩' 표어가 걸려 있는 서울 명동 거리. 한 문학평론가는 자신이 처음 배운 한글이 벽에 씌어 있던 '반공방첩'이라고 소회를 밝혔다. (대한민국정부 기록사진집)

국제법에 따라 자동 송환하는 것이 원칙인데 간첩은 그 나라 국내법에 의해 처벌을 받게 되죠.

간첩을 서로 교환하기는 합니다. 동서독의 경우에 간첩을 서로 교환하는 게 보통이었어요. 그런데 우리 남북한은 그런 적이 없습니다. 왜 없을까요? 그 이유에 대해서는 잠시 후 말씀드리겠습니다. 그 전에 여러분께 질문을 한번 던져보겠습니다. 대한민국 국민인지 아닌지를 맞히는 테스트입니다.

어릴 때 혹은 군대에 다녀온 분들이라면 한 번쯤 해본 생각일 텐데요. '어디 눈먼 간첩 하나 내 앞에 안 나타나나?' 이런 생각 안 해보신 분 계세요?

제가 초등학교 3학년 때는 간첩을 신고해서 잡으면 포상금이 최고 3,000만 원이었습니다. 당시 서울 시내 기와집 한 채가 300만 원 내지 400만 원 정도 할 때인데, 간첩망이나 간첩선처럼 큰 건 하나 신고하면 최고 3,000만 원까지 받았습니다. 로또가 따로 없죠. 군대에서도 간첩 잡아 헬기 타고 6개월 휴가 가는 꿈 안 꿔본 사람 있겠습니까? 내 앞에 눈먼 간첩 안 나타날까 하고 기대할 만하겠죠?

한 문학평론가가 칼럼에 이런 이야기를 썼습니다. 자신이 제일 먼저 읽은 한글이 '반공방첩'이었대요. 학교 담장에 글자당 1미터쯤 되는 큰 글씨로 시뻘겋게 써놓은 '반공방첩'이 가장 먼저 익힌 한글이랍니다. 그래도 저는 "철수야, 영희야, 놀자"로 한글을 배웠는데 오히려 저보다 두어 살 아래 학년은 "나, 우리, 대한민국" 등 국가관이 투철한 교육을 받았죠. 우리가 간첩과 더불어 살았던 그런 시대의 풍경입니다.

오늘 제가 하는 간첩 이야기는 진짜 간첩에 관한 것보다 우리가 간첩과 더불어 살았던 그 시대, 또는 간첩에 대한 공포와 더불어 살았던 그 시대의 이야기입니다.

간첩과 공작원의 차이

먼저 문제부터 드리겠습니다. 객관식입니다. 우리에게 간첩은 어떤 존재인가요? 1번, 무시무시하고 살벌한 존재다. 2번, 꺼벙하고 멍청한 존재다.

그냥 머릿속에 떠오르는 간첩의 이미지를 생각해보세요. 답은 '둘 다 맞다'입니다.

무시무시하고 살벌한 존재는 어디 있습니까? 그건 국가가 우리 국민들에게 이야기하는 간첩이겠죠. 그럼 멍청한 존재는 어디서 나와요? 대중이 스스로 느끼는 간첩입니다. 친구들끼리 가끔 "저놈 간첩 아냐?" 하는 이야기를 합니다. 무슨 의미입니까? 쟤는 왜 저렇게 멍청하냐? 남들 다 아는데 왜 혼자 헛소리하냐? 그러면서 간첩이라고 합니다. 〈그녀를 모르면 간첩〉이라는 영화도 있죠. 동네 사람들 다 아는데 혼자 그녀를 모르면 어떻게 돼요? 저거 틀림없이 간첩이다, 엊그제 남파되어 그녀가 얼마나 예쁜지, 얼마나 도도한지 알지 못한다는 거죠. 〈간첩 리철진〉도 있습니다. 리철진은 남파되었다가 떼강도 만나 공작금 털리는 멍청한 간첩입니다. 제가 간첩에 대해 연구를 좀 했는데 실제로 공작금 털린 간첩 많습니다. 사기당한 간첩도 봤어요.

대한민국의 현대사 전공자 중에 저만큼 간첩을 많이 만난 사람도 별로 없을 겁니다. 물론 현역 간첩을 만난 건 아니고 전직 간첩이나 비전향 장기수, 간첩으로 내려왔다가 감옥에서 30년씩 썩고 나온 분들이 대부분이죠. 뭐, 최근의 생생한 간첩은 아니더라도 나이 든 간첩들을 만나 옛날에 남북이 서로 엄청나게 간첩들을 보내던 시절의 이야기를 들었습니다.

그리고 제가 박사 논문으로 김일성의 항일무장투쟁 중에서 '민생단' 사건에 대해 썼어요. 민생단 사건은 그 당시 일본 제국주의가 침투시킨 간첩이 내부에 있다는 공포 때문에 항일무장 독립군들이 서로 의심하다가 대규모 처형으로 이어진 사건입니다. 그때 서로 처형해서 죽인 독립군이 500명이나 됩니다. 일본 제국주의와 싸워 죽은 수보다 더 많아요.

제가 논문을 쓰고 1999년에 귀국해서 그해와 2000년도에 간첩 인터뷰를 많이 했습니다. 그런데 비전향 장기수를 인터뷰하는 중에 남북 정상회담이 이루어지면서 그분들이 송환되는 바람에 더는 인터뷰를 못 했어요. 그래도 50~60명의 확실한 간첩들, 본인이 간첩이라고 인정하는 진짜 간첩들하고 인터뷰를 했습니다.

그 다음에 인권운동, 과거청산운동을 하면서 국정원 과거사위원회 활동을 했죠. 거기서도 간첩을 조사했습니다. 그때 만난 간첩들은 중앙정보부, 안기부에서 간첩 딱지가 붙고 검찰에서도 인정되어 법원에서 간첩 판결을 받고도 본인들은 죽어라 간첩이 아니라고 우기는 조작 간첩 의혹 사건의 피해자들이었어요. 그런 사람들도 50~60명 정도 만나서 인터뷰하고 그 사건들을 조사했습니다.

이렇게 조사하고 난 다음에 든 생각은 우리가 007 영화를 너무 많이 보았다는 겁니다. 간첩을 만나면 남북 간에 벌어졌던 숨 막히는 첩보전 이야기를 들을 줄 알았거든요. 그런데 자신이 간첩이라고 인정하는 비전향 장기수들을 만나도 진짜 첩보전 비슷한 이야기가 하나도 없어요.

사실 우리는 간첩과 공작원부터 구분해야 합니다. 〈간첩 리철진〉에서 박인환 씨가 게으른 간첩으로 나오죠. 어쩌다 선이 끊겨 남한에서 소시민으로 살아가는 간첩입니다. 그 딸은 완전히 대한민국 체질인데 아버지가 간첩인 것을 알면서도 정 때문에 아버지를 신고하지 못하죠. 저는 이런 간첩이 실제로 있을 거라고 생각합니다.

간첩은 사명이 있습니다. 사실 간첩이라는 용어를 풀어보면 이래요. '간(間)'은 적진 깊숙이 침투해 기밀을 수집하는 임무를 띠고, '첩(諜)'은 주로 군사정보나 적의 동태를 살피는 정찰병에 가깝습니다. 한마디로 적의 정보를 수집, 탐지하는 임무를 맡은 거죠.

북에서 내려오는 간첩들 중 절대다수는 그런 간첩이 아니라 공작원

1950년대 육군첩보부대
휴전 직후부터 1950년대 말까지 활동한 육군첩보부대 제1교육생들. 한국전쟁을 전후해 남한과 북한은
수없이 많은 간첩과 공작원을 서로의 진영에 파견했다.

에 더 가깝습니다. 공작원의 첫 번째 사명은 적지에 안착하는 겁니다. 남쪽에 들어와 합법적인 신분을 취득하고 결정적인 시기가 오면 뭔가를 할 수 있도록 대기하는 거죠. 그 '뭔가' 는 지령이 내려와봐야 압니다. 이래서 합법적인 신분을 얻고 안착하는 것이 제1차 사명입니다. 남한으로 내려온 간첩 대부분이 여기에 해당합니다.

그런데 어찌어찌하다 난수표를 잃어버렸다, 암호문을 잃어버렸다, 무전송신기가 고장났다, 이러면 이게 선 끊어진 간첩이죠. 선 끊어진 간첩을 간첩이라고 부를 것이냐 아니냐는 법적인 문제입니다.

가령 간첩죄의 공소시효가 15년인데 1990년에 남파된 간첩이 내려오자마자 암호문을 잃어버렸어요. 그런데 자수 안 하고 살다가 최근에 국정원 직원한테 잡혔다면 그 사람을 처벌할 수 있을까요? 복잡한 문제가 제기됩니다. 공소시효 지났죠. 간첩으로 침투했죠. 정보수집은 했는데 보고는 못 했죠. 무슨 보고할 선이 있어야 보고를 하죠. 요 새는 세상이 좋아져 인터넷도 되고 이메일도 되지만 1970년대나 1980 년대에는 그런 거 없었잖아요.

간첩 전성시대

우리가 겪은 간첩 시대에 정말 중요한 것은 간첩이 실제 어떤 일을 했 느냐가 아니라 우리 주변에 간첩이 있을 수 있다는 믿음, 공포입니다. 또한 간첩 잡겠다고 눈을 부라리는 사람들이 우리 자신을 포함해 주 변에 엄청나게 많았습니다. 그런 시대를 우리가 살았습니다. 그 시절 을 우리가 어떻게 정리할 수 있을까요.

사실 한국전쟁 시절을 포함해 1950년대, 1960년대에는 간첩이 많 았습니다. 엄청 많았어요. 그동안 남쪽에서 적발한 간첩의 유형을 보 면 세 가지입니다. 하나는 남파되다가 죽어 휴전선이나 해안에서 시 체로 발견되는 경우, 두 번째로 검거, 그 다음에 자수가 있습니다.

이 세 가지 형태로 적발된 간첩이 1951년부터 1970년까지 매년 160 여 명은 되었습니다. 10여 년 동안 1,600명 이상 내려온 거죠. 표에서 보면 1951년부터 1959년까지 1,674명, 1960년부터 1969년까지 1,686 명입니다. 한 달에 열서너 명 잡는 셈이니 간첩 잡는 기관들도 심심치 않았겠죠. 도대체 1950년대와 1960년대에는 간첩이 얼마나 많았냐? 제가 국정원 작업을 하면서 이전 인터뷰를 들쳐보다가 정말 웃다 죽 을 뻔했어요.

1968년인가 1969년에 남파된 영감님이 계신데 북쪽에서 소속이 중 앙당 연락부였습니다. 중앙당 연락부면 간첩교육을 담당하는 부서에

(단위: 명)

구분	생포	사살	자수	계
1951~1959	1,494	62	118	1,674
1960~1969	825	762	99	1,686
1970~1979	448	208	25	681
1980~1989	238	77	25	340
1990~1996	70	29	15	114
총계	3,075	1,138	282	4,495

적발된 남파간첩의 형태별 현황

서도 제일 핵심인 부서였죠. 그런데 교육이 끝났으면 빨리 투입해야 할 거 아녜요? 훈련받은 감이 죽지 않았을 때 빨리 현장에 투입해야 하는데 이 양반이 훈련이 끝나고 넉 달인가를 대기하면서 놀았다는 겁니다. 그래서 "거기서 뭐 했어요?" 물었더니 "아, 심심해 죽을 뻔했지" 하더래요. "근데 왜 그렇게 놀았어요?" 하니 뭐라고 대답하느냐 하면 "배가 없어서"라고 해요. "아니, 배가 없다니 무슨 얘기예요?" 하니까 침투하는 간첩이 하도 많아서 배를 배정 못 받았다는 거예요. 중앙당 연락부에서 훈련시킨 간첩이 배를 배정받지 못해 서너 달을 대기할 만큼 북쪽에서 열심히 침투시켰다는 이야기입니다.

1960년대와 1970년대에 남쪽은 간첩 잡는 기구를 확 늘렸습니다. 우리나라에서 간첩 잡는 기구가 어디어디 있습니까? 우선 국정원이 있죠. 거기에 간첩 잡는 인원이 몇 명인지는 저도 잘 모릅니다. 국정원 과거사위원회에 참여했지만 국정원 인원수 자체가 국가기밀이고, 안 가르쳐주고, 알려고 해서도 안 되고, 알아봤자 심사 편할 것 같지 않죠. 어쨌든 모르긴 몰라도 국정원에만 수천 명은 될 겁니다. 옛날에는 더 많았겠죠. 그리고 경찰서에 가면 보안경찰이라고 있어요. 지금 줄었는데도 2,000명 이상 될 겁니다. 그러니 1980년대에는 3,000여 명 이상 되었을 거예요. 또 뭐가 있어요? 보안사(기무사) 있죠. 이 세 군데만 합쳐도 얼마입니까? 거기다 검찰에 가면 공안부 있죠. 군에는 보안사 말고 정보사가 또 있으니 다 합치면 무지무지 많은 거죠.

남한산
간첩의 탄생

간첩이 필요해지다

그런데 1970년대부터 간첩 숫자가 줄어듭니다. 북에서 왜 간첩을 안 보냈을까요? 그 기점이 1972년 남북공동성명입니다. 7·4남북공동성명이 있었고 남과 북이 신사협정을 맺어요. 야! 우리 서로 간첩 보내지 말자. 1970년대에 10년 동안 681명 잡혔으니 1950년대나 1960년대에 비해 절반도 안 되죠. 1980년대에는 340명으로 다시 절반이 줍니다. 1990년대에는 절반이 아니라 3분의 1로 줄었어요.

간첩 잡는 기구를 늘려놨는데 간첩이 안 내려오니 황당하죠. 도둑놈이 있어야 포졸이 먹고살 거 아닙니까.

여러분, 스웨덴에서 만든 〈깝스〉라는 코미디 영화 아십니까? 너무나 평화로운 마을이 배경이에요. 이 마을에 10년 동안 범죄가 한 건도 안 일어났어요. 그러니 거기 경찰은 얼마나 편하겠습니까. 만날 땡까땡까 놀고먹는데 상부에서 이 동네에 범죄가 없다는 걸 알았어요. 그래서 경찰서를 폐쇄한다는 지침이 내려오니까 다급해진 경찰들이 사건을 만드는 겁니다. 마을 주민들하고 짜고 소동을 일으키는 코미디 영화죠. 이런 설정이 영화에서는 그저 코미디이지만 현실의 한국에서는 비극이 됩니다.

간첩이 오지 않으니 어떻게 됩니까? 간첩이 만들어지죠. 우리는 '간첩' 하면 무엇을 생각합니까? 메이드 인 노스코리아(Made in North Korea). 북한에서 내려보내는 오리지널 원단 간첩이죠. 문제는 짝퉁 간첩이 생기는 거예요. 메이드 인 사우스코리아(Made in South Korea). 함량 미달 또는 함량 미달 정도가 아니라 조작된, 완전한 짝퉁 간첩이 만들어지기 시작합니다.

사실 남쪽도 그동안 북파공작원을 보냈습니다. 지금도 가끔씩 가스통 들고 나오는 분들 있잖아요. 이 양반들이 대한민국에서 가장 특권 세력인 것 같아요. 유모차에 애 태우고 나와도 도로교통법이다, 아동학대다 해서 별의별 죄를 다 가져다 붙이는데 이 아저씨들은 도로 한복판에서 가스통 들고 불붙인다고 협박하고 사람을 때려도 괜찮죠.

남과 북의 간첩 수를 직접적으로 비교할 수는 없습니다. 북파공작원들 숫자는 우리한테 있지만 북쪽 간첩은 통일되고 난 다음에나 알 수 있기 때문에 현재로서는 남쪽이 적발한 숫자로 파악할 수밖에 없습니다. 1951년부터 1996년까지 적발된 간첩만 4,495명이죠. 남쪽은 1만 몇천 명을 보냈습니다.

그런데 보내봐야 할 수 있는 게 없어요. 북쪽이 얼마나 잘 조직된 사회이며, 남쪽은 또 남쪽대로 얼마나 잘 짜인 사회입니까?

1950년대에는 세상이 어수룩해서 간첩을 보내도 우물우물할 수가 있었어요. "야, 너 어떻게 있었어? 너 북에 있는 줄 알았는데." "응, 나

1971년 실미도 사건 진압 장면
당시 북파 요원들은 훈련 중 처우에 불만을 품고 인천을 거쳐 지금 유한양행이 있는 대방동까지 침투했다가 모두 목숨을 잃었다. (72 보도사진연감)

1·4후퇴 때 피난 내려왔잖아. 인민군으로 내려오다 포로가 되고 얼마 뒤에 풀려났어." "아이고, 먹고살기 힘들어서 일본에 갔다 왔지. 일본에 가서 몇 년 돈 벌다 왔어." 1950년대 후반까지만 해도 이렇게 어영부영 넘어갈 수 있었죠. 호적도 완벽하지 않은 때였습니다. 전쟁 때 피난 왔다고 하면 가호적 만들면서 나이도 늘리고 줄이고 마음대로 하던 때여서 얼마든지 위조가 가능했어요.

1960년대, 1970년대에는 그게 불가능합니다. "너 일본에 누구 아냐? 내 친구가 일본 어디에 사는데 너 아냐?" 알 수가 없죠. 탄로가 나는 겁니다. 그리고 또 하나, 1950년대까지만 해도 월북한 사람들은 그전에 남쪽에서 스무 살 넘도록 살았기 때문에 10여 년 만에 내려오면 대충 눈치로 때려잡을 수 있었습니다. 그런데 한국 사회가 1960년대부터 급속도로 변모하니까 내려와서 전화도 걸 줄도 몰라요.

비전향 장기수 영감님들 하는 이야기가 자기 같은 사람들을 왜 그렇게 가두어놓느냐는 거예요. 자신들이 나가서 뭘 할 수 있느냐, 전화를 걸 줄 아나, 지하철을 탈 줄 아나, 텔레비전을 켤 줄 아나. 한국 사회에 적응이 안 된다고 해요. 이 부분은 남조선 적응훈련을 한다고 해결딜 문제가 아닙니다. 아무리 훈련받은 간첩이라도 막상 내려오면 어리바리합니다.

또 남쪽 사회에 반공의식이 워낙 세졌고 간첩을 숨겨주었다가 패가망신하는 것을 많이 봐왔기 때문에 연고지로 가서 옛날 친척이라도 찾아가면 일단 신고부터 해버립니다.

이러니 엄청난 비용을 들여 간첩을 보내봐야 효과가 없는 거예요. 남쪽도 알고 북쪽도 압니다. 야! 서로 보내지 말자. 안 보내기 시작하죠.

실제로 민가협이나 인권단체들이 비전향 장기수들을 조사해보니 남파된 연도가 다 1960년대까지입니다. 물론 1970년대 이후에 잡힌 간첩들 중에도 진짜 북한에서 보낸 간첩들이 있는데 그 사람들 중 상당수는 옛날에 보낸 간첩들이 재수 없게 걸린 경우입니다. 이외에는 대부분 굉장히 의심이 가는 사람들이에요.

함량 미달의 간첩이 조작되다

공안기관들의 존립을 위해서도 간첩이 있어야죠. 실제로 남쪽에 끈 떨어진 간첩들이 상당수 소시민으로 살아가고 있고요. 북에서 그런 간첩들을 찾기 위해 또다시 간첩을 보내기도 했습니다.

간첩이 거의 끊어지기는 했지만 신사협정 맺는다고 다 지킵니까? 북측도 계속 간첩을 보냈죠. 다만 숫자가 엄청나게 줄어든 겁니다. 옛날 방식의 공작원들을 보내봐야 남쪽 사회에 뿌리내리기도 힘드니 대폭 줄이고, 정보 획득을 위해 1년에 한두 명, 두세 명 수준으로 조금씩만 보냈던 것 같아요.

표에서 1970년대, 1980년대, 1990년대에 잡힌 간첩을 다 합치면 몇 명입니까? 1,200명이 좀 안 되죠? 그중에는 사살당한 사람들도 있습니다. 강릉 잠수함 사건 때 죽은 사람들은 간첩이 아니었어요. 그냥 육지로 달아나다 사살된 겁니다. 그 사람들도 다 간첩 통계에 잡혔습니다. 휴전선 부근에서 총격 사건으로 죽은 사람들도 사살로 잡혔고요. 그런 사람들 빼고 1972년 남북공동성명 이후 적발된 간첩은 1,000명쯤 됩니다. 이 중에서 진짜 간첩은 몇 명쯤 될까요?

아까도 말씀드렸습니다만 유럽에서는 국가끼리 서로 간첩을 교환합니다. 남과 북이 간첩을 교환하는 장면을 상상해보세요. 간첩을 교환하려면 우선 명단을 주고받을 것 아닙니까? 우리 이런 간첩 잡았어. 남쪽이 작성한 검거 간첩 명부라는 게 있습니다. 그 명부를 북쪽에 보내면 북쪽이 어떤 반응을 보일까요? 얘 누구야? 얘 몰라, 몰라, 하다가 어! 이 사람은 맞아. 이쪽 업계 용어로 직파간첩이라고 합니다만 정말로 1,000명 중에 북쪽에서 보낸 진짜 간첩, 북에서 직접 파견한 간첩이 몇 명이나 될까요?

검거와 자수 간첩 중에서 직파간첩 수는 장담컨대 50명이 채 안 될 겁니다. 명단 달라고 해도 안 줘요. 제가 1,000명 가까운 명단을 이런저런 경로로 뒤져나갔습니다. 제가 찾지 못한 사람을 다 직파간첩이라고 인정하더라도 아마 50명이 안 될 겁니다. 30명 내지 40명?

우리가 잘 아는 직파간첩, 가령 깐수 정수일 선생 같은 분들이 직파간첩입니다. 그러면 나머지 1,000명이 다 조작한 간첩이냐? 그렇지는 않겠죠. 그중에 재일동포가 진짜 공작원으로서 사명을 띠고 들어온 경우도 분명히 있을 겁니다. 그렇지만 굉장히 의심스럽고 간첩으로서 함량이 떨어지는 사람들이 너무나 많습니다.

고기 잡다 간첩이 된 어부들

1950년대 간첩들 중에 제가 조사한 사건 때문에 만난 사람이 있습니다. 이 양반은 남파간첩으로 노동당 연락부에서 훈련을 받고 내려왔다가 붙잡혀서 징역을 살았는데 간첩죄가 아니라 간첩 미수죄가 적용되었습니다. 간첩의 사명을 띠고 들어왔지만 실행을 못 했기 때문입니다. 남쪽에 내려와서 4개월 동안 합법 신분을 얻기 위해 준비하다가 잡혔거든요. 간첩질을 제대로 해보지도 못한 거죠. 어쨌든 진짜로 북한 노동당 연락부에서 훈련을 받고 남파된 간첩인데도 간첩죄를 엄격히 적용했기 때문에 간첩죄가 아닌 간첩 미수죄가 된 겁니다. 1950년대만 해도 간첩 미수죄로 처벌받는 진짜 간첩이 많았습니다. 왜 간첩죄를 엄격하게 적용했냐 하면 그때는 간첩이 워낙 많았거든요.

1970년대나 1980년대에는 간첩의 '간' 자하고도 상관이 없는데 억울하게 간첩이 됩니다. 예컨대 1970년대에 가장 억울하다고 주장하는 두 부류의 간첩들이 있습니다. 하나는 어부, 또 하나는 재일동포입니다. 어부와 재일동포 간첩사건들이 만들어지는 거죠.

납북어부 간첩사건은 정말 황당하기 짝이 없습니다.

자, 바다에는 휴전선이 없습니다. 정전협정에서 빠진 부분 중 하나라고 할 수 있는데 바다에는 군사분계선을 정하지 않았어요. 나중에 만든 게 NLL입니다. NLL은 북방한계선입니다. '북방'이라는 이름은 남쪽 배가 이 선 이상 올라가면 안 된다는 뜻입니다. 남쪽을 상대로 만든 것인데 그걸 국경선이다, 분계선이다, 우겨서 말썽이 일고 있죠.

물고기나 꽃게가 이런 복잡한 분계선을 알 리가 없겠죠. 그래서 그냥 올라갑니다. 바다에 그어놓은 금이 없으니 어부들도 잡으러 올라갑니다. 알고도 올라가고 모르고도 올라갑니다. 넘어가면 좋은 고기가 많으니까요. 대한민국 해경이 나타나 단속하면 뭐라고 합니까? 넘어왔수? 우린 몰랐수.

북쪽 경비선이 나타나기도 하죠. 그래서 남한의 어선을 끌고 갑니다. 북쪽도 여러 가지 조사를 합니다. 이게 간첩선인지 아닌지. 봐서 아닌 것 같으면 어부들을 데려다가 평양 시내를 구경시켜줍니다. 1960년대에는 북쪽이 남쪽보다 잘살기도 했지만, 사실 시골 사는 어부 데려다가 서울 구경 시켜주면 눈이 휘둥그레지는 건 마찬가지였겠죠. 어쨌든 남쪽에서 살던 가난한 어부들을 데려다 평양 구경을 시키고 대접을 해줍니다. 북한에서 제일 좋은 공장에도 데려가고, 며칠 대접을 잘해주어 돌려보냅니다.

그중 일부는 북한에 남기도 했는데, 완전히 획 돌아서 공산주의를 지지하게 된 경우거나 조사하다 보니 뭔가 이상하다 싶어서 억류한 경우가 있습니다. 그러나 대부분의 납북어부들은 돌아왔죠.

돌아오면 처음에는 남쪽에서 환영식을 해줬어요. 북한에 잡혀갔다고 약간 쥐어박기는 했지만 환영대회를 해줬죠. 그런데 납북어부 수가 점점 많아지니 넘어가면 무조건 반공법 위반이다, 이렇게 나옵니다. 사실 국가보안법이나 반공법을 엄격하게 적용하면 걸 여지가 굉장히 많습니다. 우선 북쪽지역으로 갔으니 침투가 걸리고, 북쪽 사람을 만났으니 회합에 걸리고, 거기서 공장에 데려가 "굉장하죠?" 물었을 때 "아, 예" 하면 동조에 걸리고, "근사하네요" 한마디 해주면 고무찬양까지 같이 걸려들죠. 걸리면 얼마든지 걸 수 있는 겁니다. 그전만 해도 납북어부들은 대개 며칠씩 경찰서에서 조사받고 고생 좀 하면 풀려났는데 이걸 재판에 회부하기 시작합니다. 그러다 1970년대 중반쯤 가면 적극적으로 간첩죄로 걸기 시작합니다.

자장면이 맛있다는 게 국가기밀?

간첩이라면 국가기밀을 탐지해야 하잖아요. 군대에 있을 때 병사들끼리 이런 이야기를 합니다. "군사기밀을 팔아먹고 싶어도 뭘 알아야 팔아먹지." 사실 병들이 뭘 알겠습니까? 그러나 그건 괜한 걱정이에요.

여러분은 국가기밀을 알고 계십니까? 모르시죠? 모른다고 생각하실 겁니다. 그게 대한민국 국민들의 평균적인 생각일 겁니다. 그 걱정을 해소해드리겠습니다.

국가기밀의 중요성은 무엇입니까? 기밀이라면 남들이 몰라야죠. 이건 비밀인데, 하고 이야기하는 것 치고 대개 진짜 비밀은 없습니다. 동네 사람들이 다 아는 이야기는 비밀이 아니죠. 신문에 난 건 기밀일까요? 우리 상식으로는 기밀이 아닙니다.

국가보안법의 정체성에 입각해 말한다면 신문에 난 것도 기밀이에요. 남들이 몰라야 하는 걸 '비닉성'이라고 합니다. 비밀과 은닉. 이 비닉성이 있어야 기밀입니다. 그런데 대한민국 대법원이 어떻게 해석했느냐면 "신문에 난 공지의 사실일지라도 적에게 이로우면 기밀로 한다!"고 했어요.

제가 평화박물관에서 꼭 하고 싶은 전시가 '대한민국 국가기밀전'입니다. 간첩사건 공소장에 씌어 있는 '간첩이 팔아먹은 국가기밀'을 모아보는 거예요. 우리가 살았던 시대에 어떤 사람들이 어떤 이유로 간첩이 되었는지 그보다 더 잘 보여줄 게 뭐가 있겠습니까?

제가 추천하고 싶은 아이템으로 '경부고속도로는 4차선이다'와 '자장면은 맛있다' 가 있습니다. 이거 진짭니다.

제가 본 간첩사건 중에서 군사기밀과 관련해 진짜 황당한 군사기밀 탐지사건이 있습니다. 오래된 사건도 아니에요. 1990년인가 1991년도에 발생한 광주 모녀 간첩단 사건. 딸은 광주에서 구의원인지 시의원을 하고 그 어머니가 있는데 두 사람이 모녀 간첩단의 주인공입니다.

공소장에 의하면 이 어머니가 어떤 모임에 참석했는데 앞에 앉은 아저씨가 해병대 예비역 장성이었습니다. 그 남자가 군대 시절의 이야기를 했어요. 사실 여성들 중에는 해군과 해병대가 어떻게 다른지 잘 모르는 분들도 많잖아요.

이 아주머니가 "아저씨, 그런데 해병대가 뭐하는 데예요?"라고 물어봤대요. 그랬더니 대한민국 엘리트 검사들이 뭐라고 공소장을 작성했는지 아세요? "아저씨, 그런데 해병대가 뭐하는 데예요?" 하고 물음으로써 군사기밀을 수집, 탐지하고……. 아, 여러분, 웃으면 안 됩니다. 이게 군사기밀의 수집, 탐지입니다. 그러면 안 걸릴 사람이 있나요? 여러분은 안 걸릴 것 같습니까? 우리는 걸어다니는 기밀 덩어리입니다. 우리는 너무나 많은 기밀을 알고 있어요.

제가 실제 조사한 차풍길 씨 사건이 이번 재심에서 무죄를 선고받았습니다. 1982년에 간첩죄로 걸렸는데 66일 동안 정보부 지하실에 잡혀 있었습니다. 66일 동안 두들겨 팬 끝에 만든 공소장에서 밝힌 국가기밀이 무엇이냐 하면 바로 신문에서 보고 적은 거랍니다.

이 양반이 어찌나 버텼던지 그 신문을 구독하지 않았다고 했어요. 가령 안기부 수사관이 〈한국일보〉를 펼치면서 "너 이 기사 봤지?" 하고 묻자 차풍길 씨가 "우리집은 〈한국일보〉 안 봤는데요" 했대요. 그럼 무슨 신문을 구독했는지 알아내서 그걸로 사건을 조작했으면 그런

할아버지는 간첩이 아니란다
차풍길 씨가 2008년 4월 법원에서 최종 무죄 판결을 받고 손녀들에게 축하를 받고 있다. 그는 1982년 미군 군사기밀 수집, 조총련 찬양 혐의로 간첩으로 조작되어 7년 6개월 동안의 억울한 옥살이를 했다. (차풍길 씨는 조총련과 관련이 없으며, 오히려 그 때문에 억울한 옥살이를 했음에도 이 책의 1, 2쇄에서 사진 설명 글에 편집자의 착오로 '조총련계 차풍길 씨'라고 표현한 것은 명백히 사실이 아님을 밝힙니다.)

가 보다 하겠어요. 그 수사관은 그것조차 귀찮았는지 그냥 〈한국일보〉로 밀어붙여서 차풍길 씨를 간첩으로 만들었답니다.

그 동네에 〈한국일보〉를 구독하는 집이 있었을 것 아닙니까. 차풍길 씨가 그 집에 놀러갔다 기사를 봤다는 거예요. 그 내용을 기억했다가 집에 돌아와 편지지에 적었다는 겁니다. 나중에 일본에 가서 간첩에게 전달하려고 했다는 거죠. 사실 그 편지가 발견된 것도 아니었어요.

이게 정말 웃기는 이야기예요. 1980년대에 우리가 한국의 군사 상황이나 자료 같은 걸 확인하려면 일본에서 나온 신문이나 잡지를 봤어요. 일본에 훨씬 더 정보가 많습니다. 또 다음 날이면 일본의 대학 도서관이나 중요한 도서관에 한국 신문이 다 들어갑니다. 조총련 도서관에도 한국 신문이 다 들어갑니다. 그런데 조총련이 매일 받아 보는 한국의 신문기사를, 훈련받은 첩보원도 아닌 양복점 아저씨가, 남의 집에서 본 기사를 외웠다가 적어놓은 걸, 몇 달 후에 고급 군사기밀이라고 수집했겠습니까? 도대체 말이 안 되죠. 말이 안 되는데 간첩죄로, 국가기밀의 수집, 탐지, 보고로 차풍길 씨가 징역 10년과 자격정지 10년을 받았습니다. 그런 시절이 있었어요.

납북어부도 붙잡혔죠. 그 사람은 납북되어 북쪽을 며칠 구경하고 온 게 답니다. 그런데 납북되고 10년 후에 갑자기 간첩이 되었습니다. 그게 어떻게 가능할까요?

간첩이라면 정보를 수집, 탐지, 보고할 능력이 있어야 하지 않습니까? 이 사람은 10년 전에 납북되었다가 돌아온 이후 북쪽 사람을 본 적이 없어요. 그렇다면 정보를 수집, 탐지하라는 지령을 언제 받았습니까? 납북되었을 때 받은 거예요. 그러나 그 후 10년 동안 아무것도 안 했어요. 이건 어떻게 해석하면 됩니까? 잠복한 겁니다. 에이즈도 잠복기가 있잖아요. 합법 신분을 위장하기 위해, 의심을 받지 않기 위해 잠복하고 있었다는 거죠. 그러다가 군사기밀과 관련된 게 있으면 꼬박꼬박 수집, 탐지했대요.

간첩인지 여부를 따질 때 중요한 게 '편면성(片面性)'입니다. 아까 말씀드렸지만 남파되자마자 암호문이나 난수표를 잃어버리면 통신을 할 수가 없잖아요. 국제 상규에서는 통신할 수 없으면 간첩으로 인정을 안 합니다. 그런데 한국에서는 인정합니다. 이 사람이 납북되었다가 돌아왔을 때 경찰이나 정보기관이 몸수색, 짐수색 다 했을 거 아닙니까. 그러니 암호문이나 무전기는 처음부터 가질 수가 없죠. 그러고도 간첩이 되는 거예요.

또 진짜 간첩이라면 반국가단체의 구성원이나 핵심간부로부터 지령을 받았을 것 아닙니까? 이 어부는 납북되었을 때 북에서 지령을 받은 겁니다. 북에서 어부를 남쪽으로 돌려보낼 때 한마디 하겠지요. "동무, 가서 통일을 위해 열심히 사시라요" 한 것도 지령이 됩니다. 구체성이 전혀 없지만 간첩은 독자적으로 활동하기 때문에 그런 포괄적인 지령도 지령인 거죠.

그 다음에 정보수집은 어떤 것이 있을까요? "경부고속도로가 4차선이다" "자장면이 맛있다" 같은 정보입니다. 이 어부의 경우는 동네 파출소의 위치, 예비군 훈련 상황, 군대 갔다 왔으면 자신이 복무했던 군대의 위치가 다 군사기밀입니다.

어부가 그런 기밀들을 탐지, 수집했다고 칩시다. 하지만 북쪽에 보고를 못했어요. 그럼 미수죄일까요? 아닙니다. 법이 바뀌면 그것도 처벌할 수 있습니다. 수집·탐지죄를 따로 만드는 겁니다. 전에는 간첩활동 내에 수집과 탐지가 포함되어 있었는데 이제 수집·탐지죄를 따로 만들었어요. 정보를 수집해서 가지고만 있어도 됩니다. 그러니까 알고만 있어도 죄가 된다는 겁니다.

섬에 사는 사람이라면 당연히 배 시간을 알 것 아닙니까? 어부면 당연히 물때를 알 것 아닙니까? 물때를 알아서 적에게 알려주면 적이 물때에 맞춰 들어올 수 있으니 그게 훌륭한 군사기밀이 되는 거죠. 섬으로 침투해 육지로 상륙하는 배 시간을 알게 되면 그것도 훌륭한 군사기밀이에요. 마을 파출소 위치를 알면 불심검문을 피해 파출소 옆 골목으로 돌아갈 수 있으니 모든 것이 다 훌륭한 군사기밀입니다. 그런 것들을 수집하고 탐지했다는 이유로 사람을 잡아다가 두들겨 패 간첩을 만들기 시작했습니다.

볼펜 12자루와 자술서 1,200장

그런 간첩들 중 한 명이 김성학 씨입니다. 김성학 씨는 1980년대에 좋은 판사와 검사를 만났습니다. 사건이 너무 황당하니까 검사가 간첩죄를 빼버렸습니다. 고무찬양만 가지고 기소했어요. 그리고 사법시험에 떨어진 친척 동생이 있었나 봅니다. 그 친구가 열심히 재판에 따라다녔어요. 최종적으로 좋은 판사를 만나 무죄가 되었습니다.

그 당시에 누가 김성학 씨를 담당했느냐 하면, 이근안 아시죠? 뭐로 유명합니까? 고문기술자. 우리나라가 기술을 무척 중시하다 보니 고문기술자까지 나왔습니다. 고문기술자가 왜 나옵니까? 고문 잘못하면 죽거든요. 그렇게 두들겨 패고, 그렇게 물을 먹이는데 안 죽겠습니까? 박종철도 그래서 죽었잖습니까. 고문기술자라는 게 뭐예요? 죽이지 않으면서 최대한 고통을 가해 정보를 뽑아내는 겁니다.

이근안이 간첩을 세 명 잡았다고 합니다. 그중 한 건이 얼마 전에 무죄판결을 받은 함주명 선생 사건입니다. 국가에서 배상금까지 지급한 완전히 해결된 사건입니다. 또 하나는 제가 조사한 납북어부 관련 간첩 사건이 있어요. 그것도 엉터리 조작 사건이었어요.

김성학 씨는 납북어부로 북에 갔다 왔습니다. 사건을 조작하려면 간첩교육을 받은 거로 해야 할 것 아닙니까? 하지만 김성학 씨는 북에서 체제선전만 들었지 간첩교육은 받은 적이 없어요. 그래서 경찰들이 두들겨 패면서 가르쳐주는 거죠. "오래되어서 기억이 잘 안 나는 모양이지? 전에 납북되어 간첩교육을 받고 돌아온 어부들 보니까 이런 교육 받았던데, 너도 받았을 거 아냐?" 그걸 받아 적으면 본인이 진술한 자술서가 되는 겁니다.

제가 조작 의혹 간첩 사건을 조사하는 과정에서 만난 피의자들을 보면 특징이 한 가지 있어요. 학창시절에 필기를 많이 하다 보면 오른쪽 가운뎃손가락 첫 번째 마디에 굳은살이 생기죠. 조작 간첩들 중에도 여기 굳은살이 박인 분이 많아요. 사실 대부분이 평생 농사만 짓거나 고기를 잡던 분들이거든요. 우리 같으면 하루에 한두 시간씩 필기한 것이 쌓여가면서 박인 굳은살이라 모양이 많이 흉하지 않은데 이분들은 꼭 사마귀가 난 것처럼 크고 이상합니다.

이분들이 당시 한 달 동안 자술서만 1,200장을 썼습니다. 여러분, 모나미 볼펜을 끝까지 써본 적 있습니까? 쓰다가 중간에 잃어버린 분들이 많지요? 이 조작 간첩들은 모나미 볼펜을 한 다스나 썼다는 겁니다.

왜 그렇게 쓰게 할까요? 그렇게 많이 쓰다 보면 정말 자신이 그렇게 한 것 같대요. 60일 동안 잠 안 재우고 두들겨 패면서 "너 북한 갔다 왔지? 갔다 왔지?" 하는 소리를 들으면 진짜로 자신이 북한에 갔다 온 것 같대요. 그렇게 만들어버리는 겁니다.

또 하나 제가 조사한 사건이 있어요. 강화도에서 배를 타고 내려오다 보면 석모도가 있죠. 거기서 다시 배를 갈아타고 가면 미법도라는 섬이 있습니다. 강화도에 딸린 섬으로, 주민이 120명 내지 130명 정도 되고 주택도 30호 남짓한 아주 작은 섬입니다. 이 미법도에서 간첩사건 네 건이 발생합니다.

제가 조사한 것은 정영 선생 사건입니다. 그런데 이 사건을 조사하려고 하니 간첩 문제로 많이 활동했던 인권단체 활동가가 걱정을 해줍니다. 정영 선생한테 이야기를 들어보면 굉장히 억울한 것 같은데, 이 사건이 좀 미심쩍은 부분이 있다는 거죠. "뭐예요?" 하고 물어보니까 "이게 간첩이 제보한 간첩사건이거든요" 합니다. 그러면서 아무래도 진짜 간첩일 것 같은 느낌이 든다고 해요.

당시 납북어부 사건들을 조사해보려고 시작했는데, 간첩이 제보한 간첩사건이라서 엄청난 건 줄 알았죠. 그런데 제보한 간첩이 누구냐

하면 정영 선생의 납북 동기였어요. 함께 납북되어 같은 방에 있던 사람인 거죠.

국정원에서 두 사람을 각각 불러내 납북되었던 당시 서로 따로 떨어진 적이 있는지 묻습니다. 그럼 누가 와서 불려 나간 일이 있다고 말했을 것 아닙니까? 그게 단서가 되어 잡아다가 두들겨 패서 간첩사건을 만든 거예요. 100명 조금 넘는 섬에서 간첩으로 잡혀간들 누가 억울하다고 말해주겠습니까? 1965년에 함께 납북되었던 사람들을 한 명 한 명 잡아들이기 시작해 그 배에 탔던 사람들 중에서만 5명의 간첩을 만들었습니다. 그중 한 명은 이웃 섬에 사는 사람이고, 미법도에서만 네 건의 간첩사건을 만들었습니다. 첫 번째 사건을 바로 이근안이 만들었습니다.

제가 조사한 네 번째 간첩 정영 선생은 반공정신이 투철한 동네 예비군 소대장이었어요. 이근안이 왔을 때 그 섬에서 20일 동안 먹여주고 재워주기까지 했어요. 첫 번째 간첩이 잡혔을 때는 증인으로까지 나섰던 사람입니다. 그런데 월북한 친척이 있다는 이유로 4~5년이 지난 뒤에 간첩으로 몰렸고, 징역 15년을 받고 살다가 나왔습니다.

세상에서 가장 슬픈, 재일동포 조작 간첩

납북어부들 못지않게 많은 수가 간첩으로 조작된 집단이 재일동포들입니다. 왜 그럴까요?

여러분, 일본이 어떤 사회입니까? 공산당이 합법화되어 있는 사회입니다. 공산당이 시의원, 구의원 등은 말할 것도 없고 국회의원으로도 당선됩니다. 고등학교에서 「공산당 선언」을 가르칩니다.

우리가 조총련이라고 부르는 재일동포 집단을 일본에서는 총련이라고 합니다. 해방 이후 재일동포 사회에는 총련 성원들이 굉장히 많았습니다. 이유가 있습니다.

　대한민국의 1950년대, 1960년대 재일동포 정책은 한마디로 기민(棄民) 정책이라고 표현합니다. 여기서 '기'는 '버릴 기(棄)'자입니다. 남쪽은 재일동포에 대한 정책이 아무것도 없었습니다. 사실 재일동포는 97퍼센트 내지 98퍼센트가 남쪽 출신입니다. 지리적으로 가깝잖아요. 일제강점기에 북쪽에 사는 사람들은 만주나 중국으로 끌려가고, 남쪽에 사는 사람들은 일본으로 끌려갔습니다. 절대다수의 연고지가 남쪽인데 오죽하면 북송사업을 할 때 10만 명이 북쪽으로 갔겠어요? 아무 연고가 없는데도 자기 고향을 버리고 갔죠.

　지금은 안 그렇지만 당시에는 남쪽의 기민정책으로 인해 재일동포의 대다수가 총련 성원이었습니다. 그러다 보니 한 집에 한 사람씩은 총련 성원이 있게 마련이었죠. 심지어 한 가족에 총련 성원과 민단 성원이 섞여 있는 겁니다. 한일 국교 정상화 이후에 남쪽 출신들이 민단을 택하기 시작했습니다. 또 한국을 상대로 무역을 하게 되면서 한국을 드나들려면 총련으로는 불가능하니까 민단을 택하기 시작합니다. 하지만 가족 중 일부는 굳이 바꿀 필요가 있나, 하는 사람들도 있었습니다. 한 가족이면서 총련과 민단이 섞인 경우가 생기게 된 겁니다.

　그런데 총련은 반국가단체죠. 반국가단체의 성원을 만나면 국가보안법상의 회합이 됩니다. 그게 가능합니다.

　국교 정상화 이후 재일동포가 고국에 오게 되었어요. 유학이든 사업이든, 아니면 1970년대 모방단(모국방문단) 또는 모성단(모국성묘단)으로든. 그 사람들에 의해 히트한 노래가 〈돌아와요 부산항에〉입니다. '꽃피는 동백섬'을 찾는 〈돌아와요 부산항에〉가 재일동포 귀국사업과 맞물려 한국과 일본에서 어마어마한 인기를 누렸습니다.

어떤 재일동포가 민단에 가입해 대한민국 국적을 얻었습니다. 그 사람에게는 총련에서 활동하는 잘 아는 사람이 있어요. 고향이 같을 수도 있고 옆 마을이 고향일 수도 있죠. 얼마나 가고 싶겠습니까? 그 사람이 부탁을 합니다. "너 참 좋겠다. 가거들랑 우리 마을에 들러 어머니가 어찌 지내시는지 알아봐 다오. 그리고 내 안부도 좀 전해다오." 이런 부탁을 받고 고국을 방문했습니다.

고향에 가보니 총련 활동가의 어머니는 이미 돌아가셨어요. 그렇지만 형님은 농사도 제법 크게 짓고 동네에서 새마을지도자를 하며 잘 살고 있더라, 뭐 이런 소식을 일본으로 돌아가 총련 활동가에게 전해주고 술 한잔 마셨습니다. 그 후에 다시 한국을 방문했는데 공항에 도착하자마자 중앙정보부나 경찰에 잡혀갑니다.

친한 친구를 만나 고향 소식을 전해주었어요. 자, 과연 무슨 죄가 성립할까요? 간첩죄 풀코스가 성립됩니다. 우선 조총련 활동가를 만났죠. 회합죄가 됩니다. 그 활동가가 고향집에 가서 부모님 소식을 알아봐 달라고 부탁하죠. 이건 지령수수입니다. 활동가가 혹시 여비에 보태라고 돈을 주면 뭐가 돼요? 공작금이죠. 공작금까지 받았으니 금품수수. 한국으로 성묘하러 왔어요. 그러면 잠입죄. 다시 일본으로 돌아가면 탈출죄. 한국에서 구경하고 다녔으니까 수집, 탐지가 적용되고, 총련 활동가를 만나 고향 이야기를 전해주니 보고가 되죠. 같이 식사까지 했으니 향응 제공도 됩니다. 편의 제공이나 음식을 받으면 저쪽에 포섭된 거고, 내가 술을 샀으면 반국가단체 성원에게 향응을 베푼 게 되죠. 이게 기본으로 징역 7년을 때릴 수 있는 죄입니다. 실제

재일동포 중에 이와 비슷한 사건으로 걸려든 사람이 부지기수입니다.

간첩을 조작하는 것 자체가 나쁘지만 재일동포와 관련해서는 정말 울화가 터집니다. 재일동포들 중에는 우리말 배우겠다고 온 사람들도 있어요. 차별받으며 힘들게 살다 고향을 찾아왔는데 격려하고 장학금을 줘도 시원찮을 판에 그 사람들을 간첩으로 몰았죠. 정말 자다가도 벌떡 일어날 일이라고 생각합니다.

간첩단 조작의 공모자,
대한민국 사법부

대한민국 사법부의 아픈 과거

1980년대 중반까지 인권변호사들도 간첩 사건은 변론을 별로 못 했어요. 1980년대 후반에야 '민변'이 만들어졌죠. 그러니 1980년대 초반에 조작 간첩들이 한창 양산될 때 조직적인 도움도 못 주었고, 그 당시 인권변호사들도 간첩사건은 맡기를 꺼렸습니다. 그나마 민주화 운동을 하다가 간첩으로 몰리면 관심을 가졌지요. 통혁당 사건, 재일동포 학생 간첩사건 등이 그렇죠. 일반인들, 민주화 운동과 아무 상관없는 소시민들이 간첩으로 걸려 들어가면 관심을 받지 못했습니다. 1980년대에 그런 간첩들이 양산되었습니다.

저는 간첩이 만들어지는 것은 사법부의 책임이 크다고 생각합니다. 사법부가 2008년 9월 26일인가 사법의 날이라고 해서 과거사 관련 이야기를 했죠? 사법부가 과거사를 제대로 반성하고 정리해야 합니다. 우리가 과거사라고 말하는 거의 모든 사건들은 최종적으로 법원에서

인혁당 사건 관련자의 사형 집행
1975년 4월 9일 서대문형무소 앞에서 인혁당 사건 관련자 8명에 대한 사형 집행 소식을 들은 유가족과 이 사건의 진상규명을 위해 힘쓴 시노트 신부가 격렬하게 항의하고 있다. (민주화운동기념사업회)

마무리가 되었습니다. 아까 이야기한 '자장면은 맛있다'가 얼마나 웃기는 이야기입니까? 정말 '웃기는 짜장'입니다. 이런 사건이 경찰이나 안기부에서 검찰로 송치되면 우선 검사가 검토한 후에 '뭐, 이런 게 다 있어' 하고 기소를 하지 말아야 합니다.

유명한 사건이 있습니다. 공안검사가 '양심적 기소 거부'를 한 사건이 있어요. 유명한 인혁당 사건입니다. 인혁당 사건은 1964년에 1차, 1974년에 2차가 벌어집니다. 제2차인 인혁당 재건위 사건에서 한꺼번에 8명이 사형을 당했죠. 그분들 대부분이 1964년 제1차 인혁당 사건에서도 걸렸어요. 그때 중앙정보부에서 이들을 조사하고 검찰로 송치했죠. 서울지검 공안부가 사건을 맡았는데 도저히 반국가단체로 기소하려야 할 수가 없는 겁니다.

원래 국가보안법에서 반국가단체란 북한을 의미합니다. 북한을 국가로 인정할 수 없으니까 반국가단체란 말을 만든 겁니다. 그런데 반국가단체의 의미가 점점 더 느슨해지더니 1980년대 초반이 되면 아예 단체의 정의가 달라집니다.

예를 들어 '아람회 사건'이 있습니다. 아람이라는 아기의 돌잔치에 사람들이 모였다가 손님들 사이에서 광주항쟁에 관한 이야기가 나왔어요. 여기저기 떠도는 소문들이 화제가 되었죠. 광주에서 사람들이 죽었다며? 전두환이 나쁜 놈이네.

현역 군인도 있었고 선생님도 있었지만 그 돌잔치에 모인 사람들에게 '대한민국을 인정하지 않는 반국가단체'를 조직했다는 혐의가 떨어졌고 그 반국가단체의 명칭이 바로 '아람회'가 됩니다.

1960년대만 해도 검찰이 그 지경까지는 아니었습니다. 사실 인혁당 사람들이 아무것도 안 한 것은 아니에요. 혁신적인 생각을 가지고서 우리가 뭔가 해야 하지 않겠느냐, 조직을 한번 만들어야 하지 않겠느냐, 조직을 만들 때 이름을 무엇으로 할까, 이 정도까지 나갔습니다. 다만 조직 이름도 정하지 않은 채 논의만 하는 단계였습니다. "베트남에는 인민해방전선이 있는데 우리는 무엇으로 할까?" "인민혁명은 어때?" "좀 살벌한 거 아냐?" 이 정도 논의를 했습니다.

중앙정보부에서 이 사건을 검찰로 송치했고 담당 검사가 검토를 했죠. 그런데 아직 단체도 만들지 않고, 강령도 없고, 조직도 없고, 규약도 없고, 지휘체계도 없는 겁니다. 검사 입장에서는 이 사람들이 뭔가 하려고 한 것 같은데 반국가단체로는 도저히 걸 수 없지 않겠느냐는 말이 나오죠.

조직을 만들지 않았는데 어떻게 반국가단체로 걸고넘어지느냐, 반국가단체로 걸지 못한다는 입장이었습니다. 서울지검 공안부 검사들이 이 정도로는 기소하지 못한다고 거부했는데 위에서 자꾸 압력을 가하니까 사표를 썼습니다. 그랬더니 검찰에서 당직 검사를 시켜 기소했어요. 검사 동일체의 원칙이란 게 있습니다. 검찰은 하나의 조직이기 때문에 누가 공소장에 서명하든 상관이 없다는 거예요. 웃기는 이야기죠. 이게 양심적 기소 거부 사건입니다.

1981년에 연세대생 내란음모 사건이 있었습니다. 대학생들이 유인물 좀 만들려다가 걸린 사건입니다. 유인물을 뿌린 것도 아니고. 그걸 내란음모로 바꾸었어요. 안기부가 청와대에까지 보고했습니다. 그런데 검사가 보니 말이 안 되는 사건이죠. 실제로 이 친구들이 이북 방송을 들었어요. 왜냐하면 광주항쟁에 대해 아무도 이야기를 안 하는데 이북 방송에는 광주에 대해 나온다니까 들은 겁니다. 그게 다예요.

검사가 보니까 단순 유인물 사건이지 도저히 내란음모 사건은 아닌 겁니다. 그래서 내란죄로 기소 못 한다고 검사장에게 보고를 했어요. 그 사실을 알게 된 안기부가 이 공안검사의 뒷조사를 합니다. 아예 검사를 구속하려고까지 했어요. 다행히 검사의 사촌형이 당시 서울 고검장이었습니다. 나중에 법무부 장관도 지내고 안기부장까지도 했어요. 또 다른 사촌형은 장군이었으니, 보수 쪽의 빵빵한 집안 출신인 거죠. 하지만 결국 이 검사도 사표를 썼습니다.

이러니 어떻게 되겠습니까? 그 뒤로 검찰은 흐물흐물해져서 중앙정보부, 안기부가 작성하면 '깨갱' 할 수밖에 없는 시절이 되어버렸습니다. 이제 안기부가 사건을 만들어 가면 검찰은 그대로 받아 법원에 보내는 일을 맡은 거죠.

법과 양심과 '안기부'에 따른 재판

저는 무엇보다 그 당시 판사들이 나빴다고 생각합니다. 고문을 호소하는 사람한테 "바짓가랑이 한번 올려봐라" "엉덩이 한번 까봐라", 그

말 한 번을 안 했습니다. 간단하게 확인할 수 있는데 못 들은 척한 겁니다.

대한민국 헌법을 보면 "피고인의 자백이 고문, 폭행, 협박, 구속 등의 장기화나 기망, 기타 방법에 의해 자의로 진술된 것이 아니라고 인정될 때, 또는 정식 재판에서 피고인의 자백이 그에게 불리한 유일한 증거일 때는 이를 유죄의 증거로 삼거나 이를 이유로 처벌할 수 없다"고 나와 있습니다. 이 조항이 제3공화국 헌법에도 있었는데 유신헌법에는 빠졌어요. 제5공화국에서 헌법을 개정할 때 다시 살렸습니다. 그러나 헌법은 그냥 헌법이죠. 이 조항은 지켜지지 않습니다.

송씨 일가 사건은 안기부에서 100일 넘게 잡고 있었습니다. 100일이면 봄에 들어와 가을에 재판을 받는 겁니다. 그동안 안기부에서 뭐 했겠습니까? "쎄쎄쎄, 아침 바람 찬바람에" 하고 있었겠어요? 그동안 얼마나 두들겨 팼을까요? 판사들이 그걸 몰랐겠습니까?

그런데 본인이 고문당했다고 해도 증거가 없다, 입증할 길이 없다, 말만 하면서 인정을 안 했습니다. 불법구금도 판사가 의지만 있으면 얼마든지 확인이 가능합니다. 다니던 직장에 며칠부터 안 나갔는지 알아보면 금방 나오는 것 아닙니까?

'대한민국 국가기밀전'에 이어 또 하나 해야 할 게 있습니다. '증거전'입니다. 간첩이 정말 간첩다워야 간첩인데 간첩답지 못한 간첩이 너무나 많아요. 간첩사건 중에서 일단 제외해도 되는 간첩사건이 뭐냐? 무전기도 없고 암호문도 없고 난수표도 없는 간첩은 99.999퍼센트 만들어진 간첩입니다. 조작 간첩입니다. 무전기, 난수표, 암호표, 혹은 조금 세게 권총이나 기관단총, 수류탄이 나오면 요만큼이라도 실체가 있겠죠.

1981년에는 박동운 사건이 있었는데 이분이 1심에서 사형까지 받았어요. 간첩죄의 증거가 뭐냐 하면 자귀라고 망치 비슷한 것 아세요? 그 자귀의 자루입니다. 날도 아닌 자루가 증거랍니다. 공소장에 따르면 박동운 씨가 잡힐 것 같으니까 자귀로 무전기를 때려 부쉈다는 거예요. 그래서 무전기는 없고 자귀만 있는데 이게 증거가 된 겁니다.

증거인멸죄를 적용한다면 그 증거는 될 수 있겠지만 이게 무슨 간첩죄의 증거입니까? 증거가 없어요. 그렇다면 헌법에서 이야기하는 "피고인의 자백이 그에게 불리한 유일한 증거일 때는 이를 유죄의 증거로 삼거나 이를 이유로 처벌할 수 없다"에 해당하는 경우죠.

이와 관련해 전두환의 지시사항이 있습니다. 여러분, 전두환은 보안사령관 출신입니다. 간첩사건을 아주 잘 아는 사람이에요. 그런 전두환이 보안사 간부들에게 이런 요지를 전했다고 합니다.

"간첩이 어떤 놈들인데 증거를 남기겠느냐. 간첩죄에서 증거를 찾는다는 것은 몰라도 너무 모르는 얘기다. 또 간첩이 어떤 놈들인데 자백을 하겠느냐. 자백하게 하려면 특별한 수단을 쓸 수밖에 없다."

특별한 수단이라는 게 뭡니까? 팔 좀 비틀고, 물 좀 먹이고, 전기 좀 통하게 하는 거죠. 그런 특별한 수단을 못 쓰게 하니까 나중에 이런 소리가 나옵니다.

"밤을 새워 애국적으로 간첩을 잡던 사람을 몰아붙이는 이 세상이 바로 말세다." 누가 한 이야기입니까? 정형근이 한 말입니다. 간첩 잡던 사람들이 간첩에게 쫓겨 다니는 세상이 되었다는 겁니다.

제가 미국에서 돌아와 신문에서 이 기사를 보고 대한민국이 이렇게 변했나 싶어 인권운동 하는 친구에게 무슨 말인지 물었습니다. 그랬더니 서경원 씨가 자신을 고문했던 사람들을 눈에 불을 켜고 잡으러

다닌다는 이야기랍니다. 왜, 김일성 손금 보고 온 엉뚱한 국회의원 있죠? 여태껏 김일성 손금 보고 온 사람은 그분밖에 없습니다. 안기부에서 죽도록 터지고 자신이 간첩으로 몰린 것이 억울해 감옥에서 나와 누명 풀려고 한 걸, 간첩이 간첩 잡던 사람을 쫓아다니는 세상으로 만들어버린 겁니다.

우리나라 헌법에 따르면 고문이 유일한 증거일 때는 증거로 채택할 수 없습니다. 그런데 간첩사건에서는 고문이 증거의 왕입니다. 한 나라의 대통령이라는 사람이 간첩사건에 증거가 어디 있느냐, 간첩이 순순히 불겠느냐고 이야기하면 그 밑 기관원들은 어떻겠습니까? 기고만장하겠죠. 무조건 잡아다가 고문하면 간첩이 되는 겁니다.

1960년대에는 검찰에서 양심적으로 나온 적도 있습니다. 그런데 한번 깨갱한 이후에 안기부와 공안검찰이 한통속이 되어갔죠. 그걸 인권의 최후 보루여야 할 사법기관에서 걸러주어야 하는데 사법부도 모른 척하는 거예요. 어떻게 불리한 자백만으로도 증거가 될 수 있을까요?

간첩으로 걸렸을 때 나만 걸리는 게 아니죠. 어떤 친구가 간첩으로 걸렸다고 칩시다. 이 친구를 조사하면서 "야! 한홍구가 간첩짓 하지 않았어?" 하고 두들겨 패서 증언을 받아요. 자백을 받는 거죠. 이 친구는 내 공범인데 공범이 자백한 겁니다. 교통사고가 났을 때, 옆에 탔던 동승자의 증언도 증거능력이 있을까요? 없습니다. 인정 안 해주죠. 간첩사건에서는 공범의 자백이 내 유죄의 증거가 돼요. 내 자백은 이 친구가 유죄라는 증거가 됩니다. 그러니까 2명을 잡아다가 둘 다 두들겨 패고 조서를 꾸미면 됩니다.

여러분, 혹시 경찰 조서와 검찰 조서가 어떻게 다른지 아세요? 경찰 조서는 법원에서 부인하면 증거능력이 없습니다. 그러나 검찰 조서는 일단 도장을 찍어놓으면 법원에서 부인해도 증거능력이 있습니다. 대한민국 국민 중에 이런 사실을 아는 사람이 얼마나 되겠습니까?

그런데 일반 시민을 잡아다가 두들겨 패서 간첩을 만들어놔요. 검찰에서 부인하면 안기부 담당 조사관을 불러다 앉혀놓고 검사는 쓱 나가버립니다. 안기부 조사관이 실실 웃으면서 말하죠. "또 오고 싶으세요? 우리 한따까리 더 할까요?" 그럼 바짝 얼어서 다시 모두 인정합니다. 그래서 사형까지 가요.

이중에 가끔 무죄판결이 난 사건이 있습니다. 제가 조사한 사건들 중 1980년대 초반에 있었던 송씨 일가 사건인데요. 이 사건은 아주 운좋게 그 시절에 인권변호사가 붙었어요. 당시 인권변호사 4인방이라고 해서 이돈명 변호사, 홍성우 변호사, 황인철 변호사, 조준희 변호사가 있었습니다. 민변이 생기기 전인 1970년대와 1980년대 초반에 시국사건을 도맡아 하신 분들입니다. 그분들이 조사해보니 너무 억울한 사건이에요. 그래서 이분들이 변론을 정말 잘 준비하고 싸워 대법원에서 무죄판결이 났어요. 무죄판결을 내린 분이 누구냐? 2007년 말에 돌아가신 이일규 전 대법원장입니다.

송씨 일가 사건의 실체는 이렇습니다. 아버지 송창섭은 공산주의자로 예전에 월북을 했어요. 그 아버지가 1960년에 남파되어 가족을 만나고 돌아갔습니다. 그때 남파된 사실이 신문에도 났지요. 이 사람이 남파되어서 민주당 국회의원이었고 전 재무부 장관이었던 김영선 의원을 만났거든요. 둘이 일본 유학을 함께한 친구 사이였습니다.

박정희가 쿠데타를 일으킨 다음에 중앙정보부에서 그 사건을 조사해 민주당 의원들이 이렇게 북하고 접촉한 바가 있다고 보도했습니다. 그래서 신문에도 난 유명한 사건입니다. 그 당시에 송씨 일가는

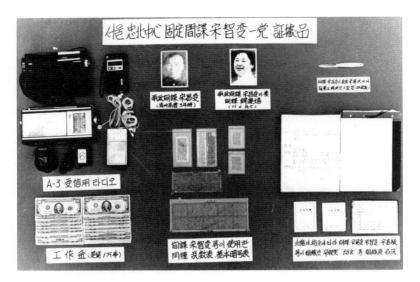

송씨 일가 사건의 증거품

1982년 국가안전기획부가 이 사건을 발표하면서 내놓은 증거품. 한국판 드레퓌스 사건으로 불리는 송씨 일가 간첩단 사건은 암흑이었던 독재 시절 사법부의 굴욕상을 여실히 보여준다.

아버지를 만났지만 국가보안법에 불고지죄가 만들어지기 이전이라 처벌할 수 없었죠.

그것이 20여 년 후에 서울과 청주에 거점을 두고 25년간 암약한 송씨 일가의 대규모 간첩단 사건으로 탈바꿈 한 겁니다. 안기부 자료에 의하면 아버지 송창섭이 그 후에도 여섯 번이나 더 남파되었다고 되어 있거든요. 여러분, 상식적으로 남파된 사실이 신문에도 실린 적이 있는 사람을 또 남파시켰겠어요?

이 사건에 대해 대법원에서 무죄판결을 내렸습니다. 안기부에 비상이 걸렸겠지요. 대법원을 들락날락하면서 이일규 대법원 판사를 미행합니다. 그런데 이분이 정말 답답한 영감님이라서 밥을 먹어도 구내

식당에서만 먹고, 밖에 나가도 옆방 대법원 판사하고 먹어요. 한 달 동안 미행했는데 걸릴 게 전혀 없는 겁니다. 대법원 판사는 그게 마지막 자리니까 인사상 불이익을 줄 수도 없었겠죠. 혹시 그런 예가 있나 싶어 제가 열심히 찾아봤는데 안기부가 현직 판사를 잡아간 적은 단한 번도 없습니다. 흉악한 시절의 안기부나 보안사도 현직 판사에 대해서는 그만큼 존중을 해줬던 거예요.

어쨌든 이일규 대법원 판사를 어떻게 할 수 없었고, 사건은 파기환송되어 고등법원으로 돌아갔습니다. 법원 조직법에는 상급심의 판결은 하급심을 기속한다고 되어 있습니다. 상급심에서 무죄 취지로 파기환송하면 하급심은 무죄로 사건을 종결하는 게 법원조직법의 정신이고, 법원의 관행입니다. 그런데 송씨 일가 사건은 그걸 치받은 사건으로 유명해요. 안기부가 공작을 해서 고등법원이 다시 유죄를 때립니다. 그래서 다시 대법원으로 올라갔습니다.

두 번째 판결을 맡은 분은 나중에 이일규 판사의 뒤를 이어 대법원장이 된 분인데요. 그분도 무죄를 선고했습니다. 그런데 좀 이상한 단서를 달았어요. 불법구금한 것은 인정되는데 그것으로 인해 허위자백을 했다는 인과관계가 증명이 안 된다고 했습니다. 뭐, 논리적으로는 가능하죠. 어떤 변호사들은 이게 유죄 선고보다 더 나쁜 판결이라고도 하더군요. 이분은 자신이 유죄를 선고할 수는 없으니까 개인적으로 저항하신 거겠죠. 저는 그렇게 생각합니다.

사건이 다시 고등법원으로 내려갔고 고등법원에서 또 재판을 해서 유죄를 선고합니다. 이때 유죄를 준 사람은 김대중 정권 때 마지막 국무총리를 지낸 김석수 판사예요. 그러니 얼마나 웃깁니까? 대법원장 두 분에 국무총리까지 연관된, 사법부가 배출한 최고의 인재들이 관련된 사건입니다.

이 사건은 대법원에 세 번째 올라갔습니다. 대법원에서 세 번이나 판결을 받은 희한한 사건이죠. 세 번째 판결을 내린 대법원 판사는 안기부와 협조 관계 속에서 서울형사지법 수석부장판사, 서울형사지법 원장, 대법원 판사로 수직 상승을 해온 사람입니다. 결국 이 사건은 최종적으로 유죄가 되었습니다. 만약 이 사건이 무죄가 되었으면 간첩사건은 더 이상 일어나지 않았겠죠?

나중에 제가 국정원 조사를 할 때 이 사건과 관련된 결정적인 자료를 찾았습니다. 다른 첩보사건과 관련한 안기부 내부 문건으로 북에서 내려온 거물 간첩이 진술한 겁니다. 그에 따르면 송창섭이 1968년에 김일성의 지시로 숙청되었다고 나옵니다. 1968년 북에서 숙청된 사람이 안기부 자료에 의하면 그 후에도 여섯 번이나 더 내려와서 가족을 만났다는 거예요. 그때까지도 국정원에서는 송씨 일가 건을 실체가 있는 사건이라고 빡빡 우기고 있었습니다. 그런데 그 문건을 들이미니 아무 말도 못 하고 꼬리를 내렸습니다.

판사들도 사실 창피했다

1990년대 들어서면서 남파간첩의 숫자가 계속 줄었죠. 이게 북이 안 내려보내 그런 걸까요? 아닙니다. 제가 조사한 바로는 1970년대나 1980년대보다 오히려 1990년대에 더 내려보냈습니다. 왜냐하면 1980년대 학생운동에 일부 주사파가 등장하다 보니 북쪽도 이들과 접촉하기 위해 1990년대 들어 간첩들을 내려보내기 시작했습니다. 1980년대에는 없던 양상이에요. 1990년대에 오히려 직파간첩이 늘어납니다.

그런데 1990년대에 전체적인 간첩 숫자가 1980년대의 3분의 1로 줄었습니다. 판사들이 바뀌기 시작한 겁니다. 고문 문제부터 바뀝니다. 어디서 바뀌었느냐? 박종철 사건이 분기점이 됩니다.

　우리나라에 권력의 눈치만 보는 나쁜 판사만 있었던 건 아니라고 생각합니다. 1980년대에도 좋은 판결을 내린 판사들이 있습니다. 제가 꼭 한 번 인터뷰해보고 싶은 분이 있는데 박동운 사건 1심에서 사형을 선고한 분이에요. 그 판결은 매우 잘못되었다고 생각합니다만 그 다음부터 기가 막히게 좋은 판결을 많이 내립니다. 아마 양심의 갈등을 느끼셨는지 고문 문제에 대해 굉장한 집념을 갖고 고문에 의한 자백이 무죄를 받도록, 정말 보석처럼 빛나는 판결을 많이 내리셨어요.

　고숙종 여인 사건이라고 있습니다. 원효로의 윤 노파라고, 점도 보고 사채업도 하는 갑부 할머니가 있는데 살해당했어요. 고숙종 여인은 윤 노파의 조카며느리로, 같이 살던 사람인데 경찰이 고문해서 살인범으로 만들었습니다. 고숙종이란 분은 고문을 너무 심하게 당해 완전히 꼽추가 되었습니다. 이 사건에 대해 이 판사님이 무죄를 선고합니다. 박동운 사건에서 고문에 의한 자백에 의존해 사형을 때린 분이 이렇게 바뀐 거죠. 그 후에 많은 다른 간첩사건들도 무죄를 선고합니다. 이런 노력들이 일부 있어요. 이일규 판사만이 아니고.

　1988년 민주화가 되고 세상이 서서히 바뀌는 때에 판사들이 조금씩 고문 문제에 대해 엄격해지기 시작합니다. 고문에 의한 자백의 증거능력을 없애버리고 인정하지 않습니다. 그런 판례가 나오고, 다른 판사들이 그 판례를 따르니 안기부나 보안사가 어떻게 됩니까? 잡아다가 실컷 고문해서 넘겨도 유죄가 안 되는 겁니다. 그리고 고문당한 사람이 밖에 나와서 고문한 놈을 잡으러 다니는 세상이 되어버리니까 함부로 간첩사건을 만들어내지 못합니다. 그러니까 간첩이 적게 내려와서 1990년대에 그 숫자가 줄어든 게 아니라 사법부가 변해서, 고문을 인정하지 않는 세상이 되어서 줄어든 겁니다.

또 대법원이 국가기밀의 판례를 바꿉니다. 자장면은 맛있다는 사실이 어떻게 국가기밀일 수 있습니까? 판사들이 보기에도 창피하죠. 1990년대 이후, 우리가 민주화 궤도에 들어선 다음에 대법원도 대오각성을 하면서 바뀌게 됩니다. 1980년대에는 법관이 법과 양심과 '안기부'에 따라서 재판을 했죠. 이제 그걸 벗어나기 시작했습니다. 증거에 대해 엄격해지고, 고문에 대해 엄격해지고, 국가기밀의 범위를 줄이니까 함량 미달 간첩들이 확 줄어들었습니다.

공포 권하는 사회, 다시 부활하나?

진짜 간첩보다 더 무서운 것, 서로에 대한 의심

앞으로는 어떻게 될지 모릅니다. 이명박 정권하에서 어찌 될지는 아무도 장담할 수가 없어요. 이번에 원 모 씨 공소장을 보니 간첩사건 공소장인지, 풍기문란 사건 공소장인지 잘 모르겠더라고요. 어디서 누구랑 잤다는 식의 내용만 쭉 계속됩니다.

국정원 과거사위원회에서 저는 더 이상 대한민국에 함량 미달 간첩 사건이 없었으면 하는 간절한 바람으로 죽어라 조사했습니다. 그 일이 끝난 지 1년이 안 되어 또다시 함량 미달 간첩을 만나게 되었습니다. 우리가 이런 시대를 살고 있습니다.

사실 간첩은 북에서만 오는 게 아닙니다. 국가보안법이 있어야 간첩을 잡는다고 하죠? 제가 국가보안법을 없애야 한다고 생각하는 중요한 이유는 국가보안법이 잡을 수 있는 간첩은 북과 관련된 간첩이나 조작 간첩뿐이기 때문입니다. 국가보안법에 걸리는 건 반국가단체의 지령을 받아야 하는 간첩뿐입니다.

간첩을 반국가단체에서만 보냅니까? 우리 경쟁상대가 되는 이웃나라들도 간첩을 많이 보낼 것 아닙니까? 산업스파이도 있겠고 국가기밀을 탐지하기 위해서도 보내겠지요. 통상 안보 상황만이 아니라 여러 가지 고급 정보들이 다양하게 있을 수 있습니다. 그걸 수집하러 간첩들이 얼마나 많이 왔겠습니까?

외교관들의 상당수는 간첩이라고 생각합니다. 합법적인 간첩도 많겠죠. 일본이 한국에 얼마나 간첩을 많이 보내겠습니까? 중국은요? 우리 역시 많이 보내고 있겠죠. 문제는 외국의 간첩들을 단속할 법이 우리에게 없다는 것입니다. 처벌할 수가 없어요. 형법상의 간첩죄는 적국에서 보낸 간첩에 한합니다. 그런데 일본을 적국이라고 할 수는 없잖아요. 미국도 당연히 적국이 아닙니다. 미국은 간첩을 안 보낼까요? 보냅니다. 한국과 미국은 동맹관계인데 간첩이 있을 수 있느냐? 그걸 누가 먼저 가르쳐줬습니까? 미국입니다. 로버트 김 사건 기억하시죠? 로버트 김이 한국 정부를 위해 미국에서 간첩질을 했다는 겁니다. 한미 간에 간첩이 성립한다고 미국이 먼저 가르쳐준 거죠.

우리나라에 간첩 잡는 사람들은 엄청나게 많습니다. 월급 받고 간첩 잡는 일을 하는 사람이 1만 명도 넘을 텐데, 그들은 외국 간첩들을 잡을 능력이 없어요. 우리에게서 귀중한 정보를 빼가려 하고, 또 실제로 빼가는 외국 간첩들을 막기 위해 법체계를 고치고 사람들도 바꿔야 한다고 생각합니다.

1980년대 우리가 살았던 간첩의 시대를 돌이켜보면 정말 사람들이 서로 의심하는 시절이었습니다. 제 전공이 민생단 사건이라고 했죠. 아무리 일제가 성공적인 공작을 했다 한들 내분을 일으켜 500명이나 죽게 할 수 있겠습니까? 독립운동가들 내부에 간첩이 있다는 의심만으로 서로를 처형해 결국 아까운 독립군 500명의 목숨이 사라진 겁니다.

학생운동 시절에도 그랬어요. 제 친구들을 보면 유신시대 혹은 전두환 시절에 프락치라는 의심을 안 받아본 사람이 드뭅니다. 그때는 간첩이라고 안 하고 프락치라고 했죠. 우리 내부에 정보기관이 침투시킨 프락치가 있다는 의심이 근거 없는 공포를 낳아 교내에서 학생들을 잡아다 두들겨 패기도 하고, 조사한답시고 사람이 죽기도 했습니다.

1970년대의 유명한 간첩 표어들을 기억하십니까? "간첩은 흔적 없다, 자나 깨나 간첩 조심." "저기 가는 저 사람, 간첩인가 다시 보자." 그중에서도 절정은 이거예요. "사랑하던 애인도 알고 보니 간첩."

우리는 이런 시대를 살아야 했습니다. 서로가 서로를 의심하게 만들었던 광란의 시대. 남과 북이 지금도 끊임없이 간첩을 보내는 이유는 간첩이 보고하는 정보 때문이 아니라고 생각합니다. 제가 정말 놀란 적이 있습니다. 깐수 정수일 선생은 세계 첩보사에 남을 만큼 성공적으로 합법적인 신분을 취득했고, 현존하는 간첩들 중에서 최고의 지성을 가졌으며, 가장 오랫동안 암약한 간첩일 겁니다. 그런데 깐수 선생이 보낸 정보의 질을 보면, 죄송한 말씀입니다만 형편없어요. 도서관에 있는 책, 그런 걸 캐냈더라고요.

또다시 내 귀에 도청장치를……

미국 간첩이나 일본 간첩이 우리 주변에 들어와 있다고 우리가 다리를 못 뺃고 잡니까? 그렇지 않죠. 그러나 북한 간첩은 우리 사회를 그렇게 옥죄어갔습니다. 간첩 잡는 사람들이 권력을 행사하는 세상을 만들었기 때문입니다.

1960년대, 1970년대, 1980년대, 1990년대까지 우리나라 최고 권력기관이 어디입니까? 중앙정보부, 안기부, 보안사 아닙니까? 이런 기관들이 우리 국민들에게 어떤 영향을 미쳤습니까?

각 나라별로 정신이상자들을 분석해보면 그 사회의 현상을 이해할 수 있다고 합니다. 우리나라에서만 나타나는 독특한 현상이 있어요.

"중앙정보부가 나를 감시하고 있다."

"국정원이 나를 도청하고 있다."

이게 바로 한국형 정신병의 특징입니다. 민주화된 지금도 우리나라 정신병원에 제일 많은 유형이라고 합니다. 여러분, 한국 최고의 방송사고 기억하시죠? MBC 〈뉴스데스크〉 생방송 중에 갑자기 어떤 사람이 뛰어 들어와서 "내 귀에 도청장치가 되어 있습니다!" 하고 외칩니다. 귀에 어떻게 도청장치를 넣었는지 모르겠습니다만 우리 한국 사회가, 이 수많은 간첩들이, 이 수많은 메이드 인 사우스코리아의 조작 간첩이 만들어낸 정신병리가 '내 귀에 도청장치가 되어 있습니다' 라는 비극을 낳았습니다.

지금도 많은 사람들이 그 같은 불안과 공포에 떨고 있습니다. 그렇게 살지 않을 권리, 내 아이가 더 이상 그런 사회에서 살지 않게 만들어야 할 책임이 민주시민으로서 우리에게 있다고 생각합니다. 이것이 지금 도전을 받고 있습니다. 어떻게? 국가보안법이 다시 살아나고 있잖아요.

그 징후가 무엇입니까? 이명박 대통령이 촛불의 배후를 물었죠. 배후가 누구일까요? 저는 머지않아 촛불간첩단 사건을 볼 것 같은 불길한 두려움을 갖고 있습니다.

우리 한국 현대사에 여러 가지 이야기가 많은데 그 두 번째를 제가 하필 간첩 이야기로 잡은 이유가 여기 있습니다. 우리가 아직도 황당한 간첩의 시대를 살고 있기 때문입니다. 그 시대가 다시 부활하려고 합니다. 여러분, 혹시 촛불간첩단 사건이 터지더라도 놀라지 말고 의연하게 대처해나가시기 바랍니다.

질의응답

Q —— 북파간첩들은 북파 이후 어떻게 되었나요?

A —— 지금 북파공작원이라고 데모하는 분들 중 거의 대부분은 북파 훈련만 받은 사람들입니다. 실제로 북에 갔다 온 사람은 거의 없어요. 그러나 옛날 켈로 부대 소속이었거나 여러 번 침투했던 분들 중에 생존해 계신 분들이 아직도 많습니다. 그분들은 연세가 꽤 있으시죠. 북파공작원들 중에 선이 끊어진 사람들도 많을 겁니다. 북으로 가서 죽었는지 살았는지 알 수 없는 경우죠.

예전에 비전향 장기수 선생님들을 북송할 때 우리도 선 끊어진 간첩이나 억류되어 있는 사람들이 있으면 교환하자는 이야기가 있었어요. 그런데 남쪽에서 별로 요구하지 않았던 것 같아요. 지금 그 사람들을 데려와 봐야 체제 유지나 선전에 써먹을 가치가 없거나, 혹은 생사 확인이 제대로 안 되었기 때문인지 모르겠습니다.

북파공작원과 관련해 흥미로운 이야기가 하나 있습니다. 제1차 인혁당 사건 때 중앙정보부가 인혁당 결성 모임이라고 규정하는 자리에서 사회를 본 사람이 있어요. 그 사람이 북에서 내려온 간첩이었다고 중앙정보부는 주장했어요. 그런데 제가 조사해보니 정반대였습니다. 남파간첩이 아니라 실은 북파간첩이었던 거죠.

어떻게 된 거냐 하면, 이 사람이 미군 정보기관에 의해 북으로 침투했는데 선이 끊겼어요. 그러다 인혁당 사건 당시 우리 정보기관에서 조작할 때 그를 남파간첩으로 둔갑시켜 국민들에게 선전한 거죠. 간첩의 지령을 받고 포섭당한 지하조직. 얼마나 그림이 그럴듯합니까.

사실 북쪽에서는 공산체제를 적대시하는 사람들이 한국전쟁을 전후로 거의 남쪽으로 내려왔고, 또 공산주의 체제가 계급을 균질화하기 때문에 반체제 세력이 생길 가능성이 아주 적습니다. 북파공작원들이 그 체제에 안착할 가능성은 남쪽보다 훨씬 적었을 겁니다. 반공 체제가 강화된 남쪽보다 더 힘들었던 거죠. 그래서 고급 정보를 빼오기는 하는데 다른 방식으로 우회해 빼오지 않을까 생각합니다.

Q —— 북송한 비전향 장기수 분들은 어떻게 지내시나요?

A —— 잘 지내시는 것 같아요. 장가도 가고, 애들도 낳고, 영웅 대접을 받으면서. 여기 계실 때는 건강이 참 안 좋았거든요. 그런데 거기가서 대접을 잘 받으셨는지 다들 연세가 여든 중반인데도 아직 건강하세요. 물론 몇 분은 이미 돌아가셨죠. 김동원 감독이 만든, 그분들 이야기를 담은 〈송환〉이라는 다큐멘터리가 있습니다. 북송된 이후보다는 남쪽에서 있던 이야기가 대부분입니다만 도움이 되실 겁니다.

Q —— 신영복 교수님이 통혁당 사건과 관련이 있는 것으로 압니다. 그런데 통혁당 사건이 어떤 것인지 별로 알려진 바가 없더라고요.

A —— 신영복 선생님은 통혁당 관련자로 유명하시죠. 제가 신영복 선생님과 같은 학교에 있고, 선생님이 정년퇴임하실 무렵에 긴 인터뷰를 한 적이 있어요. 〈한겨레21〉에도 싣고 신영복 선생님 정년 기념 논문집에도 실었는데, 신영복 선생님은 통혁당 관련자라는 걸 억울하게 생각하세요. 선생님은 통혁당이란 이름을 중앙정보부에서 처음 들으셨다고 합니다. 그렇다고 통혁당이 없었던 건 아닙니다. 분명히 실체가 있었는데 핵심 관련자 몇 명만 알고 있던 조직이죠.

신영복 선생님이 관련되신 것은 '민족해방동맹'이라는 별도의 조직으로 청년학생들을 위한 조직이었어요. 신영복 선생님은 그 조직의 핵심 지도 간부였습니다. 그러나 당신은 통혁당 당원은 아니었다고 말씀하시죠. 그러면서도 어쩌면 자신이 북쪽에 통혁당 당원으로 등록되어 있을지도 모르겠다고 하십니다. 선생님이 민족해방동맹의 최고 지도 간부였고 김질락과 가까운 사이로 자주 만났으니까 통혁당 쪽에서 선생님을 당원으로 보고했을지도 모르겠다는 거죠. 어쨌든 이는 나중에 추측한 것이고, 당신은 통혁당이란 이름을 중앙정보부에서 수사받을 때 처음 들으셨다는 겁니다.

우리나라가 1945년에 분단이 되고 1950년에 전쟁이 났죠. 그 전쟁 기간에 남쪽에 있던 좌익 활동가 조직의 99퍼센트가 파괴되었다고 보아야 합니다. 여기서 살아남은 좌파 일부에 당시 새로 부상한 학생운동권과 일부 노동운동 세력이 합쳐져 만들어진 조직이 통혁당입니다. 그 조직이 북과 연결선을 가지려고 했죠. 이제 북쪽에서도 주체사상이 만들어지고, 전쟁이 끝나면서 남과 북의 분단이 지속되게 되었습니다. 그러자 남조선 혁명과 조국통일을 개념상 분리하기 시작합니다.

무슨 말이냐 하면 이거예요. 통일은 남북 정부와 남북의 민중이 다 같이 해야 하지만 남조선 혁명은 남조선 인민들이 해야 한다, 그러니까 남조선 인민들의 독자적인 참모부가 만들어져야 한다, 그 참모부는 북과 연락을 가져야 한다. 이런 틀에서 남조선 혁명의 참모부로 만든 게 통혁당이라고 할 수 있습니다. 그래서 북을 바라보는 입장이나 관점이 같은, 북과 무엇을 같이 해야 한다는 의식을 가진 분들이 통혁당 주변에 몰렸습니다. 민족적인 문제를 중시하는 분들이 많이 몰린 게 통혁당입니다.

토건족의 나라,
대한민국은
공사 중

'잘살아보세'라는 마법을 건 욕망의 정치

특강–한홍구의 한국 현대사 이야기

'공포정치'의 짝패, '욕망의 정치'

지난 시간에 간첩 조작과 관련된 공포에 대해 말씀드렸다면, 이번에 는 그 공포와 짝을 이루는 '욕망의 정치'에 대해 살펴볼까 합니다.

　공포와 더불어 욕망은 박정희 시대나 전두환 시대는 물론이고 그 이후의 한국 사회를 이해하는 데 정말 빼놓을 수 없는 키워드죠. 사실 저도 이 분야에 대해 잘 안다고 할 수는 없습니다. 하지만 요즘 들어 이쪽을 모르고는 한국 현대사를 가르치기 힘들겠다는 느낌을 많이 받 습니다.

채찍 맞으면서 당근 먹기

아마 여기에 계신 분들은 아이들을 키우실 때 무작정 겁만 줘서 키우 지는 않으실 겁니다. 아이들한테 맛있는 것도 사주고, 장난감도 사주 고, 갖고 싶어하는 것들을 사줘서 무엇이든 욕구를 채워주는 부분이 있어야 하겠죠. 독재정권도 방식이 비슷합니다. 박정희, 전두환 시대에는 국민을 공포로 다스리면서 다른 한편으로 욕망을 채워주는 정책들을 시행합니다.

박정희 정권은 두 가지를 적절히, 어떤 때는 그 둘을 한꺼번에 우리에게 전했습니다. 가령 왜 처음에 강남을 개발하기 시작했을까요? 왜 의정부나 파주를 개발하지 않고 강남입니까?

일단 분단 상황과 밀접한 관련이 있겠죠. 북한이 쳐들어왔을 때 부(富)나 도시 기능이 모두 강북에 집중되어 있으면 타격이 크니까 강남으로 빼자. 이게 1970년대의 안보 논리 아닙니까. 또 강남이 허허벌판이니 거기에 땅 잡아놓고 도시 기능을 더하면 미리 정보를 가지고 있던 사람들은 어마어마한 돈을 벌겠죠. 몇천 배나 오를 거라는 계산은 없었겠지만 적어도 100배는 뛰리라는 사실은 아는 거죠. 그런 여건을 갖춘 곳이 강남입니다. 그래서 강남을 개발하기 시작합니다.

박정희 정권은 태생적으로 정통성이 없습니다. 군사반란을 일으켰거든요. 나라를 지키라고 탱크와 무력을 주었는데 그 권력을 이용해 국가기구를 전복했어요. 이는 민주주의와 관련해서 원죄라고 해도 될 겁니다. 박정희가 어떤 미사여구를 동원해도 민주적인 척을 할 수가 없는 겁니다. 그래서 박정희 일당은 민주 운운하는 말장난 따위는 아예 포기하고 한 가지 구호로 확실하게 나갑니다. 잘살아보세! 내가 부당하게 권력은 잡았지만 너희를 잘살게 해주겠다는 거죠.

박정희는 누구보다도 힘을 많이 사용한 정치인입니다. 박정희가 집권했던 18년의 절반 이상이 계엄령 아니면 위수령이거나 비상사태 또는 긴급조치 기간이었어요. 이렇게 필요하면 얼마든지 힘을 사용했던 박정희조차 힘만으로는 지지자를 만들 수 없었습니다.

자신의 강력한 지도력에 박수를 쳐줄 지지자들, 자신의 영구 독재를 위해 유신을 지지할 사람들이 필요한데 그 지지자들을 어떻게 만듭니까? 힘만으로는 안 되겠죠. 자발적인 지지자들은 박정희가 집권해서 잘살게 되었다고 믿는 사람들, 혹은 실제로 잘살게 된 사람들입니다. 이들을 만드는 과정이 바로 한국 사회에서 욕망의 정치가 작동하는 과정입니다.

아버지, 그때 뭐 하셨나요?

박정희, 전두환 시대인 1960년대, 1970년대, 1980년대에 우리는 엄청나게 많은 변화를 겪게 됩니다. 고사성어 중에 '상전벽해(桑田碧海)'라는 말이 있는데 그게 무슨 뜻입니까? 뽕나무 밭이 푸른 바다로 변했다, 정말 몰라보게 바뀌었다는 뜻이죠.

서울에 진짜 뽕나무 밭이 있었어요. 바로 잠실이죠. 잠실이 누에 치는 곳으로 유명한 지역이니까 뽕나무도 많았겠지요. 그곳이 박정희 시대에 어떻게 되었습니까? 엄청나게 개발되었습니다. 뽕나무 밭이었을 때 잠실 땅값이 얼마였을까요? 그때 그걸 사두었더라면…….

우리나라 국민이라면 누구나 한 번쯤 그런 꿈을 꾸었을 겁니다. 우리 아버지는 옛날에 돈 좀 있었을 때 왜 말죽거리 근처에 땅을 안 샀을까? 처음에 강남 개발을 시작하기 전에 말죽거리가 평당 몇십 원밖에 안 했거든요. 저 어렸을 때 자장면 값이 30원, 40원 했고 요새는 평균 3,500원 정도 해요. 그렇게 따지면 당시 말죽거리가 얼마나 싼 땅입니까. 여러분이 그때 그거 샀으면 아마 지금 한겨레문화센터에 와서 강연 듣고 계시진 않겠죠?

현재 대한민국 최고의 금싸라기 땅이 어딥니까? 압구정동이죠. 욕망의 상징인 압구정동이 강남 개발 이전에는 뭐 하는 곳이었을까요? 과수원이었습니다. 배 밭도 많고 모래땅도 많아서 골재 채취를 하는 곳이었습니다. 지금은 완전히 부의 상징이 되었죠.

제가 아는 어떤 분은 선산이 우면산이에요. 우면산 전체는 아니지만 한 자락을 선산으로 갖고 있고, 그 밑에 위토가 있습니다. 풍수지리 따로 볼 것 없죠. 명당자리가 따로 없습니다. 땅값이 말도 못하게 뛰었으니 풍수지리에 묘를 잘 써서 발복한다는 말이 딱 맞는 거죠.

아무것도 없던 벌판이 금싸라기 땅으로 뒤바뀌어서 혜택을 받은 사람들이 누굽니까? 우리 사회가 개발되면서 부동산 졸부들이 엄청나게 많이 생겨났죠. 이 부동산 졸부들이야말로 박정희, 전두환 군사독재를 가장 강력하게 지지했던 사람들입니다. 바로 욕망의 정치가 만들어낸 산물이죠.

민주화 이후에 많은 것이 변했습니다. 공포의 정치를 담당했던 기구들은 입에 재갈이 채워지고 손발이 묶여서 비록 그 기능은 남았더라도 옛날처럼 함부로 물어뜯지 못하게 되었어요. 그러나 욕망의 정치가 만들어낸 토목국가의 신화는 지금도 우리 사회에 의연하게 살아 있다는 생각이 듭니다. 오히려 민주화 이후에 더욱 강화된 느낌이에요. 공포는 무조건적인 권력을 휘두르면서 국민을 강제로 몰아붙이기 때문에 아무도 좋아하지 않습니다. 욕망의 정치는 달콤한 목소리로 "여기 모여보세요" 하며 돈 냄새를 풀풀 풍기니 사람들로 하여금 자발적으로 쏠리게 만들죠.

1980년대에 3저 호황을 누리다 민주화와 함께 1990년대가 되면서 한국 사회에 돈이 좀 풀렸어요. 그동안 경제성장의 결과물이 일부 분배되기 시작하면서 국민들의 소비 수준도 높아지고 마이카 시대도 열렸습니다. 사람들이 욕망의 단맛에 길이 든 거죠. 욕망의 수위가 점점 더 높아집니다. 그런 것들이 지금 국제적인 경제위기와 맞물리면서 우리 사회를 근본부터 위협하고 있다고 생각합니다.

문제는 민주화의 산물인 지방자치가 욕망의 정치를 더욱 강화하는 역할을 한다는 겁니다. 박정희 때는 어디를 개발할지 누가 결정했습니까? 박정희 혼자 다 했죠. 헬리콥터 타고 다니면서 손가락으로 찍고 나머지는 군사작전처럼 밀어붙였습니다. 그런데 이제 지방자치를 하다 보니 어때요? 수없이 많은 새끼 권력자들이 생겨났죠. 토목국가의 구조가 더 악화되었다고 말할 수 있을지도 모르겠습니다.

2004년 3월 용산에 '시티파크'를 분양한다고 했을 때 거기에 몰린 돈이 얼마였나요? 현금 7조 원이었습니다. 7조 원이면 우리나라 보건복지부 1년 예산과 맞먹는 돈입니다. 우리나라 사회복지 전체를 관장하는 보건복지부의 1년 예산에 버금가는 돈이 부동산 타운 하나를 개발하는 데 몰렸죠. 저는 잘 몰랐지만 강의 준비하면서 보니까 시티파크가 서울에 남은 마지막 대형 단지이면서 전매가 가능한 분양이었다고 해요. 한국 사회에 여전히 이렇게 엄청난 부동산 한탕주의가 있고, 그런 한탕주의를 부추기는 토목회사가 있고, 그 뒤에 정치권력이 있습니다. 권력은 계속 살아남기 위해 토목국가를 조장하죠.

대운하 파면 제일 좋아할 사람이 누굽니까? 토목회사들이죠. 한국 사회의 토목국가 구조에서 우리 세금이, 그리고 대한민국 국민들이 골고루 누릴 부의 기회가 편중되어 몇몇 사람들의 주머니로 들어갑니다. 이는 마땅히 누려야 할 사람들이 그러지 못하게 된다는 뜻이에요.

자고 일어나면 바뀌는 도시, 서울

우선 서울 이야기부터 해볼까요. 저는 서울 토박이입니다. 부모님이 다 서울 출신이고 할아버지, 할머니도 서울에서 태어나셨어요. 그래서 저는 서울 토박이 정서를 갖고 있습니다.

저는 사직동에서 태어나 자랐는데, 지금으로 치면 서울경찰청 부근의 '경희궁의 아침' 있죠? 거기서 골목 건너편이 저희 집이었어요. 제가 예닐곱 살 때까지만 해도 그 앞길에서 공 차면서 놀았습니다. 지금은 차가 너무 많아 상상도 못 하죠. 그런데 그 무렵부터 주변 친척 어른들이 서울이 너무 복잡해 못살겠다는 이야기를 하셨던 것 같아요. 소설가 이호철 선생이 쓴 『서울은 만원이다』라는 작품이 있습니다. 여기서 만원은 돈 1만 원이 아니라 가득 찼다는 의미죠. 이 작품이 씌어진 것이 1966년이었습니다. 그때 서울 인구가 300만 명에서 350만 명 정도 되었어요. 지금의 4분의 1밖에 안 될 때인데도 '서울은 만원'이라고 했습니다.

한양과 서울, 천 배의 간극

지금 서울 인구가 300만이라면 어떻겠어요? 너무나 쾌적하겠죠. 고향이 지방인 분들께는 죄송하지만 서울 토박이들이 가끔씩 즐기는 게 있어요. 설날이나 추석에 귀성전쟁을 치를 필요가 없잖아요. 그때 거리에 나가면 차도 없고 얼마나 좋습니까. 그래서 매일 이러면 좋겠다는 생각을 해보죠.

600년 전 이성계가 서울에 도읍을 차렸습니다. 그때만 해도 서울 인구가 1만 명이었어요. 제가 어릴 때 이해가 안 되었던 게 무학대사가 왕십리에서 10리를 더 가서 한양을 도읍으로 정했다는 대목이에요. 왕십리도 서울인데, 그런 생각을 한 거죠. 또 경복궁 터를 잡기 위해 신촌하고 무악재 부근, 지금으로 치면 서대문 형무소 근처인데 그두 곳을 놓고 어디를 한양으로 할지 고민하는 겁니다. 지금이야 모두 서울이잖아요. 그만한 거리가 서로 다른 지역으로 여겨질 만큼 한양이 좁았던 거죠.

처음에 1만 명이던 것이 조선의 수도가 되면서 10만 명 선으로 늘어났습니다. 그 당시로는 10만 명이면 세계적인 도시예요. 그러다 일본한테 망할 무렵의 서울 인구가 20만 명이었습니다. 일제강점기에 서울이 급팽창을 해서 36년 동안 20만 명에서 100만 명으로 늘어요.

100만 인구는 어떻게 형성되었겠습니까? 일단 일본인들이 많이 와서 살았죠. 그리고 도시 빈민들, '토막민'이라고 불렀어요. 토막집, 움막집에서 땅 파고 거적 덮고 사는 사람들. 다리 밑에도 살고 천변, 청계천 주변 판잣집에서도 살았습니다. 판잣집은 양호한 편이고 대부분 땅을 파고 그 위에 가마니를 덮고 살았죠. 그러면서 도시 빈민들이 늘어났어요.

조선이 창건되고부터 나라가 망할 무렵까지 500년 동안 2.5배가 늘어난 셈입니다. 그런데 일제 36년 동안에만 5배가 증가했습니다.

우리가 해방되고 얼마 지나지 않아 전쟁을 치르게 됩니다. 전쟁을 치르면서 서울 시민들이 어떻게 되었습니까? 피난 가야죠. 저도 어릴 때 어머니한테 피난 이야기를 자주 들었는데, 서울 사람이 시골 가서 구박당한 서러움 같은 것들을 많이 말씀하셨어요. 시골 사람들

청계고가도로 공사 전의 청계천 주변
1967년 복개되기 이전의 청계천 주변. 사진 왼편에 1970년대 초 개통된 청계고가도로의 교각 공사가 한창이고, 한편으로는 판잣집이 즐비하다.

이 순박하다고 하는데 겪어보니 순박하기는커녕 어찌나 야박하게 구는지……. 뭐, 그런 이야기들이죠. 어머니가 맏딸이셨거든요. 밑에 어린 동생들을 주렁주렁 데리고 피난을 가셨으니 먹이고 입히려면 뭐라도 팔아야 하잖아요. 그런데 시골 사람들이 어찌나 야박한지 밥 한 그릇에 금반지 하나를 파는 식이었다는 거죠.

서울 사람들이 피난을 갔던 게 심리적인 면에서 서울의 인구 팽창에 굉장히 중요한 역할을 합니다. 시골 사람들이 서울 사람을 대해보니까 서울내기들 별것 없다 이거예요. 야! 나도 서울 가면 살만하겠다, 이런 의식들을 갖게 되었습니다. 서울을 향한 심리적 장벽이 전쟁

통에 많이 없어진 거죠.

옛날에는 어때요? 조선시대에 서울은 올라가는 거였죠? 지금도 언제 서울 올라가느냐는 말을 더러 쓰기도 합니다만. 한국전쟁이 우리 사회에 미친 영향이 여러 가지인데 서울과 지방의 심리적인 경계를 허무는 데도 일조를 했습니다.

전쟁 통에 신분제가 사라지다

또 다른 사회사적 변화를 꼽는다면 신분제가 없어지는 데 한국전쟁이 무지무지하게 기여를 했다는 겁니다. 몇천 년을 내려온 신분제라는 게 갑오경장 때 신분제 폐지한다, 뭐, 이렇게 법률로 공포한다고 해서 없어지는 게 절대로 아니거든요.

일본에 가면 흥신소들이 많습니다. 이 흥신소들이 사람들 뒷조사를 해서 먹고살아요. 그러니까 부락민인지 아닌지를 조사하는 겁니다. 부락민이란 게 백정 출신을 말하는데, 결혼할 사람이 혹시 부락민 출신인지 아닌지 조사해주는 거죠. 지금도 일본의 인권 교육에서 제일 중요한 문제가 동화(同和)입니다. 바로 '부락민을 차별하지 말자'는 게 아직까지 일본의 인권 교육에서 중요한 의제로 나오고 있습니다. 인도에는 불가촉천민이 여전히 존재하죠. 중국은 사회주의 혁명을 했으니까 좀 다르겠습니다만, 그런 식의 혁명을 거치지 않은 나라들 중에 우리처럼 역사가 길면서 신분제가 이렇게 빨리 없어진 나라가 없습니다.

한 가지 이유는 한국전쟁의 폭력성 때문이에요. 전쟁 기간에 한반도가 좌우익 폭력의 용광로가 되면서, 오랫동안 유지되었던 신분제가 그 속에서 녹아버리고 만 겁니다. 민간인 학살의 현장에서 양반 빨갱이와 백정 우익이 만났다면 그냥 낫으로 찍어버리면 그만이지요. 전통적인 신분제가 그 상황에서 무슨 소용이 있겠습니까? 전쟁 통에 엎치락뒤치락 왔다 갔다 하고, 죽고, 피난 가고, 또 휴전이 된 이후에 급격한 산업화를 치르면서 공동체가 해체되고 우리 고유한 전통들이 사라지면서 신분제 역시 같은 운명을 맞이하게 되었죠.

여러분, 학력 위조 문제가 불거진 적이 있죠? 누가 학벌을 위조했다 어쩌고저쩌고 하는데 학력 위조하고는 비교가 안 되는 게 바로 족보 위조입니다. 아마 대한민국 사회에서 우리 할아버지가 종이었다, 머슴이었다, 노비였다 하는 사람 만나기가 왕족 후손 만나기보다 더 어려울 겁니다.

조선 후기에 우리나라에서 족보를 가진 인구가 얼마나 되었을까요? 20퍼센트밖에 안 되었을 겁니다. 그중에 진짜 양반은 아무리 늘려 잡아야 15퍼센트 이내고요. 지금은 어때요? 초등학교에서 선생님이 집안의 뿌리를 조사해 오세요, 족보에 대해 아버지께 물어보세요, 하면 애들이 숙제 다 해오죠. 전 국민이 완벽하게 족보 세탁을 했다고 해도 과언이 아닐 정도입니다.

그런데 신분제가 사라진 또 다른 큰 원인이 있습니다. 새로운 신분제가 출현했기 때문에 옛 신분제가 자리를 내줬다고 생각해요. 새로운 신분제는 무엇에 의해 결정됩니까? 바로 돈이죠. 한국 사회에서 돈을 가장 빨리 뺑튀기한 게 뭐예요? 강남 개발, 부동산 개발입니다. 강남을 중심으로 형성된 새로운 신분제가 적용이 되었던 겁니다. 지금도 강남과 강북의 격차가 점점 더 벌어지잖아요.

"건설은 나의 종교다!"

서울 인구가 100만에서 900만 명으로 늘어나는 데 걸린 기간이 40년 이에요. 영국 런던은 그만큼 증가하는 데 140년쯤 걸렸어요. 서울이 얼마나 빨리 변화했는지를 알 수 있죠.

서울 인구를 보면 조선 초기 10만 명, 조선 말기 20만 명, 해방 당시 100만 명, 전쟁 끝난 직후에 156만 명, 그로부터 5년 후에 244만 명, 그리고 1970년도에는 543만 명으로 증가합니다. 자, 서울의 인구 증가 추세를 보면 1년에 20만 명 내지 30만 명이 늘어나요. 이렇게 늘면 아무리 유능한 사람을 시장으로 앉혀봐야 어떻겠습니까? 인구 증가에 맞춰 상수도, 하수도를 건설할 수 있을까요? 도로 낼 수 있을까요? 도시 문제가 쌓일 수밖에 없겠죠.

서울시장을 지낸 윤치영이라는 사람이 있어요. 이승만의 비서 출신으로 박정희 때 공화당 의장도 지냈죠. 이 사람이 시장 자리에 있을 때 국회에 나와 답변하다 내무위를 발칵 뒤집어놓은 일이 있습니다.

국회의원들이 윤 시장이 일하는 것을 못마땅해하며 "하는 일마다 왜 그 모양이냐?"고 했더니 윤 시장 왈, "일을 열심히 하지 않는 게 내 정책이다. 지금 서울이 이렇게 살기 힘든데도 하루에 몇천 명씩 올라오는데 일을 열심히 해서 쾌적한 도시가 되면 인구 증가를 어떻게 감당할 거냐? 국회는 대책이 있느냐?" 이 말에 국회의원들이 난리법석이 났습니다. 국회를 모욕했다는 거죠.

박정희가 집권한 다음부터 주로 육군 공병 출신들이 서울시장을 했습니다. 육군 공병부터 중령, 대령을 지낸 사람들이 줄줄이 이어서 했어요. 윤태일, 김현옥, 양택식 등이 있고 장동운은 서울시장은 아니었

원조 불도저 서울시장 김현옥
부산시장 시절에 이미 불도저란 별명을 얻은 김현
옥은 "행정은 정열이다." "건설은 나의 종교다." 등
희한한 말들을 많이 했다.

지만 한국주택공사 사장을 몇 번 지내면서 건설과 발전 부분에서 혁혁
한 역사를 남겼습니다.

그중 제일 유명한 사람이 불도저 시장 김현옥이에요. 이 사람은 부
산시장을 하다가 불도저란 별명을 얻었는데 희한한 말들을 많이 했
죠. "행정은 정열이다." "건설은 나의 종교다."

이 사람이 제가 어릴 때 서울시장을 했습니다. 초등학교 1학년이었
으니 1966년부터였던 것 같네요. 그때는 정말 자고 일어나면 서울이
바뀌었습니다. 특히 1966년에는 지하도, 육교, 고가도로 등 교통과 관
련된 건설이 집중적으로 진행되었는데 아마 해마다 역점 사업을 정했
던 모양이에요. 올해는 지하도, 내년에는 육교, 후년에는 고가도로 하
는 식으로요. 군대식으로 몰아붙이면서 지하도와 육교를 엄청나게 만
들고 청계고가도로를 비롯한 고가도로들이 쫙 깔렸습니다.

지금은 뜯어냈습니다만 청계고가도로를 왜 놓았는지 아십니까? 불
과 40년 전의 일인데도 지금 생각하면 호랑이 담배 먹던 시절이었어
요. 당시만 해도 서울에 외국인들이 변변하게 묵을 만한 호텔이 없었
습니다. 그나마 워커힐이 최고급이었는데 워낙 길이 막혀서 가기가
힘들었죠. 그래서 시내에서 워커힐까지 빨리 갈 수 있도록 청계천을

복개하고 고가도로를 설치한 겁니다.

1967년에는 세운상가, 낙원상가, 대왕코너 등을 건설했습니다. 세운상가는 이제 곧 헐리게 되는 낡은 건물이지만 당시에는 도심 최고급의 주상복합단지였어요. 최고급이기는 한데 엘리베이터는 없었죠. 회현동에 지은 10층짜리 시민아파트에도 엘리베이터가 없습니다. 9층이나 10층에 사는 사람들이 무척 불편했겠죠.

하여튼 김현옥 시절에 시민아파트를 열심히 지었어요. 얼마 전에 최후의 시민아파트인 청운아파트와 옥인아파트가 철거되었죠. 그 유명한 와우아파트는 준공한 지 4개월 만에 무너져서 33명이나 죽었습니다. 홍대 건너편에 와우산이 있는데 '와우(臥牛)' 하면 소가 누웠다는 의미잖아요. 그래서 소 등에 아파트를 세워놓으니까 소가 무거워서 몸부림을 쳤다는 이야기도 나왔습니다.

여담이지만 와우아파트 때문에 불똥을 맞은 가수가 있습니다. 조영남 씨입니다. 조영남이 그때까지 군대를 안 가고 있었대요. 그러다 서울시민회관에서 공연을 하게 되었는데 각설이 타령을 부른 거예요. "얼씨구씨구 들어간다, 절씨구씨구 들어간다" 하고 부르다 후렴에 가서 "아파트가 우르르……" 그랬는데 거기 서울시 고위간부들이 여러 명 와 있었답니다. 저놈 봐라, 하면서 서울시 간부들이 당국에 찔러 넣었어요. 다음 날 아침에 자고 있는데 고향인 홍성경찰서에서 형사가 와서 모셔가더랍니다. 그리고 바로 입대시켰대요. 괘씸죄였죠.

당시 아파트를 보면 또 하나 이상한 것이 있어요. 아파트를 평지에 짓지 왜 산에다 지었을까요? 지을 때 힘들고, 공사하기도 힘들고, 지반도 불안하고, 안정적으로 지을 수가 없죠. 게다가 아파트에 사는 사람들은 산꼭대기까지 올라가 엘리베이터도 없는 아파트를 계단으로

붕괴된 와우아파트 현장
준공한 지 4개월 만에 붕괴된 와우아파
트는 실패한 맹목적 개발주의의 대명사
가 되었다. (대한민국정부 기록사진집)

올라가야 한다는 겁니다.

왜 그렇게 지었느냐 하면 그래야 청와대에서 잘 보이니까, 그래야 대통령의 눈에 잘 띄어 발전 상황을 보여줄 수 있으니까 산에다 세운 거예요. 그래서 외인아파트도 남산에 지었죠.

우리나라에서 도시정비 아파트가 시작된 것이 이런 전시행정과 관련이 깊습니다. 그 대표적인 사례가 1966년 미국 존슨 대통령이 방한했을 때입니다. 미국 대통령이 베트남 전쟁 참전 우방국들을 순례하는 것이어서 미국 입장에서도 중요한 행사였죠. 존슨 대통령이 차를 타고 서울로 들어오는 모습이나 연도에서 환영하는 시민들의 모습이 한국과 미국에서 동시 생중계로 방영되었습니다.

그때 존슨 대통령의 환영식이 서울시청 근처에서 열렸어요. 방송국

카메라가 중계하면서 주변을 찍는데 온통 판잣집투성이인 거예요. 지금은 정동이 도심 한복판의 제법 고풍스러운 장소지만 그 당시만 해도 판잣집들이 수두룩했거든요. 그런 누추한 모습이 전 세계에 적나라하게 방영된 거죠. 우리 교포 역사상 드문 일인데, 그때 재미동포들이 청와대에 연판장을 보냈어요. 몇천 명이 서명해가지고는 서울 도심을 재개발해달라고. 그런 웃지 못할 일도 있었습니다.

대한민국 특별구역, 강남의 탄생

이런 분위기에서 강남 개발이 시작됩니다. 대한민국 특별구역이라고 할 수 있겠죠. 강남으로 가려면 우선 뭐가 필요합니까? 다리가 필요하죠. 교통이라는 측면에서 다리가 있는 것과 없는 것은 정말 하늘과 땅 차입니다. 한강이 작은 강이 아니잖아요? 굉장히 큰 강이기 때문에 한강을 건너는 게 큰일입니다.

한강에 처음 놓인 다리가 1917년 개통된 한강인도교입니다. 지금 우리가 한강대교라고 부르는 그 다리가 한강을 배를 타지 않고 건너게 해준 최초의 다리죠. 제2한강교는 1962년에, 제3한강교는 1966년에 착공됩니다. 지금의 양화대교와 한남대교죠. 그때는 번호를 붙여도 될 만큼 다리가 많지 않았던 겁니다.

〈제3한강교〉라는 노래 아시죠? 혜은이가 불러서 공전의 히트를 쳤는데 그게 1979년일 겁니다. 강남이 본격적으로 뜨기 시작할 때입니다. 거기에 맞추어 노래도 떴어요.

강북은 불안하다

1970년대에 강남 개발을 시작하는데 아까 말씀드렸듯이 안보상 이유가 중요하게 작용을 했습니다. 지금은 남과 북 간에 경제력, 군사력을 비교하는 것 자체가 우스워진 상황이지만 1960년대만 해도 북이 앞서 있었거든요. 군사력에서도 우리를 압도했고, 경제력에서 우리가 북을 완전히 따라잡았다고 보는 게 1973년 혹은 1974년경이에요.

1968년에 한국의 안보상황이 굉장히 불안해집니다. 베트남 전쟁에 참전하는 바람에 더 안 좋아졌어요. 그 당시 전 세계적으로 베트남 전쟁은 초미의 관심사였어요. 체 게바라는 "둘, 셋, 더 많은 베트남을 만들자"는 유명한 연설까지 했죠. 실제로 그는 쿠바를 떠나 아프리카의 콩고와 남아메리카의 볼리비아로 건너가 또 다른 베트남을 만드는 계획을 실천했습니다. 그런 상황에서 한국이 베트남에 참전하니 김일성도 뭔가 해야겠다는 생각을 하게 된 거죠. 김일성도 처음에는 베트남에 인민군을 파병할까 했는데 호치민이 정중히 거절했다고 합니다. 뭐, 정확한 사정은 알 수 없지만 아마도 호치민으로서는 중국이 베트남 문제에 개입하겠다고 할 때 거절할 명분이 없어서 그랬는지도 모르죠. 베트남은 1,000년 동안 싸워서 간신히 중국을 몰아냈잖아요.

호치민이 인민군 파병을 받아들이지 않으니까 김일성이 선택한 방법이 한반도의 긴장 조성입니다. 긴장이 고조되면 베트남에 한국군을 더 보내지 못하게 되는 거죠. 더 위급해지면 파병한 한국군을 다시 빼올 수도 있는 겁니다.

1967년부터 1968년까지는 휴전선 일대에서 남북 간의 군사 충돌이 굉장히 잦아집니다. 최절정은 김신조 일당의 청와대 공격이었죠.

1968년 1월 21일 북한의 특수부대 31명이 내려옵니다. 우여곡절 끝에 김신조만 생포하고 대부분 사살했죠. 두세 명은 탈출해서 북으로 복귀했어요. 김신조가 잡힌 지 20분 만에 팔이 묶인 채로 텔레비전에 나왔습니다. 왜 왔느냐고 물으니까 "박정희 모가지 따러 왔시오" 했죠.

그들이 어디까지 왔습니까? 세검정에서 청와대 쪽으로 넘어가다 보면 지금 최규식 경무관 동상이 있잖아요? 거기서 청와대까지 특수부대 애들이 뛰면 10분도 안 걸리는 거리입니다. 거기까지 온 거예요. 거기서 최규식 종로경찰서장이 그들을 저지하다 총탄에 맞아 사망했어요. 사실은 박정희가 죽을 뻔한 거죠. 그날 저녁 박정희가 텔레비전에 나와 살기등등하게 "미친개에게는 몽둥이가 약입니다" 운운하며 살벌한 분위기를 조성합니다.

그리고 푸에블로호 납북 사건이 터지고 얼마 안 되어 예비군이 창설되었죠. 학교에서는 군사훈련이 시작되는 등 그때부터 한국 사회가 본격적으로 병영국가로 들어서고 공포정치가 훨씬 더 크게 작용하게 됩니다. 박정희 입장에서는 무장공비들이 북악산 타고 쭉 내려오면서 한 번도 걸리지 않고 청와대 앞까지 왔으니 불안해서 못살겠는 거죠. 한편으로 경비를 강화하면서, 또 한편으로는 서울을 그대로 두어서는 안 되겠다는 생각을 했겠죠.

6·25전쟁 때는 어땠어요? 사흘 만에 서울이 함락되었죠. 세계 전쟁사에서 개전 사흘 만에 수도를 함락당한 전쟁이 얼마나 되는지 한번 살펴보세요. 한국군으로서는 정말 지워버리고 싶은 악몽이죠. 게다가 개성을 뺏겨서 한국전쟁 때보다 남북 경계선이 훨씬 더 가까워졌어요.

이렇게 되니 야, 서울 방어가 가능한가 싶어지겠죠? 그래서 미군들을 그 앞에다 배치해놓았죠. 이른바 인계철선이라고 하는 겁니다. 인민군이 남침하면 미군과 붙을 수밖에 없고, 그러면 자연히 미국이 개입하게 되죠. 그러나 미군이 개입한다고 해도 서울이 워낙 휴전선에서 가까우니까 불안한 겁니다. 서울을 옮겨야겠다, 그래서 나온 게 행정수도 발상입니다. 어쨌든 이건 나중 이야기고 일단 서울 인구를 강남 쪽으로 분산시키자, 인구가 무작정 증가하는데 강북에는 더 이상 수용할 수 없고 강남을 개발해보자 하는 이야기가 나옵니다.

강남 개발, 그들만의 리그

이 무렵 국토개발을 열심히 하면서 경부고속도로 건설 계획이 추진됩니다. 그런데 고속도로를 놓으려면 땅을 사야 하지 않습니까? 정부가 돈이 있었나요? 없었죠. 그러니까 어떻게 합니까? 봉이 김선달한테 배우면 되죠. 내 돈 한 푼 들이지 않고 강남 개발, 경부고속도로 건설을 시작하는 방법이 뭐냐?

정부가 도로를 놓을 지역에 있는 땅주인들한테서 땅을 받는데, 땅주인 입장에서는 공짜로 내주는 격이지만 주변 땅값이 10배 이상 폭등하니까 결과적으로 이득이 나겠죠. 게다가 정부는 땅주인에게 받은 땅에다 도로를 내고 남은 땅, 이걸 '체비지'라고 하는데, 그 땅을 팔면 도로 건설 경비를 충당하고도 남습니다. 공짜로 받은 땅으로 땅장사를 하는 거죠. 그래서 1970년대에는 서울시 간부들이 체비지를 잘 팔면 유능하다고 인정받았대요. 공무원들이 땅장사를 하러 다니는 겁니다. 경부고속도로도 이런 식으로 놓고, 강남 개발도 이런 식으로 했습니다. 손 안 대고 코 풀기의 전형이죠.

1970년대만 해도 강남은 허허벌판이었어요. 역삼동이나 대치동, 말죽거리 같은 데가 다 논밭이었습니다. 지나가면 개구리 울고, 풀이 좀 무성하면 뱀 나올 법한 그런 데였어요.

이런 곳의 체비지를 매각하는데 한꺼번에 큰 덩어리로 팔려면 어떻게 해야 돼요? 큰 업소가 와야겠죠. 도심에서 1,000평 정도 되는 큰 업소가 무엇이 있을까요? 카바레 같은 유흥업소가 여기에 해당됩니다. 그래서 신사동 일대에 유흥가가 형성됩니다. 주현미의 〈신사동 그 사람〉 같은 노래도 있듯이 1972년부터 1973년 사이에 카바레들이 신사동에 많이 들어서죠. 강북에서는 카바레를 이전시켜주지 않고 새로 허가도 안 내주거든요. 새로 문을 열려면 강남으로 와라, 강남이 물 좋다고 소문 내주고, 제3한강교 다리 놔주고, 남산터널도 뚫어주겠다, 이렇게 물심양면으로 지원하니 정말 도심에서 10분, 15분밖에 안 걸리죠. 그러면서 유흥가 강남, 소비의 중심 강남이 형성됩니다. 처음 유흥가가 형성되는 데가 신사동이고, 조금 더 늦게 영동 일대에 형성이 되었습니다. 1980년대 중후반에는 압구정동으로 올라가죠.

경부고속도로를 뚫으면서 강남이 본격적으로 개발됩니다. 경부고속도로는 원래 개통 예정일이 1971년 6월 30일이었어요. 그런데 박정희가 1971년 4월 대통령 선거에서 자신의 주요 업적으로 선전하기 위해 조기 완공 명령을 내려 거의 1년을 앞당겨 개통했습니다. 1년이나 무리하게 앞당기다 보니 건설 도중에 77명이나 되는 어마어마하게 많은 사람들이 목숨을 잃었어요. 그리고 개통된 다음 날부터 바로 도로 보수공사가 시작되죠. 경부고속도로는 1990년 연말까지 들어간 수리 비용이 건설비의 4배나 되었다고 합니다.

강남 개발하고 맞물리는 게 말죽거리 신화죠. 말죽거리가 어디냐면

경부고속도로 개통식에 참석한 박정희
1971년 대통령 선거를 앞두고 예정보다 1년
을 앞당겨 경부고속도로를 개통한다. 이때
무리한 일정으로 77명이나 되는 사람들이 공
사 과정에서 목숨을 잃었고, 개통한 다음 날
부터 시작된 도로 보수공사 비용은 건설비의
4배나 되었다. (대한민국정부 기록사진집)

경부고속도로를 따라 내려가다 보면 지금 서초인터체인지 부근, 그러
니까 양재역 부근이 말죽거리입니다. 이제 말죽거리 신화 또는 말죽
거리 잔혹사가 시작됩니다. 말죽거리 신화는 뭐예요? 평당 30원쯤 하
던 땅값이 1년 만에 3,000원이 되었고 지금은 얼마쯤 합니까? 수천만
원 하겠죠? 아예 비교 자체가 안 될 만큼 어마어마하게 땅값이 올랐
죠. 복부인들이 가장 먼저 몰린 곳이 말죽거리라고 합니다. 그때 한
건 했던 사람은 만일 그 사이에 말아먹지 않았으면 지금 대한민국 상
류층입니다. 요즘 유행하는 '강부자'란 말이 괜히 나왔겠습니까?

한 건 못한 사람들은 어떻게 돼요? 한 건 한 사람들하고는 영원히
같아질 수 없게 되죠. 그때 한 건을 한 사람한테는 말죽거리 신화고,
못한 사람들한테는 말죽거리 잔혹사가 되는 겁니다. 왜 부동산값이
뛸 때 막차 타는 사람들 있잖아요? 대출 받아 아파트 잡았다가 집값

떨어지고 금리는 오르고. 그분들한테는 잔혹사인 거죠. 가장 먼저 땅값이 폭등한 말죽거리는 우리나라 상류층의 진원지이자 성지라고 할 수 있고, 또 빈부격차의 진원지라고 할 수 있는 곳입니다.

이런 개발 과정에서 당연히 정치자금이 만들어지겠죠. 중앙정보부나 청와대 경호실 같은 곳을 통해 은밀한 비자금이 전달됩니다. 그 당시 개발 정보를 갖고 있는 사람들 사이에 형성된 카르텔을 보면 그때부터 우리 사회에 일부 특권층이 만들어졌다는 생각이 들어요. 그 사람들이 아주 적극적으로 군사독재정권을 지지했던 겁니다.

이제 강남을 키우기 위해 여러 가지 정책수단을 동원합니다. 지하철 2호선은 원래 순환선이 아니었는데 서울시장이 밀어붙입니다. 어느 도시계획위원이 반대하니 그 다음 회의부터 그 사람한테 연락을 안 했다고 해요. 반대하는 사람은 그런 식으로 잘린 거죠. 결국 순환선으로 변경해 발표하고 지하철 2호선이 강남을 관통하게 되었습니다.

사실 1970년대 강남은 인구가 많지 않아 지하철이 들어갈 조건이 아니었죠. 사람이 많아서 지하철을 건설한 것이 아니라 사람을 많이 끌려고 지하철을 놓았어요. 그렇게 해서 많은 사람들이 강남으로 몰리게 되었습니다.

전설의 압구정동 현대아파트

한국은 세계에서 가장 빠른 도시화와 가장 높은 아파트 거주율을 자랑하는 나라입니다. 1962년 마포아파트가 세워지고 1968년 동부이촌동에 한강맨션이 세워지면서 아파트의 고급화가 시작되었죠. 고급 아파트인 한강맨션을 분양할 때는 주택공사 간부들이 분양을 위해 열심히 노력했습니다. 제가 이번에 준비하면서 보니까 한강맨션 입주자 중에 강부자 씨도 있더군요. 최근 '강부자'가 '강남 땅 부자'라는 의미로 쓰이는데, 부동산 투기의 역사에서 강부자라는 이름이 '강남 땅 부자' 이전에도 나옵니다. 그 당시 아파트 분양을 위해 이름이 알려진 명사들을 적극적으로 공략했고 1호로 입주한 게 강부자였어요. 강부자가 사니까 여러 유명 연예인들이 따라 들어갔다는 이야기가 있더라고요.

대한민국 아파트 역사에서 역시 가장 중요한 것은 1975년 분양을 시작해 1978년에 사건이 터진 압구정동 현대아파트입니다. 처음에는 아파트를 지을 때 동네 이름을 붙였어요. 마포아파트, 한강아파트, 청운아파트 하는 식으로 이름을 붙였죠. 그런데 현대아파트가 방식을 바꿔서 브랜드를 붙이기 시작한 겁니다. 아파트 이름이 브랜드 이름으로 바뀌는 계기가 되었죠.

원래 배 밭이던 곳에 건설된 압구정동 현대아파트는 최고급 아파트의 상징이 되었죠. 대형 평수에다 그 옆에 현대백화점까지 끼고 있습니다. 이 아파트는 무지무지하게 비싸서 웬만한 사람은 바로 들어갈 수가 없답니다. 복부인들도 투기를 여러 번 해서 아파트를 늘리고 늘린 끝에 닿는 최종 기착지랍니다. 대한민국에서 신분 상승의 최종 기착지가 바로 압구정동 현대아파트인 거죠. 압구정동 현대아파트는 단순한 아파트가 아닙니다. 대한민국 최고의 부와 성공의 상징이고 특권층에 드디어 진입한다, 안착한다고 할 수 있는 상징이죠.

현대에서 이 아파트를 지을 때 절반은 사원용, 절반은 일반 분양으로 허가를 받았어요. 그래놓고 사원용 아파트를 빼돌려 특혜 분양을 한 겁니다. 현대아파트를 분양받으면 앉은 자리에서 몇천만 원의 프리미엄이 붙는 시절이었죠. 우리나라 국민소득이 얼마 안 될 때니까 몇천만 원이면 어마어마합니다.

아파트를 특혜 분양하니 어때요? 겉으로는 자기 돈 내고 아파트를 분양받은 것 같지만 사실은 그 프리미엄만큼 뇌물을 준 셈이죠. 뇌물을 받는 사람들은 주요 공직자들이었어요. 건설부나 서울시의 특혜, 허가 등과 관련된 공무원들이나 청와대 경호실, 비서실, 중앙정보부 등 우리나라에서 힘깨나 쓴다는 권력기관의 실무 담당자들한테 특혜 분양을 한 거예요. 이때 특혜 분양을 받은 사람들이 600명이었고, 그 중 고위공직자 250여 명의 명단이 신문에 폭로되었어요. 그래서 시끌벅적했는데 유명한 사람들이 굉장히 많았습니다. 요즘의 쌀 직불금 파동과 비교가 안 되는 특권층이었죠. 현대에서 알아서 이런 사람들을 유치한 측면도 있습니다. 현대아파트의 브랜드 가치를 높이기 위해서죠.

강남 복부인과 난쟁이 가족

이 무렵 우리나라 부동산값 상승에 기여한 것이 중동 특수입니다. 현대건설이나 한진 등이 베트남에서 돈을 벌고 재벌로 성장하는 기반을 닦았잖아요? 베트남 전쟁이 끝나자 전쟁 특수가 사라진 거예요. 그런데 한국 경제가 운이 참 좋았던 게, 이제 과잉 투자 문제로 쫄딱 망하게 생겼는데 그때 중동 특수가 터진 겁니다.

중동 국가들이 국제 석유 재벌들한테 휘둘리면서 기름을 굉장히 싸게 팔다가 한번 배짱을 부렸거든요. 그 후로 기름값이 올라가면서 오일 머니가 생겼단 말이에요. 그 오일 머니를 가지고 집중적으로 건설을 시작하는데 사막이라 건설 조건이 열악하잖아요. 그 열악한 곳에 한국 노동자들이 들어가 집 짓고, 다리 놓고, 항만 건설하고, 도로 닦으면서 어마어마한 돈을 벌어들입니다. 단군 이래에 최대의 호황을 누렸다는 말까지 나오죠. 중동 특수가 얼마나 호황이었는지를 상징하는 도로가 바로 강남에 있는 테헤란로입니다. 지금은 반미국가지만 그때만 해도 중동에서 미국의 최대 우방국이고 팔레비 독재가 있었던 이란의 수도가 테헤란입니다. 이란 혁명이 있기 전까지 한국이 이란에서 돈을 많이 벌었어요.

어쨌든 이 돈이 강남에 투자되도록 유도한 겁니다. 아파트값이 뛰면서 우리 사회에 없던 '복부인'이라는 말이 생겼죠. 그전에도 있었지만 이때 활성화된 게 제비족이죠. 원래 제비는 강남으로 가죠?

이 시기에 남자들이 베트남, 중동에 가서 죽어라고 돈을 보내면 부인들이 그 돈으로 춤바람이 나서 제비족한테 돈 뜯기고, 가정불화에다 이혼까지 하는 사례가 있었죠. 아주 눈물 나는 이야기가 그 당시 〈선데이 서울〉 같은 잡지를 보면 많이 나옵니다. 사실상 이런 잡지가 중요한 사료가 되기도 합니다. 약간의 과장은 있지만 사회 전체 분위기를 읽어내는 데 좋죠. 〈선데이 평양〉이 있으면 북한 사회사를 공부하는 데 큰 도움이 될 텐데…….

1970년대 후반은 우리 사회사에서 큰 분기점이 되는 시기입니다. 인혁당 사람들을 처형한 게 1975년이고 그즈음 현대아파트가 건설되기 시작하죠. 사람들이 아파트가 돈이 된다는 것을 깨닫기 시작합니다. 1978년 조세희 선생의 『난장이가 쏘아올린 작은 공』이 출판되고, 박정희가 총을 맞은 게 1979년이죠.

1970년대를 돌이켜보면서 베트남 전쟁 이후 한국 사회가 얼마나 요동을 쳐왔는지 한번 생각해보세요. 김신조 일당이 청와대를 습격하고, 전쟁 분위기가 고조되면서 유신과 병영국가 체제가 되고, 한편에서는 잘살아보자며 개발붐이 불고, 죽어라 열심히 일한 사람들도 많고, 그렇게 일해도 돈을 벌지 못하는 사람들이 있는가 하면, 땅 하나잘 사두었다가 불로소득으로 돈벼락을 맞는 사람들도 생기죠. 대한민국이라는 나라가 더 이상 하나의 공동체일 수 없는 분위기가 만들어지는 격동의 시기가 1970년대 후반이었던 것 같아요.

1978년쯤 우리 사회가 생활 면에서 굉장히 다양한 변화를 겪게 되는데 특히 아파트의 보급이 큰 역할을 합니다. 아파트가 편하다는 것을 많은 사람이 알게 되죠. 우선 입식생활 자체가 그렇고 양변기, 수세식 화장실, 기름보일러 등 그전과 비교하면 가히 혁명이라고 할 만합니다. 특히 기름보일러가 주부를 연탄에서 해방시켜주었죠.

옛날에는 어땠나요? 불을 때려면 나무를 해서 장작불을 지폈잖아요. 밥할 때는 따로 불도 맞춰야 하고, 밥하는 내내 지키고 서 있어야죠. 전기밥솥은 단추 하나만 누르면 됩니다. 빨래는 일일이 개울가에가서 했는데 이제 아파트에서 세탁기만 돌리면 되죠. 모든 여성에게해당되지는 않지만 시간이 남는 여성들이 생기기 시작해요. 그러면서문화센터가 생기고 서예학원, 운전교습 등이 생겼어요. 주부들의 생활양상이 바뀌는 거죠.

1970년대 40평대 이상 아파트를 잘 살펴보면 1980년대 이후에 건설된 아파트에는 없는 것이 있습니다. 부엌에 달린 조그만 방. 바로식모를 위한 방이죠. 그 시절에는 입주 식모가 있었어요.

아까 서울 이야기를 할 때 빠뜨렸는데 제가 초등학교 3학년 때 〈서울의 찬가〉라는 노래가 나왔어요. 정말 폭발적인 인기를 끌었습니다.

지금 일흔이 넘었어도 패티 김이 노래를 부르면 카리스마와 에너지가 넘치고 당당한데 40년 전에는 어땠겠습니까? 그 파워로 "아름다운 서울에서, 서울에서 살렵니다" 하면 사람들이 그야말로 뿅 가는 거죠. 1960년대에는 정부 시책에 따른 건전가요라는 게 있었는데 〈서울의 찬가〉도 그런 풍의 노래였어요. 이 노래가 서울로 사람들을 빨아들이는 역할을 크게 합니다. 물론 노래 한 곡 때문에 상경했다고 말하기는 어렵겠지만 '무작정 상경시대'를 상징하는 노래로서 어떤 군대 행진곡보다 더 강력하지 않았나 싶어요.

1970년대 후반 들어 무작정 상경이 어느 정도 끝나고 아파트가 보급되어 주거혁명이 이루어지면서 가사노동이 급격히 줄어듭니다. 그러니 굳이 남의 집 사람을 집에 들여 먹이고 재울 필요가 없어지죠. 시간제로 일을 시켜도 충분하니까 부엌에 딸린 식모의 방이 사라지는 겁니다. 작은 공간이지만, 요즘 공간 늘리려고 베란다까지 때려 부수는 판에 방 하나가 더 생기니 마다할 리가 없죠. 그래서 아파트 구조가 바뀌기 시작한 것이 이 무렵이었던 것 같아요.

강남이 크게 성장하는 게 한편으로는 8학군 때문이죠. 교육특구 강남이 만들어집니다. 처음에 어떻게 만들었습니까? 경기고는 청담동으로, 서울고는 방배동으로 이전 명령을 내리죠. 3대 명문고라고 하는 것들 중에서 경복고 하나만 강북에 남겨놓고 둘을 강남으로 내려보낸 겁니다. 3대 명문고에도 서열이 있는데 1등, 2등을 강남으로 보냈어요. 또 사립고등학교나 후기 중에서 1등인 중앙고는 남겨놓고 2등, 3등을 다투던 휘문고를 대치동으로 보내죠. 여고 중에서 숙명여고는 도곡동으로, 진명여고와 남고인 양정고는 목동으로 보냅니다.

지금 우리나라에 신시가지들이 많이 생겼지만 강남, 목동 이런 데와 상계동은 다르잖아요. 아파트의 질이 나빠서 그런가요? 아니죠. 교육 환경 때문에 차이가 나는 겁니다.

우리나라는 교육과 부동산이 쌍끌이를 합니다. 서로 맞물려 교육 때문에 강남으로 가죠. 강남에 들어가 일단 강남에 뿌리를 내리라는 이야기가 뭐예요? 강남에서 집 팔고 나면 절대 다시 못 돌아간다, 그러니 아등바등 강남에서 버텨야 한다, 이런 신화가 만들어지죠. 교육이 한국 사회의 빈부 문제에서 굉장히 중요한 기능을 합니다.

토건국가의 초석을 깐
삼자동맹,
군사정권·토건업체·개발공사

대한민국을 특징짓는 말로 '토건국가'라는 표현을 써볼 수 있을 것 같습니다. 이 말은 원래 일본에서 왔죠. 토건국가에서는 밤낮 공사를 벌입니다. 그런데 '공사' 하면 자연스럽게 담합이나 비리 같은 말들이 떠오르죠. 가령 정부나 관공서에서 발주하는 관급 공사는 어떻게 진행됩니까? 공사 기준가를 높이고, 입찰할 때 덤핑하고, 서로 짜고 돌아가면서 먹게 순번을 정해 담합을 하죠. 추첨할 때도 방법이 여러 가지입니다. 〈모래시계〉나 〈공공의 적〉 같은 드라마나 조폭영화에서도 볼 수 있죠. 탁구공에 번호를 적어 추첨하는데, 원하는 번호가 적힌 공을 미리 냉장고에 넣어두었다 추첨할 때 차가운 공을 골라내는 식의 방법을 씁니다. 영화 속 사례이기는 하지만 실제로도 언뜻 보아서는 아주 공평한 제도 속에서 얼마든지 밀어주고 당겨주는 구조를 만들 수 있습니다.

개발독재의 산물, 토건국가

토건국가는 이런 작은 담합 수준을 이야기하는 게 아닙니다. 참여연대에서 활동하고 있는 홍성태 교수가 몇 년 전부터 토건국가 문제를 열심히 제기하고 있죠. 토건국가는 개발독재의 산물이고 이로 말미암아 공해강산, 부패공화국, 사고공화국이 되었다는 겁니다.

토목공사를 하면 생기는 게 많죠? 생기는 게 많으니 자꾸 공사를 부추기는 거예요. 돈을 많이 남겨먹으려고 공사도 제대로 하지 않습니다. 성수대교가 괜히 무너진 게 아니에요.

토건국가에서 중요한 역할을 하는 게 개발공사(開發公社)입니다. 우리나라에는 한국전력공사, 도로공사, 농어촌기반공사, 수자원관리공사, 주택공사, 토지공사가 있는데 모두 사회간접자본을 담당하죠. 이 공사들은 매우 중요한 공공성의 영역을 담당하기 때문에 국가가 직접 투자했습니다. 개발공사들이 한국의 급속한 공업화와 고도성장의 디딤돌이자 견인차 역할을 했지요.

흔히 박정희 시대를 가리켜 개발독재라고들 하잖아요. 개발을 위한 독재라는 이야기겠지만 또 다르게는 개발을 내세운 독재, 개발을 명분으로 삼는 독재였다고도 할 수 있습니다.

사회간접자본에는 굉장히 많은 돈이 들어가죠. 가령 항만을 건설하거나 다리를 놓는다고 칩시다. 요새 다리 하나 놓으려면 1,000억 이상 들어갈 겁니다. 큰 다리라면 훨씬 더 많은 돈이 들어가겠죠. 개별기업이 투자하기에 적절한 분야가 아니에요. 그래서 국가가 투자한 개발공사에서 공익을 위해 항만이나 다리를 건설하는 겁니다.

그런데 개발공사가 공익을 위해 벌이는 사업들이 갈수록 많은 논란과 의문의 대상이 되고 있습니다. 새만금 사업도 얼마나 논란이 많습니까? 새만금 사업이라는 게 바다를 메워 땅을 만드는 간척사업이잖아요. 사실 우리나라는 국토가 좁다는 강박관념이 있어서 예전부터 간척사업을 많이 해왔어요. 강화도에도 지금 음식점들이 들어서 있고 도로가 난 데를 가보면 노인들이 예전에 다 갯벌이었다는 말씀들을 하세요. 순환도로를 따라 가다 보면 다 갯벌이었다고 해요. 부안이나 계화도는 일제 때부터 간척사업을 어마어마하게 많이 했고요.

간척사업을 하면서 하는 이야기가 우리는 농지가 부족하기 때문에 늘어나는 인구를 먹여 살리려면 땅을 넓혀서 농사를 지어야 한다는 겁니다. 그런데 지금 우리나라 농업이 어때요? 농민은 적고 농지는 남아돌죠. 농림부가 매년 농지를 없애는 정책을 채택하고 있습니다. 20만여 헥타르의 농지가 남는다고 해요. 앞뒤가 좀 안 맞죠? 한쪽에서는 농사 지을 사람이 없어 농지를 없앤다고 하는데, 다른 한쪽에서는 농지를 확보해야 한다고 하니 말이 됩니까?

새만금 사업을 왜 합니까? 대운하가 경제성이 있나요? 경제적으로 타당하지도 않고 환경에도 악영향을 미치는데 왜 삽질을 못 해서 안달입니까? 그렇습니다. 삽질을 하면 몇십조 단위의 토건공사가 생기는 겁니다. 건설회사들이 땅 짚고 헤엄치면서 살아갈 수 있죠.

우리는 개발공사 자체의 조직 논리에 주목해야 합니다. 가령 농어촌개발공사나 수자원공사의 공적인 사명이 사라지면 어떻게 됩니까? 농업 비중이 줄고 농업인구가 줄어서 우리나라 농업의 지향이 도시 근교의 소규모 유기농이 된다면 농어촌개발공사는 할 일이 없어집니다. 그럼 없애자는 이야기가 나오겠죠. 그래서 개발공사는 자꾸만 일을 벌입니다. 시화호도 만들고, 시화호에서 실패를 경험했는데도 새

현대건설 사장 시절의 이명박
1970년대에 입사해 12년 만에 현대건설 사장이 되었던 이명박은 당시의 성공 경험에서 비롯된 토건공사 제일주의 마인드가 골수에 박혀 있다.

만금을 만드는 겁니다. 이런 일들이 왜 자꾸 벌어집니까? 바로 토목 국가의 중요한 축을 이루는 개발공사 자체의 조직 논리 때문입니다.

토건족, 삽질을 해야 흥하는 사람들

토건국가는 개발국가의 가장 타락한 형태라고 할 수 있습니다. 토건 업과 정치권이 유착해서 세금을 탕진하고 자연을 파괴하는 것이 토건 국가예요. 이는 일본 사회에서 많이 등장했습니다. 일본 정치라는 게 굉장히 웃기죠. 이번에 고이즈미 준이치로(小泉純一郎)가 정계에서 은퇴했는데 왜 했습니까? 지역구를 아들에게 물려주기 위해서죠.

　일본에는 세습 정치인이 많아요. 얼마 전 수상을 지낸 아베 신조(安倍晉三)도 기시 노부스케(岸信介) 전 수상의 외손자입니다. 그런 식으

한반도 대운하 구상을 밝히는 이명박
2006년 11월 당시 한나라당의 유력한 대선주자였던 이명박 대통령이 자신의 '한반도 대운하' 구상을
발표하고 있다.

로 친손자, 외손자까지 합치면 정말 많습니다. 비서한테 물려주는 건
양반이고 대개 직계가족이 이어받죠. 또 그들의 형제나 사돈, 외가가
그 지역에서 건설회사를 하고 있습니다. 엄청난 카르텔이죠.

우리나라도 어때요? 지방자치제 이후에 지역 시청이나 군청에 가
보셨어요? 성남시가 서울시보다 시청사를 훨씬 더 크게 짓는다고 하
죠. 성남시가 서울시보다 더 커서 그렇게 짓습니까? 서울시는 워낙
규모가 크니까 어떤 재벌회사가 달려들어도 함부로 못 하겠지만 성남
은 유착 관계가 훨씬 심해 부풀리기를 할 수 있겠죠. 거기서 공사대금
을 부풀리니까 상납금, 비자금도 많이 뺄 수 있잖아요.

불필요한 공사의 인허가권을 누가 가지고 있습니까? 그런 인허가
권을 가진 관료나 정치인이 퇴직하면 어떻게 됩니까? 건설회사 고문
으로 가면 되겠죠.

영어로는 이 같은 토건국가의 담합정치를 '돼지밥통정치(pork barrel politics)'라고 해요. 이런 먹이사슬을 공유하고 그 돼지밥통에 주둥이를 처박는 사람들을 토건족이라고 할 수 있겠죠.

한국 정치에 가장 많은 뒷돈을 대는 게 토건업자와 사립학교입니다. 두 가지가 결합한 경우도 많고요. 〈공공의 적 2〉가 그냥 머릿속에서 만들어진 영화가 아네요. 거의 실화에 가깝다고 합니다. 그런 유착 관계 같은 것들이 실제로 형성되고 있습니다.

토건국가는 필연적으로 부패하고, 또 그 지역을 송두리째 파괴하죠. 새만금을 볼 때 제일 가슴 아픈 게 주민들끼리 싸우는 겁니다. 왜? 보상금을 풀면 주민들 간에 이해관계가 갈립니다. 그곳에서 계속 살아야 할 사람도 있지만 제각각의 사정 때문에 도시로 떠야 할 사람, 혹은 읍내로 나가고 싶은 사람들도 있겠지요. 그 사람들은 도시에서 전셋집이라도 얻으려면 여기를 개발해 보상금을 받아야 하지 않느냐고 호소합니다. 기존 공동체는 개발을 한다, 안 한다 말만 나와도 갈라질 수밖에 없는 분위기죠. 엊그제까지 오순도순 살던 이웃도 개발 바람에 서로 등을 돌리게 됩니다.

지금 건설업체들이 부도난다, 아파트가 미분양이다 해서 난리법석입니다. 그런데 그 건설업체 중에는 아주 작은 사업을 운영하다 시대를 잘 만나 20년, 30년 만에 재벌급으로 큰 업체들이 많습니다. 1970년대 건설과 부동산이 욱일승천하던 시대에 우리나라에 재벌들이 진짜 많이 생겼죠.

우성은 동대문 밖에서 벽돌 찍어 팔던 데고, 한신공영은 조그만 보일러 업체였는데 대단지 아파트에 집집이 보일러를 들여놓았죠. 개발을 쭉 하면서 연립주택 짓고 거기에 보일러 넣으며 떼돈 벌어 올라온 것 아닙니까? 그러다 공유수면 매립공사 같은 일을 맡으면 그야말로 땅 짚고 헤엄치기 아닌가요? 매립해서 조성된 엄청난 택지에 아파트 지어 분양하면 프리미엄까지 붙어서 돈이 엄청나게 몰리죠. 은행에서 대출받은 돈으로 아파트를 착공하기만 하면 중간에 분양해 계약금, 중도금 다 받아 완공하니 이것도 땅 짚고 헤엄치기였죠.

이렇게 신나게 돈을 벌다가 IMF 때 많이 망했어요. 땅장사를 하다가 망한 재벌들이 많습니다. 진로도 부도났잖아요. 대한민국 국민이 술을 안 마셔서 진로가 부도났습니까? 얼마나 우리가 착실하게 마셨습니까. 여기 계신 분들도 두꺼비부터 시작해서 참이슬, 진로를 얼마나 많이 드셨겠습니까?

백화점 재벌들도 있죠. 우리나라는 백화점 자체가 장사가 잘되어서 일본 백화점의 3배쯤 장사가 된답니다. 그런데 재미있는 게 현대백화점의 경우에 울산 현대백화점이 전국에서 제일 장사가 잘된다고 해요. 임금 올려주고 그 돈을 다시 거두어들이는 장치인 셈이에요. 그런데 재벌들이 백화점을 세운 가장 중요한 이유는 그 자체가 엄청난 부동산이기 때문이죠. 아파트하고 맞물리는 거예요. 주변에 좋은 백화점이 들어서면 아파트값이 올라가죠. 그러면 아파트값 올라갔네, 기분이다, 하고 백화점에 가서 물건 또 왕창 사주고요.

모든 국민이
투기를 꿈꾸는 디스토피아

한국 부동산에 정말 미친 바람이 불었어요. 우리 정부가 왜 투기를 방치했을까요? 그나마 투기와 한번 싸워보겠다고 말이라도 한 게 노무현이었죠. 그런데 어떻게 되었습니까? 졌죠. 결국 부동산값을 제일 많이 올려준 꼴이 되었습니다. 퍼센트로는 몰라도 액수로 치면 제일 많이 올려주었을 겁니다. 워낙 오른 상태에서 시작했으니까요. 한국 경제가 부동산 투기로 몸살을 앓은 것은 노태우 정권 때도 마찬가지입니다.

미친 바람, 부동산 바람

전두환 정권 말기부터 3~4년간 한국은 저금리, 저유가, 낮은 원자재가의 '3저 시대'를 맞아 330억 달러의 국제수지 흑자를 냈습니다. 갑자기 돈이 생긴 기업들은 기술을 개발하고 부채를 상환하는 대신 부동산에 돈을 쏟아부었어요. 부동산 거품이 걷잡을 수 없이 부풀어

올랐고, 서민들은 치솟는 부동산값을 보며 절망했죠. 노태우 정권은 세금을 통해 부동산 투기를 잡겠다며 1990년 '5·8부동산 조치'를 내놓았습니다. 토지초과이득세, 종합토지세 등을 도입하고 재벌의 비업무용 부동산에 대해 매각을 유도했죠. 그러나 큰 효과를 보지 못했습니다.

프랑스 혁명 당시에 상위 5퍼센트가 전국 토지의 25~30퍼센트를 보유하고 있었습니다. 이를 두고 프랑스 혁명사에서는 "혁명이 안 일어나면 이상한 것"이라고 기술했지요. 우리나라는 1988년 기준으로 상위 5퍼센트가 전국 사유지의 65퍼센트를 보유하고 있습니다.

1987년 땅값 상승으로 얻은 불로소득이 국민총생산의 36퍼센트이고, 전체 노동자가 일해서 받은 임금의 85퍼센트입니다. 이처럼 우리나라에 엄청난 부동산 폭등이 있었고, 이 폭등을 통해 사람들이 돈을 벌기 시작했습니다. 만약 부동산 폭등이 없었다면 소득을 은행에 저축한 의사나 변호사들은 지금쯤 어떻게 되었을까요? 그냥 중산층 정도겠죠. 굶지는 않을 정도겠죠.

김영삼 정권 때 보건사회부 장관으로 임명되었던 여 의사가 부동산 투기 혐의로 취임 3~4일 만에 쫓겨났어요. 그런데 이 사람이 억울하다면서 하는 이야기가 한 채, 두 채 푼푼이 아파트를 모았답니다. 병원에서 돈 벌어 예금해두었다가 기회가 되면 작은 아파트라도 사놓은 것뿐이니 자기 입장에서는 푼푼이 산 거였겠죠.

이런 식의 재테크를 한 사람과 정상적으로 은행에 적금을 넣은 사람은 똑같은 의사로서 똑같은 수익을 올렸더라도 비교할 수 없는 부의 차이가 나게 됩니다. 같은 직종에서도 차이가 나는 세상인데 처음부터 게임에 참여할 수조차 없었던 사람들은 오죽했겠습니까?

부동산 불패 신화의 현장
2003년 재개발 사업이 한창 진행 중인 성북구 미아, 삼양동 부근의 항공 촬영 사진. 전국적인 재개발 광풍에 부동산 중산층이 양산되면서 대한민국은 전 국민이 투기를 꿈꾸는 욕망의 공화국이 되어버렸다.

가령 살고 있는 동네가 재개발되었다고 해보세요. 요새 또 뉴타운 열풍이 불잖아요? 거기에 희한한 말이지만, '원주민'들이 얼마나 들어갈 수 있을까요? 원주민 중에서도 특히 세입자들은 절대 들어가지 못하는 방식으로 개발을 하고 있습니다. 뉴타운을 20년에 걸쳐 구역구역 나누어 조금씩 개발하면 철거하는 동안에 다른 데로 갔다가 다시 들어오고 하면 될 텐데 우리는 어때요? 다 때려 부수니까, 딴 동네로 이사 가든지, 아니면 1억, 2억을 내고 붙잡든지 둘 중 하나니까 어떻게 해요? 울며 겨자 먹기로 딱지 팔고 나갈 수밖에 없죠.

이런 개발은 박정희 시대에 본격화되었고 박정희가 군사작전 하듯이 총지휘자가 되어 주도했습니다. 현역 군인들이 동원되었고, 공병 출신들이 시장이 되었으며, 또 그들이 나와 건설회사를 차렸죠. 그 먹이사슬 속에서 한국은 토건국가가 되어갔습니다. 그리고 부동산 투기가 확산되면서 부동산 중산층을 양산했는데, 사실 부동산 중산층이라는 말은 너무 좋은 말 같아서 그냥 졸부들이라고 하겠습니다.

미국만 하더라도 부가 존중을 받습니다. 한국은 어때요? 한국의 재벌들이나 돈 있는 자들이 가장 많이 토로하는 불만이 무엇인지 아세요? 사람들이 너무 기어오른다는 겁니다. 돈 있는 사람들을 존중할 줄 모른다는 거예요. 당연하죠. 왜냐하면 그 사람들이 돈을 번 게 아니라 돈이 돈을 벌었거든요. 그러니 돈은 존중하지만 돈 가진 놈은 대한민국에서 별로 좋게 보지 않죠.

민주화가 되었는데도 왜 행복하지 않은가?

돈 없고 빽 없는 사람들, 정보가 없는 사람들은 투기 행렬에서 제외되었고 내 집 마련조차 어려운 가난한 사람들로 남게 되었습니다. 개발의 가치를 깨닫고 땅을 선점한 사람들이 거대한 부를 획득하면서 새로운 계층을 형성한 게 한국 사회입니다. 이런 사람들이 유신정권과 군사독재정권의 열렬한 지지자가 되었고, 독재정권이 무너진 다음에도 신화는 계속되고 있습니다.

1970년대 말 조세희 선생의 『난장이가 쏘아올린 작은 공』이 바로 재개발과 딱지 이야기 아닙니까? 그때 재개발한 아파트들을 지금 다

광주 대단지 사건
지난 1971년 청계천 일대의 집이 헐려 경기도 광주(지금의 성남시)로 강제 이주당한 도시 빈민들이 정부의 부당한 정책에 항의하며 대규모 시위를 벌이고 있다. 주민 3만 명이 경찰서와 관공서를 불태우며 저항한 이 사건은 도시 빈민들에게도 생존권이 있다는 사실을 각인시켰다

때려 부수고 다시 재개발했거나 하고 있겠죠?『난장이가 쏘아올린 작은 공』의 아이들은 어떻게 되었습니까? 지금쯤 무엇을 하고 있을까요? 그때 재개발에 저항하던, 혹은 난쟁이를 동정했던 중년 아주머니, 난쟁이가 얻어맞고 있을 때 그를 패고 있던 놈을 부엌칼로 찔러버린 그 아주머니, 그런 아주머니들은 어떻게 되었을까요?

〈이제는 말할 수 있다〉라는 텔레비전 프로그램에서 '부동산과 강남 투기'에 대해 특집으로 다룬 적이 있습니다. 나중에 담당 PD가 프로그램을 만들고 난 소감을 이렇게 밝혔어요.

"박정희, 전두환 정권 때 불법으로 사람 잡아다가 고문하고 때리고 한 거 용서할 수 없는 짓입니다. 그런데 이 프로를 만들고 보니까 그보다 더 나쁜 것은 모든 사람들이 투기를 꿈꾸게 만드는 사회구조, 도덕이나 근면 따위는 '웃기는 짜장'으로 만들어버리고 불로소득, 일확천금을 꿈꾸게 만드는 사회구조, 또 그 사람들이 더 높은 아파트를 쌓고, 타워팰리스를 쌓아 그들만의 세계를 만들고 호의호식하는 사회구조를 만들어버린 것이 오히려 박정희, 전두환에게 더 준엄하게 따져 물어야 할 죄악이 아닐까요?"

그들은 그때 그런 정보를 이용해 군이 옛날식의 부정부패, 탐관오리 노릇을 안 해도 우아하게 살 수 있는 세상을 만들어버렸습니다. 이런 세상을 우리가 어떻게 해체할 수 있을까요.

이제 우리 사회의 민주화는 다른 나라 부럽지 않게 된 것 같아요. 절차상 민주주의는 대통령을 탄핵할 정도면 상당히 이루어진 셈이죠. 그런데 민주화가 되었어도 우리는 행복하지 않습니다. 이유가 무엇일까요? 바로 토건국가, 욕망의 정치 때문이죠.

그들이 공포의 정치는 놓아버렸지만 욕망의 정치를 더욱 강화한 사회구조 속에서 우리는 너나 할 것 없이 욕망을 향해 뛰고 있어요. 공포의 국가에서는 무서워서 뛰었습니다. 하지만 욕망의 정치 속에서는 거기에 세뇌되어 우리 스스로 쫓아가고 있기 때문에 훨씬 더 어렵고 힘든 문제가 아닌가 생각합니다.

질의응답

Q —— 오늘은 주로 군사정권 시절에 진행된 토건국가로의 이행 과정에 대해 말씀하셨습니다. 그 이후 김대중, 노무현 정부와 토건국가의 관계에 대한 평가를 부탁드립니다.

A —— 박정희, 전두환 때처럼 국가권력의 작용이 두드러지게 드러나지 않았다 하더라도 김대중, 노무현 정권 시절에도 신도시 개발이나 지방자치제를 통해 토건국가의 틀이 유지가 되었어요. 특히 시화호나 새만금 같은 대규모 국책사업들은 민주화 이후에 더 많아졌습니다.

우리가 민주화되면서 과거 군사독재정권 시절의 군인들이 정치에 참여하지 못하게 만들었어요. 가령 김영삼 정권 때 하나회를 멋있게 날렸잖아요. 그런데 토건국가의 먹이사슬 부분은 전혀 건드리지 못했죠. 오히려 토건국가의 먹이사슬은 단일 권력시대에 비해 더 자유롭게 풀려 자신들끼리 해먹을 수 있는 구조가 되어버렸어요.

적어도 예전 독재정권에서는 자신은 해먹어도 남들은 함부로 못 해먹게 막는 맛이 있었죠. 국가 차원에서 큰 공사를 벌이면 나머지는 알아서 참여하는 거죠. 그 게임에 참여할 만한 특권층이 많지 않았어요. 그런데 민주화되면서, 규제가 완화되면서, 그 권력을 우리가 실질적으로 감시하기 힘든 상황에서, 권력이 분산되면서 어떻게 됩니까? 아는 놈들끼리 해먹는 게 더 많아지고 심해지죠.

저는 그런 의미에서 토건국가형 민주화, 토건업자들 내지 토건족들끼리의 민주화가 오히려 김영삼 정권, 김대중 정권, 노무현 정권 시기에 더 많이 이루어지지 않았나 싶어요. 이런 부분들을 확실하게 감시할 방법은 무엇인가, 어떻게 부당한 건설이익이 토건업자들의 손으로 들어가지 않도록 할 것인가를 고민해야 한다고 생각합니다.

그리고 우리나라는 경제구조상 건축업, 토건업의 비중이 굉장히 높아요. 산업구조 자체가 선진국형이 아니죠. 경제 선진화를 이루려면 1970년대, 1980년대식 토건국가 마인드에서 벗어나야 하는데 우리는 어떻게 했습니까? 토건국가 마인드가 골수에 박힌 사람을 대통령으로 뽑았죠. 토건국가 시대에 행동대장이었던 사람 아닙니까. 그런 마인드를 갖고 한국 경제를 운영하려다 보니 지금 어려움을 자초한 것이 아닐까요?

헌법 정신과 민영화, 대한민국의 정체성을 묻는다

누구를 위한 민영화인가?

'민영화'가 아니라
'사영화'가 정확한 말이다

민영화, 굉장히 많이 듣는 말이죠. 김영삼 정권부터 김대중, 노무현, 이명박에 이르기까지 정권이 바뀔 때마다, 특히 정권 초기에 민영화 바람이 많이 붑니다. 이때 등장하는 단골 메뉴가 공기업 개혁이죠. 공기업 개혁이 뭡니까? 민영화가 최고라는 겁니다. 공기업이 지닌 내재적이고 본질적인 문제를 바로잡으려면 민영화하는 수밖에 없다, 뭐이런 바람이 부는 거죠.

그런데 용어를 좀 정리할 필요가 있어요. 민영화는 너무 고상한 말입니다. 사실 민영화라는 이름 아래 벌어지고 있는 현실은 뭡니까? 사유화입니다.

우리가 보통 '민(民)'이라고 하면 집단적인 것을 의미합니다. 원래 '공(公)'과 '민'은 상당히 통하는 부분이 있어요. 하지만 우리나라에서 벌어지는 민영화는 집단성이 현저히 떨어지고, 그 대신에 특정 재벌이나 집단, 혹은 기껏해야 컨소시엄 따위에 넘겨주는 겁니다. 그러니 민영화는 사실상 '사유화', '사영화'라고 하는 게 마땅하다고 봅니다.

'공기업 선진화' 라는 언어 포장술

'민영화' 라고 하면 '사유화' 에 비해 좀더 그럴듯하죠. 그런데 민영화 논리도 비판받으니까 그걸 더 그럴듯하게 포장한 말이 뭡니까? '선진화' 입니다. 촛불시위 때 이명박 대통령이 민영화는 안 한다고 했지만 그 대신 선진화를 하겠다고 했어요. 그래서 과연 선진화의 잣대가 무엇인지를 한번 이야기해보려고 합니다.

공기업 민영화는 경제에서 국가의 역할을 대폭 축소하자는 겁니다. 그리고 시장경제활동 영역과 시장교역을 확대하자는 거죠. 공기업 민영화는 이명박 정부의 시장주의 철학이 가장 집약되어 나타난 형태라고 생각합니다. 사실 철학이라는 말은 좋게 표현해준 거죠. 이명박 정부에 무슨 철학이 있겠습니까.

작은 정부. 이런 말 많이 들으셨을 겁니다. 그런데 과연 한국이 그렇게 크고 비대한 정부를 운영해왔나요? 우리나라의 공무원 숫자가 많다고 생각하세요? 인구당 공무원 수가 OECD 국가 평균의 3분의 1 정도밖에 안 됩니다. 국가가 제공하는 서비스가 그만큼 적다는 뜻이죠. 거기다 우리나라는 공공 분야 업무자의 상당수가 군인입니다. 경찰도 그러하고요. 물론 경찰업무도 치안서비스로 보면 서비스라고 하겠습니다만, 한국이 과연 작은 정부를 추구해야 할 만큼 공공서비스가 확대되어 있는 나라인지 의문입니다.

민영화는 한마디로 국가의 공공서비스 기능을 시장에 팔아 사유화하겠다는 겁니다. 민간 대자본에 이윤 획득의 기회를 주는 친재벌 정책의 대표격입니다. 요즘 들어 이 민영화를 반대하는 목소리가 상당히 높아졌어요. 김영삼 정부나 김대중 정부 때는 반대하는 목소리가 그렇게 높지 않았던 것 같습니다. 김영삼 정부 때는 일부 진보적인 학자들이나 조금 목소리를 냈고요. 김대중 정부 때는 IMF라는 위기 속에서 비판의 목소리를 낼 틈도 없이 민영화가 걷잡을 수 없이 이루어졌습니다.

촛불시위에서 민영화 이야기가 깊이 있게 논의되지는 못했지만, 그래도 쇠고기 수입하는 놈들이 대운하 파자는 놈들이고, 대운하 파자는 놈들이 민영화하자는 놈들이고, 민영화하자는 놈들이 교육 자율화하자는 놈들이고…… 아, 모든 이슈가 서로 물려 있구나 느끼면서 민영화 문제를 많이 고민하게 되었죠.

과연 민영화가 만병통치약인지, 공기업이 정말 문제가 많은지, 공기업이 방만하다고 하는데 그럼 재벌기업이나 사기업은 효율적으로 잘 돌아가는지 질문을 던져봐야겠죠. 또 공기업을 살리는 방안이 민영화뿐인지, 민영화하는 대신에 공기업의 효율성을 강화하는 방안을 옵션으로 선택하는 것은 불가능한지 질문해보고 싶어요.

임시정부 건국강령과
제헌헌법에 담긴 공공 정신

전통적으로 우리나라는 유교 국가로서 공개념이 굉장히 셌던 나라입니다. "보천지하 막비왕토, 솔토지빈 막비왕신(普天之下 莫非王土, 率土之濱 莫非王臣)"이라는 말이 있죠. "하늘 아래 왕의 땅이 아닌 곳이 없고, 하늘 아래 왕의 백성이 아닌 사람이 없다"는 뜻입니다.

모든 게 '왕의 영토'라면 사적 소유권은 어떻게 됩니까? 전통적인 개념에서 보면 사적 소유권이 있다는 것인지, 아니면 경작권만 매매한다는 것인지 의문이죠. 그러나 당시 토지매매 문구에 분명히 사적 소유권이 있습니다. 그럼에도 '천하의 땅은 모두 왕의 것'이라는 관념이 유효합니다. 토지에 대한 공개념이랄까요. 여기서 왕은 한 개인이 아니라 공익의 대표자로서의 왕입니다. 천하와 공적인 것에 대해 책임을 진다는 의미겠죠. 그래서 조선시대나 고려시대의 토지 문제를 비판할 때 '토지가 겸병되었다'는 표현을 씁니다. 권문세족이나 공신들이 토지를 겸병함으로써 농민들이 노비나 전호(佃戶)로 전락하거나 아예 농촌에서 쫓겨나 유랑민이 되는 현상을 비판하는 거죠.

공공 정신의 뿌리, 임시정부 건국강령

2,000년 전 주나라의 예법을 담은 유교 경전인 『주례(周禮)』에는 공공성이 살아 있는 많은 제도들이 담겨 있습니다. 유교 국가인 조선도 공공성을 이상으로 삼았죠. 조선 후기 실학자들이 추구했던 제도도 공공성에 중점을 둔 것입니다. 이는 단순한 복고가 아니죠. 이제 우리가 유교의 대동사상이라고 표현할 수 있는 전통적인 공개념을 어떻게 이해하고 있으며, 한국의 역사와 제도를 만들어나가는 데 어떻게 작용했는지 살펴볼 필요가 있습니다.

공공성과 관련해 먼저 살펴봐야 할 것이 임시정부의 건국강령이 아닌가 싶습니다. 건국강령을 기초한 조소앙 선생이 그 내용을 해설하면서 공개념을 이야기하죠. 즉 "전통적으로 토지는 공적인 소유였다, 우리나라 토지제도는 국유제에 모범을 두었고 문란한 사유를 국유로 전환하는 태도를 가졌다"고 규정했습니다.

건국강령의 주요 내용

5. 건국 시기의 헌법상 경제체계는 국민 각개의 균등생활을 확보함과 민족 전체의 발전 및 국가를 건립 · 보위함과 민족 전체의 발전 및 연환(連環) 관계를 가지게 하되 다음에 열거한 기본 원칙에 의거하여 경제정책을 추진 · 실행함.

① 대산업기관의 공구(工具)와 시설을 국유로 하고, 토지 · 광산 · 어업 · 수리 · 임업 · 소택과 수상 · 공중의 운수사업과 은행 · 전신 · 교통 등과 대규모의 농 · 공 · 상 · 기업과 성시(城市) · 공업구역의 공용적 주요 산업은

건국강령을 기초한 조소앙
조소앙은 건국강령의 내용을 설명하면서 "전통적으로 토지는 공적인 소유였다. 우리나라 토지제도는 국유제에 모범을 두었고 문란한 사유를 국유로 전환하는 태도를 가졌다"고 규정했다.

국유로 하고 소규모 혹은 중소기업을 사영으로 함.

② 적의 침략·침전 혹은 시설한 관공·사유 토지와 어업·광산·농림·은행·회사·공장·철도·학교·교회·사찰·병원·공원 등의 산업과 기타 토지 및 경제·정치·군사·문화·교육·종교·위생에 관한 일체 사유자본과 부적자(附敵者)의 일체 소유자본과 부동산을 몰수하여 국유로 함.

③ 몰수한 재산은 빈공(貧工)·빈농 및 무산자의 이익을 위하여 국영 혹은 공영의 집단 생산기관에 충당함을 원칙으로 함.

④ 토지의 상속·매매·저압(抵押)·전양(典讓)·유증(遺贈)·전조차(轉租借)의 금지와 고리대금업과 사인의 고용농업의 금지를 원칙으로 하고 농장생산 소비와 무역의 기구를 조직 확대하여 농공대중의 물질과 정신상 생활 정도와 문화 수준을 높임.

⑤ 국제무역·전기·수도·대규모의 인쇄소·출판·영화극장 등을 국유·국영으로 함.

⑥ 노공(老工)·유공(幼工)·여인의 야간 노동과 연령·지대(地帶)·시간의 불합리한 노동을 금지함.

⑦ 농공인의 면비의료(免費醫療)를 보급·실시하여 질병의 소멸과 건강을 보장함.

⑧ 토지는 자력자경인에게 나누어 줌을 원칙으로 하되 원래의 고용농·자작농·소지주농·중지주농 등 그 지위를 보아 저급으로부터 우선권을 줌.

이는 건국강령의 주요 내용입니다. 여기서 "국민 각개의 균등생활을 확보함"이라는 것은 표현만 약간 바뀌었을 뿐 제헌헌법으로 이어져 지금 헌법에도 남아 있어요. 지금의 헌법은 임시정부의 건국강령이나 제헌헌법에 비해 공공성이 약화되었지만 이 정신만큼은 여전히 남아 있습니다.

경제와 관련된 사항을 보겠습니다.

건국강령 제5의 1항을 보면 "대산업기관의 공구와 시설을 국유화한다. 토지, 광산, 어업, 수리, 임업, 소택(저수지·늪), 운수사업, 은행, 전신, 교통, 대규모 농·공·상 기업 등 공영적 주요 산업은 국유화한다. 그리고 소규모 및 중소기업만 사영으로 한다"고 되어 있어요. 또 2항에서는 "적과 관련된 일체의 사유자본과 친일파(부적자)가 갖고 있던 소유자본과 부동산을 몰수해 국유화한다", 즉 적산을 몰수해 국유화한다고 했죠. 몰수한 재산을 어디다 씁니까? 3항에 "무산자의 이익을 위해 또는 국영, 공영의 집단 생산기관에 충당한다"고 되어 있죠?

토지는 어떻게 되었죠?

"상속, 매매, 전양, 다시 말해 남에게 양도하거나 유증하거나 전조차하는 것을 금지한다." '토지의 전조차 금지'라는 말은 소작을 금지한다는 거죠. 소작을 금지하면 어떻게 되겠습니까? 이 조항은 그야말로 껍데기만 남았지만 지금 헌법에도 살아 있죠. 이번에 쌀 직불금 문제도 헌법 위반입니다. 우리 헌법은 소작제도를 금하고 있어요. 1949년 농지개혁도 경자유전 원칙에 따라 이루어졌고 지금도 소작제도는 금지하고 있습니다. 토지는 자력자경인에게 나누어 준다고도 했습니다. 역시 경자유전 원칙, 농사짓는 사람이 땅을 소유하게 한다는 원칙이죠. 이는 현재 대한민국 헌법에 절대농지 개념으로 서 있습니다.

지가증권과 농지개혁 관련 기사
제1차 농지개혁안의 일부분으로 지주에게 발급한 지가증권과 제2차 농지개혁에 관한 1949년 6월 22일자 〈동아일보〉 기사. 당대 최고의 대지주였던 김성수조차 농지개혁에 대해 우호적인 입장을 취했다.

또한 국제무역, 전기, 수도, 대규모 인쇄출판, 영화, 극장까지 국유, 국영으로 합니다. "노인 노동, 아동 노동, 여인의 야간 노동과 연령, 지대, 시간의 불합리한 노동을 금지한다"는 것은 노동 권익을 보호한다는 이야기죠. 그리고 무상의료, 즉 의료보험을 빵빵하게 한다고 되어 있어요.

이게 임시정부의 건국강령입니다. 비단 임시정부뿐만 아니라 국내 민족주의자 대다수가 비슷한 생각을 했어요.

가장 흥미로운 건 한국에서 땅을 제일 많이 소유했던 한민당의 최고 실력자 김성수 선생도 경자유전 원칙에 따라 농지개혁이 이루어져야 한다는 데 반대하지 않았거든요. 다만 유상몰수 유상분배를 주장했습니다. 이게 공산당하고 다른 점이죠. 공산당은 무상몰수 무상분배니까요.

지금 재벌들과 비교해본다면 김성수 선생은 농지개혁 자체를 반대한 것은 아니라는 점을 높이 평가해야 합니다. 아무리 유상몰수라고 해도 사적 소유권의 심각한 침해잖아요. 그런데 경자유전 원칙에 따라 농지만큼은 밭갈이하는 농민이 가져야 한다는 원칙을 부인하지 않았습니다. 물론 북한에서 농지뿐만 아니라 모든 토지를 무상으로 몰수하고 분배하는 등 혁명적인 변화가 일어난 까닭도 있지요.

어쨌든 일제강점기부터 대부분의 민족주의자들이 우리 사회의 가장 큰 문제로 지주·소작 관계를 꼽았고 그 관계를 극복해야 한다는 데 1920년대, 1930년대 지식인들의 광범위한 협의가 이루어졌다고 볼 수 있어요. 이게 우리 헌법에 그대로 반영됩니다.

우파가 주도한 제헌헌법에 담긴 급진적인 공공 정신

제헌헌법을 보면 맨 처음에 "유구한 역사와 전통에 빛나는 우리 대한국민은……"이라고 나옵니다. 여기서 '대한민국'이 아니라 '대한국민'이라고 한 것을 눈여겨봐 주십시오.

우리가 흔히 듣는 말 중에 나라가 있어야 개인이 있다고 하죠. 그러나 사실은 사람이 모여서 나라를 만드는 겁니다. 이때의 사람이란 무엇일까요? 영어로 'people'입니다. "of the people, by the people, for the people" 할 때의 바로 그 people 말입니다. people에 해당하는 우리말은 인민이고요. 국가가 있기 이전에 인민이 있습니다. 인민이 모여 국가를 만들고, 국가가 만들어지면 그때서야 국민이 되는 겁니다.

그런데 우리 헌법에서는 처음부터 국민으로 나오니까 약간 트집을 잡자면 모순이라고 볼 수도 있는데요. 사실 헌법 초안에는 대한국민이 아니라 조선인민으로 되어 있었습니다. 이걸 우파 인사 몇 명이 빨갱이 용어라고 해서 국민으로 바꾸었죠.

제헌헌법의 주요 내용

전문: 유구한 역사와 전통에 빛나는 우리 대한국민은 기미 삼일운동으로 대한민국을 건립하여 세계에 선포한 위대한 독립정신을 계승하여 이제 민주독립국가를 재건……. (중략) 정치, 경제, 사회, 문화의 모든 영역에서 각인의 기회를 균등히 하고 능력을 최고도로 발휘케 하며 각인의 책임과 의무를 완수케 하여 안으로는 국민생활의 균등한 향상을 기하고…….

제1조: 대한민국은 민주공화국이다.

제18조: 근로자의 단결, 단체교섭과 단체행동의 자유는 법률의 범위 내에서 보장된다. 영리를 목적으로 하는 사기업에 있어서 근로자는 법률이 정하는 바에 의하여 이익의 분배에 균점할 권리가 있다.

제84조: 대한민국의 경제질서는 모든 국민에게 생활의 기본적 수요를 충족할 수 있게 하는 사회정의의 실현과 균형 있는 국민경제의 발전을 기함을 기본으로 삼는다. 각인의 경제상 자유는 이 한계 내에서 보장된다.

제85조: 광물, 기타 중요한 지하자원, 수산자원, 수력과 경제상 이용할 수 있는 자연력은 국유로 한다. 공공 필요에 의하여 일정한 기간 그 개발 또는 이용을 특허하거나 또는 특허를 취소함은 법률이 정하는 바에 의하여 행한다.

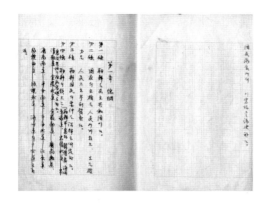

대한민국 제헌헌법 초안
우파 인사라고 할 수 있는 유진오 선생이 초안을 마련한 제헌헌법에는 지금으로서도 상당히 급진적인 내용이 담겨 있다. (고려대학교 박물관)

제86조: 농지는 농민에게 분배하며 그 분배의 방법, 소유의 한도, 소유권의 내용과 한계는 법률로써 정한다.

제87조: 중요한 운수, 통신, 금융, 보험, 전기, 수리, 수도, 가스 및 공공성을 가진 기업은 국영 또는 공영으로 한다. 공공 필요에 의하여 사영을 특허하거나 또는 그 특허를 취소함은 법률이 정하는 바에 의하여 행한다. 대외무역은 국가의 통제하에 둔다.

제101조: 이 헌법을 제정한 국회는 단기 4278년 8월 15일 이전의 악질적인 반민족행위를 처벌하는 특별법을 제정할 수 있다.

적어도 우리가 알아두어야 할 것은 국가 이전에 사람, 주권자가 있다는 겁니다. 그동안 우리는 거꾸로 국가가 절대적인 존재로서 국민을 지배한다고 배웠어요. 지난 군사독재정권 시절에 그렇게 배운 거죠.

또 헌법 전문에 보면 "대한국민이 기미 삼일운동으로 대한민국을 건립했다", 그리고 임시정부를 통해 대한민국을 건국했다고 하면서 "그 위대한 독립정신을 계승해 이제 민주독립국가를 재건한다"고 했어요. 새로 '건국한다'고 하지 않고 임시정부를 계승해 민주독립국가를 '재건'한다는 점을 분명히 했습니다. 그 다음에 "정치, 경제, 사회, 문화 모든 영역에서 각인의 기회를 균등히"하고, "국민생활의 균등한 향상을 기하고"라고 나오는데 이 내용이 제헌헌법으로 이어졌고 현행 헌법의 전문에도 그대로 살아 있습니다.

"대한민국은 민주공화국이다." 이 조항은 임시정부부터 제헌헌법, 그리고 지금까지 바뀌지 않는 내용입니다.

제18조를 보면 "근로자는 법률이 정하는 바에 의해 이익분배에 균점(均霑)할 권리가 있다"고 나옵니다. 일반적인 자본 · 임노동 관계에서 노동자는 자신의 노동력을 자본가에게 상품으로 팔고 그 대가로 임금을 받습니다. 이익은 자본가의 몫이지요. 그런데 제헌헌법이 노동자의 이익분배 균점권을 인정했다는 것은 통상적인 자본 · 임노동 관계에서 임금만 받고 떨어지라는 게 아닙니다. 회사에 이익이 나면 그 이익을 분배 받을 권리가 있다는 거죠.

지금은 어떻게 되어 있나요? 주주가 아니면 불가능하죠. 그런데 제헌헌법에서는 노동자가 이익배당을 받을 권리가 있다고 밝힙니다. 이것은 정상적인 자본주의 국가에서는 생각할 수 없는 조항입니다.

제84조에서는 "대한민국의 경제질서는 모든 국민에게 생활의 기본 수요를 충족하도록 기초생활을 보장해야 한다", 그리고 "사회정의의 실현과 균형 있는 국민경제의 발전을 기함을 기본으로 삼는다" "각인의 경제상 자유는 이 한계 내에서 보장한다"고 했습니다. 이 한계를 벗어나면 어떻게 돼요? 헌법 위반이죠. 당연히 국가가 제재를 가할

수 있는 겁니다. 생각보다 대한민국은 경제적 자유랄까요, 개인의 경제적 이익 추구에 제한을 가하면서 국가가 개입할 여지를 많이 남겨놓았습니다.

그리고 "광물 및 기타 중요 지하자원, 수력과 경제상 이용하는 자연력은 국유화한다", 즉 천연자원을 국유화한다고 했죠. 봉이 김선달식의 방법은 인정하지 않겠다는 이야기입니다. 천연자원은 모두 국가 소유이고, 농지는 농민에게 분배하며, 분배 방법과 소유 한도, 소유권의 내용과 한계는 법률로 정한다. 이것이 농지개혁의 근거가 됩니다.

농지개혁이 뭡니까? 사유재산권에 대한 중대한 침해죠. 사유재산권을 절대화해놓으면 농지개혁은 말이 안 되는 이야깁니다. 그러나 우리 제헌헌법에서는 지주의 토지 소유에 대해 국가가 개입해 그 토지를 몰수하도록 했습니다. 국회에서 법을 만들어 하는 거죠. 다만 강제 수용하는 부분에서 북한은 무상으로 했고 남쪽은 유상으로 한 점이 다를 뿐입니다. 어쨌거나 그 당시에는 토지가 가장 중요한 부 축적의 수단이었는데 농지 몰수를 합법화했으니 국가의 역할이 지금과는 비교가 안 되죠.

제87조는 오늘의 주제인 민영화 이야기하고 직접적으로 맞닿아 있습니다. "운수, 통신, 금융, 보험, 전기, 수리, 수도, 가스 및 공공성을 가진 기업은 국영 또는 공영으로 한다." 이 중에서 지금 국영 혹은 공영으로 남아 있는 게 얼마나 됩니까? 적어도 제헌헌법 당시에는 모두 국영이나 공영이었습니다.

여기서 잠깐 101조의 부칙을 볼까요. 이게 왜 들어갔습니까? 친일파 처벌에 대한 소급입법이 가능하도록 한 거죠. 친일행위는 일본이 지배하고 있던 1945년 이전에 했기 때문입니다. 임시정부에서 친일파를 처벌하는 법을 만들었습니다만 대한민국에서 다시 한 번 확인합니다. 친일파 처벌에 대한 헌법적 근거를 마련하는 거죠.

사실 소급입법은 죄형법정주의하고 맞지 않습니다. 죄형법정주의란 법이 있기 이전에는 죄가 되지 않는다는 거죠. 가령 살인죄가 형법에 규정되어 있지 않은 상태였다면 살인을 저질러도 처벌할 근거가 없다는 뜻입니다. 이것이 근대법의 원칙인데 친일파 문제만큼은 국민적 합의하에 단서 조항을 두었습니다. 친일파 청산을 안 할 수 없고, 이에 대해 시비가 걸릴 여지가 있으니 소급입법에 대한 헌법적 근거를 마련한 거예요. 대한민국 헌법 제정의 주역들이 친일파를 꼭 처벌하겠다는 약속을 국민에게 한 것입니다.

우리 제헌헌법의 경제 조항을 보면, 서구에서 발전한 사회적 시장경제 질서의 개념을 넘어 강한 통제경제의 원칙을 규정하고 있습니다. 국가가 강력하게 경제에 개입하고 통제하는 거죠. 그래서 경제적 자유주의의 수정을 넘어 오히려 사회주의 정신에 더 가까워요. 계획경제의 성격이 대단히 높은 수준에서 규정되어 있습니다.

제헌헌법 기초의 책임자이고 대한민국의 초대 법제처장을 지낸 유진오 선생은 헌법의 경제 조항에 대해 이렇게 썼어요. "우리나라는 경제문제에 있어서 개인주의적 자본주의 국가의 체제를 폐기하고 사회주의적 균등의 원리를 채택"했다고 말입니다. 이게 대한민국의 헌법을 기초한 책임자가 헌법 해설서에 밝힌 내용입니다. 사회주의를 채택했다고까지는 안 했지만 적어도 균등의 일환임을 강조했어요. 정치적 민주주의와 경제사회적 민주주의를 한층 높은 단계에서 융합하고 있습니다. 여기서 경제사회적 민주주의란 그 당시 소련에서 구현되고 있던 사회주의를 상당히 의식하고 쓴 겁니다.

또 노동자의 이익 분배 균점권에 대해서는 "이 규정에 의하여 우리나라는 사회주의 국가에 가까운 성격을 갖게 되었다 할 수 있다"고 설명해요. 이게 제1공화국 시대에 제일 많이 팔린 헌법 해설서에 실린 제헌헌법에 대한 해설입니다. 제헌헌법 제87조에서 "공공성을 띤 중요 기업은 원칙적으로 국영 또는 공영으로 할 것을 규정"한 것은 1948년 헌법을 제정할 때를 기준으로 보면 사회주의 국가인 소련과 삼민주의에 입각한 중국 두 나라를 제외한 각국 헌법에서 별로 찾아볼 수 없는 예라고 했습니다. 그만큼 우리 헌법이 진보적인 색깔을 띠었다고 강조합니다.

그 당시 우리 헌법은 국민경제의 균형 발전을 위해 국가 주도의 계획경제가 필요하다고 인식했고 이를 위한 수단으로 경제통제를 강구하게 되었습니다. 제헌헌법에 규정된 "천연자원의 국유화(제85조)" "중요 산업의 국·공영과 대외무역의 국가 통제(제87조)" "긴실한 필요에 의한 사영기업의 국유나 공유 이전(제88조)", 뭐, 이런 것들이 경제통제에 관한 구체적 내용이었죠.

미국도 이번에 엄청난 일을 했죠. 은행장들을 불러놓고는 문 걸어 잠그고 사인 안 하면 못 간다고 했죠. 사인한 내용이 뭡니까? 주식을 정부에 매각하라! 금융위기가 발생한 직후에 은행들의 상당 부분을 국유화하는 조치를 단행했죠. 이런 긴급한 필요가 있을 때 사영기업을 국·공유로 이전한다는 조항들이 경제통제를 위한 조항으로서 우리 제헌헌법에 포함되어 있었습니다.

1950년대 집권 여당이던 자유당도 1952년 창당할 때 강령을 만들면서 "우리는 독점경제 패자(覇者)들의 억압과 착취를 물리치고(요즘 운동권에서도 이런 표현은 잘 안 쓸 텐데 그때 자유당이 쓴 겁니다) 노동자,

농민, 소시민, 양심적 기업가 및 기술 있는 자의 권익을 도모하여 빈부차 등의 원인과 그 습성을 해부하고, 호조호제(互助互濟)의 주의로써 국민생활의 안정과 향상을 기함"이라고 강조했습니다.

자, 제헌헌법은 누가 만들었습니까? 좌파가 만들었나요? 좌파는 5·10선거를 보이콧해서 참여하지 않았습니다. 중간파가 만들었습니까? 중간파는 자신들이 지지했던 남북협상이 실패로 돌아가자 5·10선거에 거의 가담을 안 했습니다. 중간파 중에서 극소수만 참여했고 나머지는 다 우파입니다. 그 우파가 만든 제헌헌법에 중요 산업 국유화, 천연자원 국유화, 사회주의에 가까운 통제경제, 균등생활 같은 이념이 깔려 있는 거예요.

거스를 수 없는 대세, 주요 산업 국유화와 농지개혁

왜 그랬을까요? 중요 산업을 국유화한다고 했는데 사실 지금 우리가 생각하는 만큼 급진적인 조항은 아닙니다. 왜냐하면 한국 내에 있는 공업자본 중 94퍼센트가 일본인 소유였거든요. 중요 산업뿐만 아니라 웬만한 산업은 다 일본인 소유였습니다. 토지도 누가 최고의 대지주였습니까? 개인으로 치면 김성수 같은 사람이었지만 조선총독부가 압도적으로 많았죠. 그런 토지를 국유화해 자작농을 창출하는 정책을 펴는 거예요. 그러니까 농지개혁도 지금 우리가 생각하는 것만큼 급진적인 정책이 아니었어요.

해방 후의 상황이 이렇다 보니 한민당 같은 보수파도 중요 산업의 국유화에 반대하지 않습니다. 농지개혁도 반대할 수가 없어요. 다만 내 땅을 뺏어가되 돈 주고 가져가라는 거였죠. 북한에서는 토지를 무상으로 몰수했지만 남한은 보상을 하고 가져가라고 주장했을 뿐 기본적인 정책 방향에는 반대하지 못했습니다. 이게 그 당시 일반적인 정서였을 겁니다. 우파도 대중의 일반적인 정서를 거스를 수 없었던 거죠.

현실적으로 북에서는 중요 산업을 국유화하고 토지를 개혁하는 등 민주개혁을 밀고 나갔습니다. 또 임시정부가 건국강령에서 내세웠던 무상교육과 무상치료도 준비해나갔습니다. 그러니 남쪽이라고 재주 있습니까? 북쪽과 체제 경쟁을 해야 하는 마당에 대중이 어느 쪽을 택하겠습니까?

당시 농림부 장관인 조봉암 선생이 1949년 서둘러 법안을 만들어 제한적이지만 농지개혁이 이루어졌죠. 그래서 한국전쟁 때 농민들이 확 저쪽으로 돌아서지 않았어요. 이게 굉장히 중요합니다. 만약 남쪽이 농지개혁을 하지 않은 상태에서 한국전쟁을 치렀더라면 전쟁의 양상이 달라졌을 겁니다.

지금이야 우리 농민들이 대한민국에서 나고 자랐기 때문에 이 나라에 일체감을 느끼겠지만, 그 당시 농민들은 상당수가 대한민국이라는 국호도 몰랐을 겁니다. 정부 수립하고 2년도 안 되어 전쟁이 터졌잖아요. 그때 텔레비전이 있나요? 라디오가 얼마나 보급되었겠어요? 신문, 잡지를 봅니까? 학교를 다녔습니까? 동네 면장이 와서 대한민국이라고 하니까 몇 번 들어본 정도겠죠. 국민들이 일체감을 느낄 만한 시간이 없었는데 전쟁이 일어난 것 아닙니까? 농지개혁을 안 한 상태에서 북에서 내려와 토지를 나누어 주었다면 큰일 날 뻔한 거죠.

제헌헌법의 진보적인 내용은 한국전쟁을 거치면서 사라지게 됩니다. 휴전되면서 남북이 완전히 단절되었죠. 쉽게 이야기해서 미터기

토지공개념 시행

1990년 토지공개념 시행에 따라서 건설부 지가조사국 내에 토지가격조사 추진 상황판이 설치되었다. 토지공개념은 1999년 말 관련 법안이 위헌판결을 받으면서 무력화되고 만다.

를 새로 꺾은 거죠. 정말 새 역사가 시작되는 셈입니다.

그 이전까지는 남과 북이 서로 굉장히 의식할 수밖에 없는 관계였는데 이제 완전히 갈라서서 남쪽은 다른 방향으로 나아가게 됩니다. 특히 1954년 개헌에서 제헌헌법의 경제 조항 중 상당 부분이 우파의 요구에 의해 삭제됩니다. 미국도 삭제하라고 압력을 가했고요. 미국 입장에서는 아주 본격적으로, 또 이데올로기적으로 한국 사회를 자본주의 사회로 바꿔나가는 거였죠.

토지공개념의 등장

하지만 한국에 역사적으로 토지공개념 전통이 남아 있다 보니, 그리고 이 전통 때문만이 아니더라도 워낙 부동산 투기가 심해지다 보니 토지 문제에 개입할 필요가 생겼죠. 노태우 정권 때 토지공개념이라는 말이 다시 등장합니다만 사실 박정희 때 토지공개념이라는 용어가 처음 등장했어요.

1976년 막 부동산 투기가 시작되었을 당시에 건설부 장관이 "토지를 절대적 사유물로 인정하기 어려운 우리나라의 실정에 비추어 볼 때" 개인의 토지 소유, 개발, 이용, 처분 등에 대해 법적인 제한을 가할 수 있다면서 토지공개념을 적극적으로 도입하겠다고 발표합니다. 그리고 노태우 정권하인 1989년 택지소유상한법, 개발이익환수법, 토지초과이득세법을 정기국회에서 통과시켰습니다.

　　이렇게 토지공개념을 도입했는데 1990년대 말에 들어 흐물흐물해졌죠. 토지초과이득세법에 대해 위헌은 아니었습니다만 헌법 불합치 결정이 내려져요. 조금 오해의 소지가 있는데 헌법불합치라는 것은 법 정신 자체가 위헌 판정을 받은 게 아닙니다. 법의 특정 조항, 그러니까 세금을 계산하는 방법에 이중과세의 성격이 있다는 것이죠. 그렇기는 하더라도 이로 인해 타격을 받아 힘을 잃기 시작했습니다. 택지소유상한법은 1999년 위헌판결을 받았고, 개발이익환수법은 합헌이 인정되었습니다만 2003년 효력이 중지되었어요. 토지공개념을 유지했던 법안들이 대개 무력화되었죠. 지금 이 토지공개념을 다시 살려야 하는 것 아니냐는 이야기가 나오고 있습니다.

한국 현대사와
공기업 민영화

한국은 걸핏하면 공기업을 개혁하자는 이야기가 나오는데 사실 우리 나라에 공기업이 많기는 하죠?

그런데 우리나라에만 공기업이 많은 것은 아닙니다. 각 나라마다 역사적인 조건에 따라 공기업들의 수가 달라지죠. 영국은 왜 많을까 요? 제2차 세계대전 당시 처칠이 이끄는 보수당이 집권했다가 전쟁이 끝난 뒤에는 노동당이 집권을 했죠. 그러면서 전시 통제하에 있던 상 당히 많은 기업들을 그대로 국유화해버렸어요. 프랑스나 이탈리아, 오스트리아는 어땠어요? 독일은 나치에 협력했던 자들의 재산을 몰 수했고 이탈리아도 파시스트 정권에 협력했던 자들의 소유를 몰수했 습니다. 오스트리아도 마찬가지였고요. 그러고 나니 막대한 국유재산 이 창출된 겁니다. 유럽 국가들이 만만치 않은 공기업들을 갖게 된 이 유도 그것이고요. 미국은 달랐죠. 미국은 출발 자체가 자영업자들 중 심이었기 때문에 공기업이 유럽보다 훨씬 약했습니다.

우리는 두 가지 측면에서 볼 수 있어요. 하나는 식민지 시대의 적산

(敵産), 즉 일본인들이 소유했던 시설과 재산이 공기업의 토대가 되었습니다. '귀속재산 불하', '적산 불하'라고 해서 옛날 일본인들이 살던 집을 공공 자산으로 많이 불하했습니다. 그런데 그 과정에서 특정인에게 특혜를 주기도 했죠. 식민지 시대 유산으로서 귀속재산의 일부는 국유화하고 일부는 특정 개인들에게 나누어 주었습니다.

또한 한국은 다른 지역의 제3세계 국가들에 비하면 공업화가 꽤 진전된 편입니다. 다른 지역 식민지들은 대부분 제국주의 식민모국과 멀리 떨어져 있죠. 우리는 일본하고 바로 붙어 있거든요. 일본이 진출하려고 하는 대륙하고도 가깝습니다. 그러다 보니 다른 식민지와 달리 한국의 식민지 공업화가 많이 진전되었죠. 다른 아시아 식민지 국가나 아프리카의 식민지들에 비해 적산의 규모가 더 컸다고 이야기할 수 있습니다.

경제성장의 바탕이 된 공공 부문

박정희의 경제계획체제에서는 공기업이 굉장히 중요한 역할을 했습니다. 1950년대나 1960년대에 우리나라는 아직 자본축적이 이루어지지 않았잖아요. 그런데 철도, 항만, 항공 등은 자본이 워낙 많이 듭니다. 그 당시 우리 경제력으로는 비행기 한 대도 사기 힘들었죠. 전기회사는 전국에 전깃줄을 깔아야 하고, 전화회사도 전국에 선을 모두 깔아야 하잖아요. 우체국 하려면 전국에 지점, 점포 다 있어야 합니다. 이렇게 국가 기간산업들을 만들려면 초기 자본이 굉장히 많이 듭니다. 지금이야 삼성전자 하나만 하더라도 웬만한 나라의 경제 규모만큼 커졌지만 그때는 그렇지 못했죠. 민간자본이 맡아서 할 수가 없는 겁니다.

국가 주도의 경제개발계획을 추진하는 후발 자본주의 국가일수록 공기업이나 정부가 개입할 필요성이 커지게 마련입니다. 이미 다른 나라 경쟁기업들이 상당히 덩치가 커졌고, 이들과 경쟁하려면 일정 규모가 되어야 하니까 막대한 투자가 필요합니다. 여기에 필요한 자금을 개인은 유치하기 힘들었어요. 결국 국가가 차관이나 해외자본을 끌어들여 진행할 수밖에 없었던 겁니다. 이런 이유로 중요한 기간산업 분야가 공기업으로 가는 경우가 많습니다.

출발부터 공기업이 많지 않았던 미국의 학자들은 공기업에 대해 이데올로기적으로 배타적이고 부정적인 생각을 많이 하죠. 그런데 1960년대 케네디의 경제고문이었고 세계적으로 유명한 경제학자인 월트 로스토(Walt W. Rostow)는 제3세계의 경우에 공기업 모델의 중요성을 인정해야 한다고 주장했습니다.

1960년대 이후 한국의 경제성장은 공공 부문을 제외하고는 설명이 불가능합니다. 포항제철, 한전, 한국통신 등이 없었으면 한국 경제의 성장이 가능했을까요? 우리가 공기업을 비효율의 극치인 것처럼 이야기합니다만 삼성전자가 한국전력 없이 발전할 수 있었을까요?

한국전력의 특징이 뭡니까? 항상 세계에서 가장 값싸고 질 좋은 전기를 안정적으로 공급하는 거죠. 삼성전자 반도체 작업장에서 얼마 전에 정전 사고가 나서 큰 소동이 있었습니다. 전기 공급이 불안정하면 초정밀 산업은 발전하기 힘듭니다. 초정밀 산업에서는 전압이 아주 일정하면서 그 변동폭이 굉장히 좁아야 하는데 한국전력이 그 질을 유지한다고 합니다. 우리 같은 사람이야 잘 모르지만 반도체 분야에서 일하는 사람들 입장에서는 한전이 아니었으면 삼성전자가 나올 수 없었다는 거죠. 가령 민간기업이 전기사업을 담당했다면 한전만큼 우수한 전기를 값싸게 공급했을까요? 어떤 사람은 삼성전자 경쟁력의 80퍼센트는 한전에서 나왔다고까지 이야기합니다.

한국에서도 공기업의 민영화가 몇 차례 있었지요. KBS가 지금은 한국방송공사지만 옛날에는 뭐였습니까? 방송국이었습니다. 정부부처였어요. 지금도 '방송국 간다'는 말을 흔히 하잖아요. 남산에 있을 때는 공보처 소속 방송국으로 정부부처였는데 떨어져 나와서 공기업이 된 거죠. 지금도 한나라당 의원들이 모여 떠들잖아요? 야, KBS가 국영방송이냐? 공영방송이지. 그런데 1973년까지는 국영방송이었고 그 후로 공영방송이 됐습니다. 공영방송이 뭡니까? '국가기관으로부터 독립해 방송사업을 경영하되 영리를 직접적인 목적으로 삼지 않고 시청료를 주요 재원으로 하는 방송기관'입니다. 즉 정부가 출자했더라도 독립기업으로서 정부 바깥에 존재하는 형태인 거죠.

1980년대에는 부실기업 매각을 통해 민영화 작업이 있었고, 1993년 김영삼 정권이 들어서면서 공기업에 대한 민영화 얘기가 조금 있었죠. 그러다 본격적으로 진행된 것은 1997년 연말에 외환위기가 터지면서였습니다. 그때까지만 해도 김대중 정부에서 공기업의 민영화는 전혀 다른 국면으로 이야기가 되었어요.

정부가 나서 알짜 기업들을 팔아먹다

공기업 민영화의 시초는 영국에서 찾을 수 있습니다. 1979년 대처가 등장하면서 철도, 석탄 부문을 치기 시작했죠. 이들 공기업 노조가 강성이니까 이쪽부터 건드립니다. 노조가 발목을 잡아 효율성 개선이 안 된다며 민영화로 정신없이 달리죠. 이데올로기적인 공세가 컸어요.

민영화하면 어때요? 국민 대다수가 누리던 이익이 극소수에게 집중되죠. 엄청난 이권이 발생할 거예요. 그러니 이권에 접근할 수 있는 사람들, 그 독점 거대기업을 소유할 수 있는 집단이 대대적으로 환영했습니다. 이런 방향에서 1979년 대처의 보수당 정권이 등장한 이래 민영화가 전 세계에 급속도로 퍼져나갔습니다. '대처리즘'이라는 이름으로 민영화 이데올로기가 퍼져나가기 시작한 것이죠.

대처리즘이 한국에 들어와 김영삼 정권 때 세계화의 한 방향으로 퍼져나가다 김대중 정권이 들어서면서 본격화되었습니다. 단순한 '기업 민영화'가 아니라 '경제 민영화'라고 해야 마땅할 만큼 대대적인 민영화였죠. 한국 경제에서 국영, 공영이라고 해야 할 부분을 다 팔아넘겼습니다. 시범적으로 포항제철, 한국통신, 담배인삼공사, 한국중공업 등 8개의 공기업이 완전히 민영화되고 한국전력, 가스공사, 지역난방공사 등은 부분 민영화되었습니다. 공기업의 67개 자회사도 매각되었고요. 국가가 부도난 상태이기 때문에 정부가 돈이 필요해서 기업들을 매각해 돈을 만들었죠. 그 과정에서 유명한 외환은행 론스타 먹튀 건도 발생했습니다.

이런 기업들을 팔아먹으면서 정부는 공기업들의 경영이 비효율적이라고 지적했지만 사실은 그렇지 않죠. 민영화 이전의 영국 공기업들과 비교해보면 한국 공기업들은 굉장히 건실했습니다. 담배인삼공사가 장사가 안 되었겠습니까. 한국전력이 장사가 안 되었겠습니까. 아니면 한국통신이 장사가 안 되었겠습니까. 또 포항제철은 어때요? 세계에서 가장 경쟁력 있는 철강기업 아닙니까. 모두 공기업 상태에서 그런 성과들을 이루어냈습니다. 이런 알짜배기 기업들을 정부가

**국민의 정부의 공기업 민영
화 추진**
1998년 7월 당시 진념 기획
예산위원장이 내외신 기자회
견을 열어 제1차 공기업 민영
화 방안을 설명하고 있다.

민영화하고 매각해버린 거죠.

가령 담배인삼공사는 옛날의 전매청으로 재무부의 외청입니다. 정
부가 독점으로 돈벌이하는 곳이죠. 담배 원가가 소매가의 20퍼센트
정도 될까요? 민간기업에서 그 정도 폭리를 취하면 도둑놈이라고 했
겠죠. 이런 것을 국가사업으로 돈벌이를 했으니 경영구조가 나쁠 이
유가 없었겠죠. 이렇게 장사가 잘되는 것들을 모두 민영화했습니다.

한국통신은 민영화 직전에 'KT'로 이름도 바꿉니다. KT가 민영화
된 이후에 어떤 일들이 벌어졌는지 한번 생각해봅시다. 포스코 같은
기업은 내수도 있지만 수출을 통해 많은 돈을 벌면서 세계무대에서
경쟁하는 반면에 KT는 전형적인 내수기업이죠. 이런 KT가 민영화되
면서 IMF 이후에 정규직 2만 5,000명과 비정규직 1만 명을 잘랐습니
다. 예전에는 전화국 네거리, 전화국 삼거리로 불리던 버스정류장들
이 많았죠? 그런데 어느 날 전화국들이 없어지기 시작했어요. KT가
민영화되면서 전화국이 3분의 1 정도밖에 안 남았을 겁니다. 3분의 2
내지 절반 이상은 없어졌을 거예요.

한국통신노조의 민영화 반대 집회
2000년 12월 18일 오전 총파업에 들어간 한국통신 노조원 8,000여 명이 서울 명동 성당에 모여 민영화에 반대하는 집회를 열고 있다.

지금 KT에는 정부 지분이 전혀 없습니다. 원래 100퍼센트 정부 지분이었는데 이제는 하나도 없고 해외투자가 49퍼센트를 차지해요. 절반 가까이 해외로 넘어간 거죠. 서구에서는 공공부문의 민영화가 굉장히 장기간에 걸쳐 진행되었는데 KT는 지분 매각을 시작한 지 9년 만에 정부 지분의 100퍼센트가 넘어갔어요. 급진적이죠. 그 결과 어떻게 되었느냐? KT가 얼마만큼 효율성이 높아졌는지 모르겠습니다만 사회공공성과 노동인권이 후퇴한 것만은 분명하다는 이야기를 듣죠.

KT가 민영화되는 과정을 보면 처음에는 재벌들이 마구 압력을 넣었습니다. 미래에 통신 시장이 커지리라는 계산을 한 거죠. 그 다음에 미국을 비롯해 외국에서도 시장을 개방하라고 압력을 계속 넣고요. 이러면서 재벌들에 의해 정경유착과 이권사업으로 찢길 위기에 처했죠. 그런데 지금 보면 KT의 지분을 어느 특정 재벌이 독점하지 못했습니다. 오히려 굉장히 분산되어 있어요.

왜 그렇습니까? 외환위기가 터졌기 때문이죠. 외환위기가 아니었으면 아마 재벌들이 찢어 가졌을 테죠. 외환위기가 터지면서 재벌들은 자신이 갖고 있던 알토란 같은 자회사들도 팔아먹어야 하는 상황에 처했어요. 그러다 보니 국내 재벌들이 KT의 지분을 매입할 여력이 없어 KT 매각은 해외 매각을 의미하게 되었어요. 재벌기업들이 모두 구조조정의 대상이었기 때문에 KT를 분할매각해도 인수할 여력이 없었던 거죠.

KT를 민영화해놓고 보니 주주 이익을 극대화하는 데 몰두합니다. 예전에 공기업으로서 KT, 즉 한국통신의 목표는 뭐였어요? 한국 기간통신망의 안정적인 유지가 최고 목표였죠. 그런데 목표 자체가 주주 이익의 극대화로 달라지는 겁니다. 국가 통신망의 안정적인 관리라는 목표를 유지하면서 효율성을 확보한다면야 괜찮지만 그것은 뒷전으로 밀어두고 주주 이익의 극대화에만 몰두합니다.

주주들에게 고배당을 해주려면 어떻게 해야 합니까? 이전에는 공기업으로서 통신망을 유지하기 위해 시설투자를 많이 했습니다. 전화국이 많았다는 것은 시설을 그만큼 촘촘히 관리했다는 이야기죠. 그런데 상당수 인원을 축소하고 전화국도 절반 이상 없애고 하니까 노동 강도가 높아지고, 고용은 불안정해지고, 시설망에는 투자도 안 하고……. 그래서 남는 돈을 어떻게 해요? 배당을 주는 거죠. 배당을 주는데 해외자본이 많다 보니 내수시장에서 돈 벌어 해외로 빠져나갑니다.

외환위기가 몰고 온 급진적인 민영화 과정을 통해 우량 공기업, 장사가 잘되어 많은 흑자를 남기던 공기업들이 국내 경제의 효율성 차원이 아니라 경제위기를 수습하기 위한 재원 마련 차원에서 매각되었어요. 매각 방법도 급속한 완전 민영화였어요. 불과 몇 년 안에 완전 민영화가 되는데 이전에 국내 통신 민영화를 논의하던 것하고 전혀 다른 방향으로 진전되어 해외에 다 팔아치우게 되었습니다.

공기업 개혁과
민영화는 별개다

한국 사회에서 정부와 언론은 민영화가 당위론인 것처럼, 민영화가 유일한 대안인 것처럼 이야기합니다. 공기업은 비효율적이기 때문에 민영화해서 경쟁을 도입해야 한다, 그래야 효율성이 제고된다는 거죠. 민영화하면 효율성이 증대되나요? 이론적으로 따져서 시장 자체가 완전히 경쟁 구도로 가면 효율화되는 측면이 있겠죠. 하지만 민영화되는 부분이 완전 경쟁이 아니잖아요? 대부분 독점적인 위치를 점하고 있기 때문에 독점의 폐해, 서비스 저항, 특혜 시비 등이 일어납니다.

효율 만능주의의 맹점

그런데 진짜 문제는 공기업에 들이대는 효율성의 기준이 수익성이라는 데 있습니다. 수익성을 기준으로 하면 어떻게 됩니까?

가령 우체국이 수익성을 얻으려면 멀리 사는 사람들한테 편지를 배달해주지 않으면 됩니다. 한전도 수익성을 높이려면 멀리 외딴집에 사는 사람한테 전기 안 보내면 되죠. 배전시설도 놓을 필요 없죠. 인구 적은 지역에 공공서비스를 제공하지 않으면 당연히 경비가 절감됩니다. 그런데 기본 서비스라는 것이 그런 게 아니잖아요. 가스 끊고, 서비스 끊고, 다 도회지에 모여 살아라, 이게 아니지 않습니까?

공공성이 강한 기업들은 목표가 다릅니다. KBS는 전국에서 방송이 다 나오죠. SBS는 어떻습니까? 아직도 안 나오는 데 많습니다. 난시청 지역을 없애지 않기 때문이죠. 기업 입장에서는 낙도 같은 데 투자해 난시청 지역을 없애느니 서울, 부산 같은 대도시 중심으로 가는 편이 훨씬 수익구조가 좋기 때문입니다.

이처럼 공공기업하고 사기업은 목표 자체가 다릅니다. 사기업의 목표는 뭡니까? 이익 창출입니다. 한편 공기업은 이익과 다른 공공성이라는 게 있어요. 그걸 똑같은 잣대로 잴 수 있느냐는 겁니다.

민영화 문제도 그렇습니다. 공기업 중에도 이익이 나는 데가 있어요. 포항제철이나 한국통신도 이익이 많이 났습니다. 그런데 그 부분에 대해 정부가 보조금을 주기 때문이라고 깎아내린단 말이에요. 마찬가지로 공기업이 적자가 나면 정부의 산업정책이나 사회정책 때문인 경우가 많습니다.

기차를 보세요. 예전에는 등급이 많았잖아요. KTX 놓고 고급화하면서 통일호를 완전히 없애버렸죠. 그러다 보니 시골의 역들이 사라졌어요. 간이역에 배치되었던 사람들을 줄이니 철도공사에서는 인원 절감이 되었겠지만 국민에 대한 서비스 차원에서는, 또 그 지역에 사는 사람들 입장에서는 어때요? 굉장히 불편해졌죠. 민영화의 효율성이 괜히 나오는 게 아닙니다. 반드시 대가를 치르게 마련이죠. 우리가 효율성이 좋다고 하지만 효율성을 절대화하면 어떻게 됩니까? 아주 끔찍한 일들이 벌어집니다.

일본이 '군위안부'를 왜 만들었을 것 같아요? 군대의 효율성 때문이에요. 사기진작도 진작이지만 병사들이 성병에 걸리는 걸 방지하기 위한 거죠. 성병에 걸리면 그 한 놈만 기동을 못 하는 게 아니잖아요. 그놈을 들쳐 엎고 가야 할 놈이 여럿 있어야 할 것 아니에요? 성병에 걸려 걷지 못하는 병사가 한 명만 있어도 네댓 명의 전투력 손실로 이어집니다. 성병을 방지하면 몇십만 명을 더 징병하는 것과 똑같은 효과를 보는 거죠. 그런데 남자 몇십만을 징병하는 대신에 총 들고 싸울 일 없는 여자 몇십만을 들여보내면 군대를 100만 명, 200만 명 더 징병한 셈이나 마찬가지겠죠. 인간을 생각하지 않고 효율성을 따지다가 보니 이렇게 나오는 거예요.

우리가 주로 효율성을 따지는데 이외에 다른 것도 있습니다. 공공성이라는 목표죠. 공기업이 여태까지 수행해온 공공성이란 부분을 배제하고 효율성만 따지면 어떻게 되겠어요? 공기업에 분명 효율성이 떨어지는 부분이 있을 테고, 그런 잣대로 공기업을 민영화하겠다는 거죠. 그렇지만 방법이 꼭 민영화뿐일까요? 공기업이 공공성을 유지하는 틀 내에서 인센티브를 주거나 다른 감사체계를 둘 수도 있습니다.

반대로 민간기업은 무조건 효율성이 높습니까? 똑같은 삼성이지만 삼성전자와 삼성자동차가 효율성 면에서 같다고 볼 수 없잖아요. 또 공기업의 관료체제를 이야기하지만 재벌기업은 관료체제 없나요? 오히려 더 심하죠. 재벌 총수가 "이거 해" 했을 때 반대하고 제동을 걸 재벌기업이 몇 군데나 되겠습니까? 그런 면에서 '공기업은 비효율적이고 사기업은 효율적이다, 그러니까 민영화해야 한다'는 전제 자체가 잘못되었죠.

프랑스의 국영 가스공사가 아프리카 같은 저개발국에서 에너지를 사온단 말이에요. 시장가보다 더 비싼 값을 주고 사와요. 사기업이라면 원가절감 면에서 "야, 이건 말이 안 된다. 왜 이렇게 비싼 데서 사오냐"고 이야기가 될 수 있겠죠. 하지만 국가 차원에서 보면 과거 식민지였던 나라와의 관계 개선이라든가, 장부상으로만은 해결되지 않는 다른 정치적 요인들을 보고 그런 결정을 내리기도 하죠. 국가 전체 입장에서는 사주는 편이 국익 차원에서, 국가의 외교관계나 에너지 수입선의 다변화를 총체적으로 고려해볼 때 이익일 수도 있습니다. 공기업이 꼭 사기업에 비해 비효율적인 것은 아니라는 말이죠.

물론 모든 공기업이 그렇다는 이야기는 아닙니다. 지난 시간에도 잠깐 말씀드렸습니다만 수자원공사나 토지개발공사 등 시대적 목표가 사라지면 근본적인 개편을 해야 할 기업들이 많습니다.

민영화가 공기업 개혁의 유일한 수단인가?

이런 공기업들을 개혁하자, 또는 기능을 쪼개 민영화하자고 하면 해당 공기업의 노동조합이 저지 투쟁을 벌이죠. 이때 공공 부문 민영화 저지 투쟁을 조심스럽게 봐야 할 필요가 있을 것 같아요. 저는 대부분의 공기업 민영화 저지 투쟁에 동의하는 편이지만 사안에 따라서는 입장이 달라지기도 합니다. 가령 개발공사, 토목공사 같은 공기업들까지 지금처럼 유지하면서 주야장천 토목공사를 벌여야 하느냐? 그건 아니라고 봅니다. 그러나 민영화만이 공기업 개혁의 대안은 아니라는 점을 분명히 말씀드리고 싶습니다.

그리고 공기업을 민영화할 때 그 지분이 상당 부분 외국으로 빠져나갈 수밖에 없죠. 일본이나 독일은 공기업을 민영화하는 과정에서 지분이 외국으로 빠져나가는 것을 굉장히 경계했어요. 그런데 한국은 외환위기를 맞아 워낙 급했다고 하지만 지나치리만큼 무방비 상태로 팔아넘겼습니다. 이런 식으로 다른 나라의 공기업을 인수한 외국 기업들은 단기 순이익을 올리는 데에만 관심이 있죠. 국가 기간산업이나 기간시설을 인수한 외국기업들이 단기 순이익에만 몰두하는 것은 국민경제에 매우 안 좋은 영향을 미치게 됩니다.

남미에서는 다국적 기업들을 국영기업으로 만들었어요. 경기 상황이 나빠지면 다국적 기업이 철수할 수 있고, 그러면 주요 국책 기업들이 흔들리면서 국민경제에 악영향을 미칠 수 있기 때문이죠. 국가가 아예 국영화, 공영화시킨 사례가 많습니다.

한국은 너무 무비판적으로 팔아넘겼습니다. 외환은행은 지금 어떻게 되었습니까? 론스타가 외환은행을 1조에 사서 4조에 팔고 나간 뒤에 그걸 땅 짚고 헤엄치는 장사를 했다고 우리끼리 왈가왈부하고 있지 않습니까? 금융 부문에서는 외환은행처럼 터무니없는 민영화를 하지 말고 국내에서 건강한 금융 공기업을 만들어야 합니다. 그러나 현실에서는 금산분리 완화해서 산업은행을 헐값에 매각하는 방향으로 오히려 거꾸로 가고 있죠.

우리나라의 경우에 공기업이 그 장점을 살릴 수 있는 철도나 가스 문제 등은 국민경제를 선진화하는 전략적인 거점이 될 수 있습니다. 또 하청이나 도급 등 중소기업과 관계를 맺는 과정에서 좋은 모델을 만들 수 있지 않을까 싶습니다. 우리나라 재벌들이 원가를 절감한다면서 하청기업의 납품가를 깎아먹는 걸로 경쟁력을 키우고 있잖아요.

하청기업이 기술혁신을 통해 원가를 절감해도 그 이익은 재벌기업들이 쪽쪽 빨아먹는 거죠. 공기업이라면 이런 문제에서 재벌기업에 비해 좀더 건강한 관계를 만들어나갈 수 있을 겁니다.

우리가 남북통일 이후를 대비해야 한다면 앞으로 공공성을 갖춘 영역이 더욱 많아야 하지 않을까 하는 생각입니다. 철도나 도로 같은 부분은 공공성을 유지할 필요가 있습니다.

민영화의 속도를 내고 있는 이명박 정권은 국내 공기업 수가 아직 102개나 남았답니다. 가스공사, 전력공사, 인천국제항공공사, 부산항만공사 등은 시장형 공기업이고 준시장형은 18개, 준정부기관공단 형태가 78개입니다. 노동교육원까지 공기업으로 집어넣었습니다.

재벌들은 공기업들에 대해 돈 되는 것은 다 시장에 내놓고 민영화하라고 정부에 압력을 가하고 있습니다. 그래서 국책은행인 산업은행, 기업은행까지 은행을 거의 다 팔아먹은 겁니다. 1961년 박정희가 군사반란을 일으킨 다음에 시중은행을 모두 정부은행으로 만들었죠. 관치금융이라는 이야기도 많았습니다만 1970년대 들어 한일은행, 상업은행 등을 차츰차츰 매각하면서 지금은 산업은행이나 기업은행 같은 특별 목표를 가진 은행들만 남았는데, 이제 그것도 민영화를 코앞에 두고 있어요.

한국전력은 발전 부문을 포함한 6개 부문을 민영화했고 가스공사, 지역난방공사 등 에너지 공기업과 토지공사, 주택공사 등 부동산 공기업, 그리고 도로공사, 국제공항, 인천항만공사 등 교통 공기업 등에 대해 시장이 할 수 있는 것은 시장에 맡기고 국민생활에 필수적인 기반시설은 정부가 운영한다고 발표했습니다.

누구를 위한 민영화인가?

현재 외국에서 공기업들을 민영화한 이후에 엄청나게 많은 대형 사고들이 발생하고 있어요. 캘리포니아는 겨울에 전기 공급이 이틀이나 끊겼고, 영국에서는 기차 사고가 빈번하게 일어나죠. 민영화하고 나서 노동 강도는 세진 반면에 시설에는 투자를 안 하니 사고가 안 나고 배기겠습니까?

지난번 촛불시위에서 우리가 민영화 이야기를 본격적으로 할 뻔했는데 촛불시위가 탄압을 받으면서 논의가 더 진전되지 못했죠. 지금 이 정부는 FTA를 비롯해 100여 개의 법안을 밀어붙이겠다고 나오고 있어요. 그러면서 민영화도 2009년 초부터 또다시 밀어붙이지 않을까 하는 생각이 듭니다. 문제는 "공기업은 비효율적이고 민영화는 효율적이다"라는 증명되지 않은 이데올로기가 사회 전반에 통용된다는 것입니다. 그런 허구의 이데올로기를 내세워 민영화를 더욱 밀어붙이고 있죠. 결국 공공성 부분이 사라지고, 노동 강도가 더욱 세지고, 서비스의 질이 저하되는 결과를 초래하게 됩니다. 동시에 민영화의 본질인 수익 창출을 위해 전기, 가스, 수도, 교통 요금 등 국민들의 기초생활 부분들이 터무니없이 비싸지겠죠.

이것이 과연 누구를 위한 민영화인가요? 국민경제에 도움이 되는 일인가요? 국민들의 기초생활과 밀접한 관련이 있고 공공성을 유지함으로써 국민 전체에 이익이 돌아가는 부분들을 민영화하면 어떻게 될까요? 특정 재벌이나 소수의 주주들에게 이익이 돌아가고 국민들은 부담을 지는 형태가 되죠.

대한민국 출범 당시부터 유지했던 건국이념이랄 수 있는 공공성에 대한 지향이 시간이 흐르면서 많이 훼손되었습니다. 그것을 어떻게 복원하느냐, 복원까지는 아니더라도 아직 남아 있는 공공성 부분을 어떻게 최소한이라도 유지하느냐 하는 것들을 고민해봐야 합니다. 김대중 정권 때 워낙 많이 팔아먹었기 때문에 이제는 하나만 팔려도 그 부담이 클 수밖에 없는 것들만 남았어요. 남아 있는 공공 부문을 지켜내려는 노력이 필요합니다. 여기에 지금 전방위 공세가 가해지는 상황이거든요.

우리 삶과 직결되는 부분인 의료나 수돗물 등 공공성 영역에 대한 민영화 압력을 어떻게 전체적인 차원에서 막아낼 수 있을지 공적인 목표를 유지하는 조건하에서 효율성을 제고하는 방법을 찾아야겠죠. 그런 방향에서 공공 부문의 부분 개혁과 감시가 이루어져야 합니다. 이 작업에 우리가 좀더 힘을 모아야겠다는 말씀을 드리면서 이번 강의를 마치겠습니다.

괴담의 사회사,
여고괴담에서
광우병 괴담까지

부패와 저항이 있는 곳에 괴담이 있다

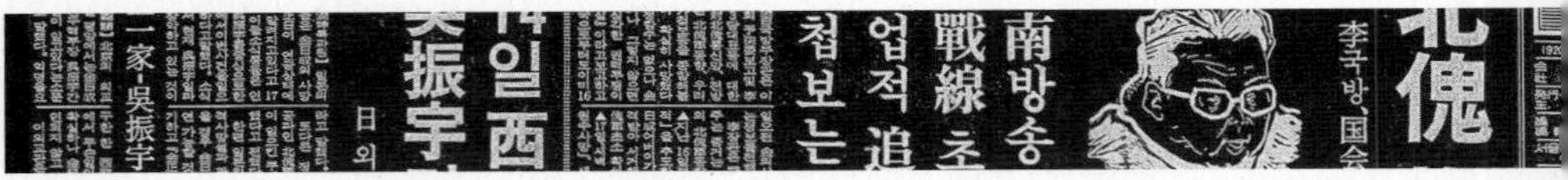
李국방、国会
南방송
戰線 초
업적 追
첩보는
14일 西
吳振宇
日 외
一家-吳振宇

괴담 탄생의
조건

오늘 이야기할 것은 이렇게 정식으로 강의하기보다 술집이나 소파에 앉아 수다를 떨듯이 해야 제맛이 나는 주제입니다. 제가 '괴담의 사회사'라고 제목을 붙였는데요. 여고괴담부터 광우병 괴담, 독도 괴담에 이르기까지 최근 우리 사회를 뒤흔들었던 소문에 대해 한번 살펴보도록 하겠습니다.

이런 뒷담화를 괴담이라고도 하고, 루머라고도 하고, 소문이라고도 하고, 유언비어라고도 하죠. 명칭은 시기시기마다 다르고 다양하게 쓰였습니다. 그러다 1998년에 영화 〈여고괴담〉이 나오면서 '괴담'으로 완전히 통일된 것 같아요.

사실 괴담이라는 것은 어느 나라, 어느 시대에나 존재했죠. 역사적으로 보면 저 멀리 신화시대에도 괴담이 있었어요. 어떤 의미에서는 신화 자체가 괴담이기도 합니다. 또 어느 나라에나 괴담이 있는데 특히 괴담, 귀신 이야기가 제일 많이 발달한 나라가 일본입니다. 중국도 괴담을 비롯해 여러 가지 다양한, 뭐랄까, 뻥이 센 나라죠.

이명박 정권과 5대 괴담

촛불시위가 한창 우리나라를 달구고 있을 때 시중에 5대 괴담이 떠돌았습니다.

첫 번째로 인터넷 종량제 괴담. 이거 촛불시위랑 연관이 있죠. 인터넷 죽돌이들이 만날 컴퓨터 앞에 죽치고 앉아서 이명박 정부의 욕만 해댄다며 그걸 차단하기 위해 종량제를 실시한다는 괴담이죠. 종량제라는 것은 일정량을 넘어가면 미터기가 찰칵찰칵 올라가듯이 사용료가 부과되는 겁니다. 지금은 어떤 방식입니까? 가입만 하면 무제한이죠. 그걸 못 하게 하는 겁니다. 즉 국민들로 하여금 인터넷과 게임 중독에서 헤어나 생업에 종사하도록 강제하는 거니까 굉장히 자상한 정부죠.

두 번째로 독도 포기 괴담. 이명박이라는 이름을 일본식으로 읽으면 '아키히로(明博)'라고 하나요? 그분의 출생지가 오사카이고, 또 천황폐하를 보니까 반가워서 허리를 굽실하고, 그러면서 독도를 완전히 팔아먹었다는 이야기가 인터넷에 돌았습니다.

세 번째로 정도전 예언 괴담. 이게 뭔지 아세요? 남대문에 불이 나면 국운이 쇠해서 큰일이 벌어진다는 예언이에요. 이거 때문에 지금 전전긍긍하는 사람들이 많죠. 그러니까 이 경제위기가 어디로 튈지 모른다, 외환위기 때보다 더하다, 무슨 이야기냐, 아직 시작도 안 했다, 뭐 이런 식의 괴담이죠.

지난번에 다루었습니다만 수돗물과 건강보험 등 민영화 괴담도 있어요. 민영화된 다음에 수돗물을 틀면 요금이 한 달에 14만 원이나 나온다는 거죠. 어디에선가 보니 하루 14만 원이라고 하던데, 14만 원은 아무리 계산해도 안 나오고요. 이탈리아 어디에선가는 380만 원이 나

영화 〈여고괴담〉을 촬영한 교실 풍경
비공식적인 언로를 통해 대중에게 퍼져 있는 뒷이야기들은 소문, 루머, 유언비어 등으로 불리다가 영화
〈여고괴담〉이 나온 이후 '괴담'이라는 용어로 통일된 듯하다.

온 사례가 있다고 합니다. 건강보험은 괴담이 아니에요. 진짜로 민영
화되면 아마 여러분 모두 병원에 다니기 힘들어지실 겁니다.

마지막으로 촛불을 켜게 만든 광우병 괴담이 떠돌았습니다.

도대체 괴담은 왜 나올까요? 또 언제, 어디서, 어떤 조건에서 생성
될까요? 바로 언로가 막혔을 때, 정보가 유통이 안 될 때, 정부가 억압
적일 때가 괴담이 생성되기 가장 좋은 여건입니다.

물론 지금은 정부의 억압이 유신이나 5공 때 같은 무지막지한 시절
과 다릅니다. 옛날 땡전 뉴스나 보도지침이 나오던 시절하고는 비교
할 수 없죠. 인터넷이라는 막강한 언로가 뚫려 있고, 인터넷으로 광범
위한 정보 유통이 이루어지고 있으니까요. 그런데 바로 그 인터넷 고

속도로를 타고 괴담들이 더 많이 퍼지기도 합니다.

사실 음모론, 대란설, 소문, 스캔들, 참언, 가십과 루머 등등 괴담에도 여러 가지 성격과 형식이 있습니다. 특히 가십과 루머는 지금도 그렇지만 그전에도 많이 쓰이던 용어입니다. 이 둘의 차이는 무엇일까요?

가십은 우리말로 하면 뒷담화에 가깝겠지요. 사람의 신변잡기에 관한 내용이 주를 이루고, 친한 사람들끼리 주고받는 특징이 있습니다. 가십의 대상이 되는 존재도 조직 내부의 사람이거나 아니면 우리가 친하다고 생각하는 사람들, 경우는 조금 다르겠지만 친근한 연예인도 있고요. 그래서 가십은 루머에 비해 범위가 제한적이고 쉽게 사라집니다. 누구누구 성형했대, 누가 학력을 위조했대, 뭐 이런 식으로 쉽게 유포되었다가 쉽게 사라지기도 합니다.

루머는 좀더 멀리 퍼지죠. 루머라는 게 사람들이 궁금해하는 뒷이야기 같은 것을 담고 있는데 가십에 비해 공적인 성격을 띠어요. 그러니까 다가오는 위기나 이미 지나간 위기의 내막에 대해 나름대로 공식적인 설명을 제공하는 것이 루머로, 루머가 정보와 다른 점은 진원지를 알 수 없다는 겁니다. 반면에 정보라는 것은 '누구누구에 따르면', '어떤 소식통에 따르면' 하는 식으로 진원지가 분명합니다.

우리가 이런 용어를 사용할 때는 일정한 당파성 내지 계급성이 있어요. 나한테는 진실인데 저쪽에는 괴담이고, 내가 볼 때는 괴담인데 저쪽에는 진실인 거죠. 누구의 입장이냐에 따라서 괴담이냐, 진실이냐가 달라지는 것 같습니다. 그것은 괴담이나 루머를 생산하고 소비하는 주체에 따라, 그리고 누구를 겨냥하느냐, 누구에게 피해를 입히느냐 등에 따라 달라지는 것 같아요.

괴담의
역사 속으로

괴담이 언제부터 나타나기 시작했나요? 외국의 신화를 보세요. 사실 신화 전체가 다 괴담인데 그중에서도 아예 주제가 괴담, 소문과 관련된 내용이 많습니다. 그리스 로마 신화에서도 괴담과 관련된 소문을 퍼뜨려서 저주받고 처벌을 받은 사례들이 많죠.

중세에는 어떻습니까? 중세에서 근세로 넘어갈 무렵에 유럽에서 엄청나게 많은 여자들을 마녀로 몰아서 불태워 죽였습니다. 지금 당시의 문서들을 조사해보면 기가 막힌 게, 죽은 여자들이 전부 죽기 전에 마녀라고 자백했다는 거예요. 그것도 고문을 해서 받아낸 자백이 아니라 실제로 자신이 마녀라고 믿고 죽은 사람이 많습니다.

전근대는 괴담의 시대였다

프랑스 혁명 때도 괴담이 아주 중요한 역할을 하죠. 이는 마녀사냥하고 차원이 다릅니다.

프랑스 혁명은 도시에서만이 아니라 농촌에서도 동시에 일어났습니다. 그런데 농촌에서 영주들을 대상으로 봉건제를 쳐부수던 농민들이 무장을 하게 된 계기가 있습니다. 바로 소문 때문입니다. 영주들이 농민들과 싸우기 위해 비적을 불러들인다는 소문이 나돕니다. 그러니까 농민들도 비적에 맞서기 위해 무장을 해야 한다는 거죠. 비적이 오늘 쳐들어올지 내일 쳐들어올지 몰라 기다리는데 자꾸 불안하지 않겠습니까? 그러니까 비적이 오기 전에 영주를 먼저 치자. 그래서 실제로는 비적을 동원하지 않았는데도 농민들이 영주를 공격하는 사태가 많이 벌어졌습니다. 이런 현상을 프랑스 혁명사에서 '대공포'라고 부르는데 어떤 소문이 역사적인 변화를 끄집어낸 대표적인 사례죠.

　멀리 서양까지 갈 필요 없이 우리나라를 한번 볼까요? 전근대 시대는 그야말로 괴담의 시대라고 할 수 있어요. 전국 방방곡곡 괴담이 없는 데가 없습니다. 그 당시에는 괴담을 뭐라고 불렀나요? 전설이죠. 각 지역에 퍼져 있는 유명한 전설들을 드라마로 만들어 들려주는 라디오 프로그램도 있었어요. 저도 어릴 때 〈전설 따라 삼천리〉를 많이 들으면서 자랐습니다. 거의 대부분 귀신 이야기였어요.

　옛날 괴담을 들어보면 의도적으로 퍼뜨리는 소문들도 많습니다. 우리 고전인 〈서동요〉에서는 선화공주를 모함하죠. 밤마다 어디를 간다느니 하는 소문을 퍼뜨려요. 선화공주가 진짜 그런 것은 아니죠. 서동이 목적의식을 가지고 퍼뜨린 겁니다. 그 소문이 먹혀들어 애들이 노래를 부르고, 그것이 왕의 귀에까지 들어갔는데 왕이 딸이 아닌 소문을 믿어버립니다.

　조선시대에 조광조가 당하는 이야기도 있죠. 요새 소설이나 사극에 많이 나오지만 나뭇잎에 꿀물로 '주초위왕(走肖爲王)'이라고 쓰고 벌레가 글자를 따라 파먹게 만들었죠. '주(走)'와 '초(肖)'를 합치면 뭐가 됩니까? '조(趙)'가 되죠. 조가가 왕이 된다는 뜻입니다. 이를 왕에게 들고 가서 조가가 역모를 꾸미고 있다는 괴담을 만들어낸 거죠.

그 다음에 홍경래. 홍경래는 난을 일으켰다가 진압당해 목숨을 잃었습니다. 그런데 그 당시 사람들은 홍경래가 죽지 않았다고 믿었죠. 민초들 사이에 홍경래가 중국으로 가서 군사를 키우고 있다, 언젠가는 돌아올 것이다, 하는 믿음이 있었어요. '언젠가는 돌아올 것'이라는 믿음. 이런 것을 진인(眞人)을 기다린다고 해서 '진인설화'라고 부릅니다. 『정감록(鄭鑑錄)』을 보면 소문과 예언, 참언들로 가득 차 있습니다.

민중의 직감이 새로운 해석을 낳는다

그때는 전근대 시대였다 치고, 과학기술문명이 발달한 근대는 어땠습니까? 우리나라에 카메라가 처음 들어왔을 때 사람들의 반응이 어땠나요? 옛날 상식으로 보았을 때 사진은 정말 말이 안 되는 것 아닙니까? 내 이미지가 유리 원판에 가서 박히잖아요. 그걸 다시 출력해주고. 그러면 어떻게 돼요? 내 혼이 빠져나간 거죠. 그래서 사진기는 혼을 빼가는 기계였습니다.

그런데 가만히 생각해보면 별로 틀린 말도 아니겠다 싶은 생각이 듭니다. 뭐, 글자 그대로 사진이 혼을 빼가겠습니까? 다만 개화기의 우리 사진들을 한번 보세요. 서양 사람들이 와서 이상한 것만 찍었죠. 우리 입장에서 볼 때, '아, 왜 저런 것만 찍었지? 조선에 저런 모습밖에 없었을까' 싶은 것들만 찍어요. 꾀죄죄한 모습으로 쭈그려 앉아 있고, 아들을 낳아 가슴을 내놓은 젊은 엄마 등등.

그 당시 사진은 우리가 주인이 아니었죠. 우리는 그냥 대상이고 객체였습니다. 그렇게 우리를 찍은 사람들이 결국 우리나라를 빼앗았죠. 혼만 빼먹은 게 아니라 육신까지 집어삼켰습니다. 다시 말해 우리가 주체가 되어 새로운 문명을 향유하지 못하고 대상화되었을 때 느끼는 묘한 불안감 같은 게 나름대로 반영되어 있는 거겠죠.

가령 전깃줄 괴담이라고 있습니다. 유명한 사진 있죠? 근현대사 교과서에 독립운동 사진이라고도 나오고 의병 사진이라고도 나올 텐데, 나무에 세 사람을 매달아 사형시키는 사진이 있습니다. 그 사진의 주인공들은 전깃줄을 끊던 사람들입니다. 의병들이 전깃줄을 많이 끊었어요. 적의 통신을 차단하는 수단이기도 했지만 그 당시 줄귀신, 막대귀신 이야기가 많이 퍼졌거든요. 일본에 가면 큰 막대귀신, 줄귀신이 있는데 조선 사람을 잡아다 꽁꽁 묶어 막대로 쳐 죽인다고 합니다. 여기서 막대귀신은 전봇대고, 줄귀신은 전깃줄이죠. 이런 식으로 외세가 들여온 과학기술에 대해 민중이 저항을 많이 해요.

비슷한 유형으로 쇠말뚝 괴담이 있어요. 요새도 8·15광복절이나 3·1절이 되면 가끔 산에서 쇠말뚝을 뽑았다는 뉴스가 나옵니다. 일본 놈들이 쇠말뚝을 박아 민족의 정기를 끊었다고 하죠. 쇠말뚝이 꽝 박히면 맥이 끊겨 인물 나오기는 그른 거죠. 그게 어떤 효과가 있을까요? '아, 우리 맥은 끊겼어. 저항해도 소용없어.' 이런 패배주의가 나오는 거죠. 일본 놈들이 꼭 그걸 노리고 박은 것은 아니겠지만 즐겼겠죠. 효과가 있으니까.

사실 쇠말뚝은 뭡니까? 일제가 측량하느라고 박은 게 많죠. 그런데 민중의 입장에서 받아들일 때는 어때요? 민중이 나름대로 새롭게 해석을 합니다. 자, 측량이 뭔지 모르는 사람들한테 "이거 측량하는 거래"하면 설명이 됩니까? 안 되겠죠. 그냥 우리 감으로 "맥이 끊겼어"하는 편이 말이 되잖아요.

사실 일제가 측량을 한다는 것은 더 많은 땅을 빼앗고, 더 많은 영향력을 키우고, 더 많은 군대가 주둔하고, 더 많은 지서가 생긴다는 얘기 아닙니까? 결국 우리 입장에서는 땅을 빼앗기는 거죠. 그러니까 민중이 그런 상황을 '맥이 끊겼다'고 받아들이면서 자기들 식으로 해석하는 겁니다.

민중은 끊임없이 저항합니다. 동학농민들은 어떻게 했나요? "궁궁을을(弓弓乙乙) 부적을 붙이면 총알이 쌩쌩 피해 간다." 그런데 어떻게 되었죠? 안 피해 가죠. 그래서 총알 맞고 죽으면서야 아, 궁궁을을 부적이 효과가 없구나 느끼게 되는 거죠.

의병장들은 어떻습니까? 의병장들은 일본군과의 전투에서 한두 번만 승리해도 겨드랑이에 날개가 돋아요. 진짜로 그렇습니다. 옛날 정신문화연구원에서 전국을 돌며 설화를 모아 구비문학 대계를 만들었는데, 의병이 일어난 지역에는 꼭 날개 설화가 있어요. 그러니까 의병장이 싸움을 해서 한두 번쯤 이겼다 하면 다 날개를 달아줍니다. 우리나라 사람들이 아주 날개 인심이 좋아요. 정말 겨드랑이에 날개가 돋았다고 믿죠. 두 번쯤 더 이기면 이제 도술을 부리고 용마를 타고 날아다니게 되죠.

이를 어떻게 해석할 수 있을까요? 일본 놈들 입장에서 보면 날개 괴담일지 모르겠습니다만, 사실 우리 대중이 근대 교육을 못 받아서 그렇지 나름대로 합리적이에요. 힘이 센 쪽하고 약한 쪽이 싸우면 당연히 센 쪽이 이기죠. 대중이 그걸 모르겠습니까? 우리는 힘이 약한

일제강점기에 체포된 호남 의병들
일제강점기에 일본군과 싸워 몇 번의 승리를 거둔 의병장에게는 날개가 달려 있다는 이야기가 민간에서 떠돌았다. 대중의 입장에서는 날개가 달리지 않고서야 의병들이 어떻게 일본군을 이길 수 있으며 신출귀몰 잡히지 않을 수 있을까 여긴 것이다.

데 우리 편이 이겼으면 좋겠고, 이기기를 바랍니다. 그런데 만만치 않은 상황에서 우리 편이 이겼단 말이에요. 힘없는 우리가. 총도 없고, 대포도 없고, 자동차도 없고, 무전기도 없는데 어떻게 이겼을까? 역시 장군님 겨드랑이에 날개가…….

가령 적한테 포위를 당했는데 동네 사람들의 도움을 받아 간신히 빠져나왔어요. 그러면 어떻게 해석해요? 둔갑술이 나오죠. 또 무기 공급이 안 되는데 계속해서 싸워요. 사실은 적의 것을 빼앗아 싸우는 거죠. 대중의 입장에서는 어떻게 설명합니까? 모래알로 총알을 만드시고, 솔방울로 수류탄을 만드시고……. 이런 즐거운 믿음이 끊이지 않고 이어지는 겁니다. 이게 의병한테도 나오고 30년, 40년 지나서 똑같이 김일성한테서 나오죠. 〈로동신문〉을 보면 가끔씩 "위대한 수령 김일성 동지께서는 가랑잎을 타고 두만강을 건너시고……" 하는 이야기가 나옵니다. 이는 요새 북쪽 사람들이 지어낸 이야기가 아니라 그 당시 1940년대 조선 농민들이 만들어낸 신화입니다. 왜? 일본군이 눈에 불을 켜고 잡으러 다녔는데도 김일성은 안 잡혔으니까요.

자, 우리가 인심 좋게 한두 번만 이겨도 날개를 달아주었다고 했죠? 그런데 날개 달린 의병장들이 결국은 대부분 일본 놈들한테 잡혀 죽었잖아요? 그 시신이 묻힐 때 소문도 같이 묻히는 겁니다. 그리고 소문이 묻힐 때 뭐가 묻힙니까? 의병장에게 날개를 달아준 조선 사람의 꿈도 함께 묻혔죠. 만일 죽지 않고 끝까지 살아남으면 어떻게 될까요? 날개를 달고 계속 왔다 갔다 하는 거죠.

우리 민족이 괴담의 피해를 크게 본 적도 있어요. 관동대지진 때입니다. 일본 도쿄에 엄청난 지진이 발생했죠. 그 당시 일본은 모두 목조 건물이었는데 점심 무렵에 지진이 나서 엄청난 화재가 나고 이재민이 10만 명 넘게 발생했어요. 도쿄의 치안이나 민심이 굉장히 불안했겠죠. 그때 어떤 소문이 돌았습니까? 조선 사람들이 일본 여자를 강간한다, 일본 사람들을 죽이기 위해서 불을 놓는다, 우물에다 독을 푼다. 이게 뭡니까? 지진과 화재로 인해 사회가 불안해지자 대중의 불만을 조선 사람들에게 돌린 거예요. 대중의 불만을 한 방향으로 몰아버리는 거죠. 엄청나게 많은 조선인들이 루머에 희생되었습니다. 일본인들로 이루어진 자위대가 죽창으로 조선 사람들을 무참히 찔러 죽이는 일들이 벌어졌죠.

일제강점기에도 괴담이 참 많았습니다. 정치적 괴담도 많아요. 가령 자치론 같은 것이 있었죠. 보수파 민족주의자들 중에 일부는 "이제

영화 〈살인의 추억〉의 한 장면
아직도 범인을 잡지 못한 '화성 연쇄살인사건'을 소재로 만든 이 영화가 개봉되었을 당시, "범인이 미군이다. 그래서 지문도 안 나오고 종잡을 수가 없다"는 식의 괴담이 반미정서와 맞물리면서 퍼지기도 했다.

싸워서 독립하기는 힘들 듯하니 일본 제국 밑에서 자치를 해보는 편이 낫지 않을까" 하면서 꿈을 꾸는데 대중 앞에서 그런 이야기를 대놓고 하지를 못하죠. 자기네들끼리 만나서 "자치가 어떻겠어? 이런 이야기 꺼내면 안 될까?" 하는데 세상에 비밀은 없죠. 그런 소문들이 뭉게뭉게 퍼집니다. 일제강점기에 자치 문제는 단 한 번도 정식으로 공론화되지 못한 채 일본 문서나 당시의 신문, 잡지 등에 괴소문, 설로 고비마다 나왔습니다.

1980년대 이후의 괴담들

해방 이후에도 괴담이 끊이지 않았어요. 일일이 추적하다가는 날이 샐 듯하고 1980년대 이후를 한번 찾아봅시다.

우선 광주 괴담이 있죠. 광주에서 사망자 수가 몇천 명이다. 노래로도 나오잖아요. "왜 찔렀지, 왜 쏘았지, 트럭에 싣고 어딜 갔지?" 모든 사람들이 궁금해했잖아요. 소문이 끊임없이 돌았는데 그냥 소문이 아니죠. 소문에 진실이 담겨 있는 경우가 꽤 많습니다. 그러다 보니까 소문이 사라지지 않죠. 계엄사에서 유언비어라고 언론을 통제했지만 하다하다 안 되니까 진상을 소개했죠. 공수부대원이 지나가던 여고생을 찔러 죽였다는 소문은 근거 없는 유언비어라고 했는데 나중에 광주 청문회에서 대부분 사실로 드러났습니다.

많은 사람이 죽었는데 진상을 알 수 없으니 유언비어가 발생하는 것은 당연했죠. 그 당시에 운동진영에서는 2,000여 명이 죽은 것으로 믿었습니다. 나중에 조사해보니까 2,000명은 과장된 숫자였어요. 하지만 그 소문에 묘사된 참혹한 장면들은 대개 사실로 밝혀졌습니다.

영화 〈살인의 추억〉으로 만들어진 '화성 연쇄살인사건' 있죠? 범인이 미군이다, 그래서 지문도 안 나오고 종잡을 수가 없다는 식의 그럴듯한 괴담이 그 당시 반미정서와 맞물리면서 퍼지기도 했어요.

1987년 대선 당시에 구로구청 사망설이 돌았어요. 요새도 이를 진실로 믿고 영화화하겠다는 친구가 있더군요. 뭐, 영화가 사망설만을 다루는 것은 아니지만요. 1987년 선거 때 구로구청에서 부정투표함이 발견되었습니다. 그래서 농성을 벌였는데 아주 강력하게 진압했죠. 진압을 하는 과정에서 누가 떨어져 죽었다는 소문이 퍼졌어요. 실제로 건물에서 떨어져 반신불수가 되어 아직까지 휠체어를 타고 다니는 친구가 있습니다. 추락한 사람이 있고, 어수선한 상황에서 바로 진실이 확인되지 않으니까 사망했을 것이라는 소문이 번져갔어요. 그와 비슷한 소문이 얼마 전에도 있었죠. 촛불시위 때 여대생 사망설이 돌았잖아요. 촛불이 꺼지고 난 다음에 8월쯤 〈경향신문〉에선가 광고가 나기도 했습니다.

KAL 858기 폭파범
유류품
KAL기 폭파 당시 안기부에서 공개한 김현희와 김승일의 개인 소지품 사진. 국정원 과거사위원회에서 오랫동안 조사해본 결과, 북한이 김현희라는 특수공작원을 통해 KAL기를 폭파한 사실은 의심할 여지가 없어 보인다.

제가 직접 담당하지는 않았지만 국정원 과거사위원회에서 KAL기 사건을 조사했습니다. 조사를 해보니까 결론적으로 김현희가 폭파한 게 맞더라고요. 적어도 우리 판단으로는 그랬습니다.

KAL 858기 사건과 관련해 엄청나게 많은 의혹이 제기되었는데, 그 의혹들을 다 적어놓고 하나하나 풀어보았습니다. 350개가 넘었어요. 핵심은 김현희가 터뜨렸는데 진짜로 북이 그 짓을 했느냐, 안기부가 폭파시키고 북쪽에다 덮어씌운 게 아니냐는 거죠. 가령 신문에 김현희가 쓴 글이라고 소개된 것이 있는데 두음법칙을 적용한 것이 북쪽

표기법이 아니라 남쪽 표기법이에요. 그걸 사람들이 지적하니까 다음 날 조간신문에는 북쪽 표기법으로 고치죠. 뭐, 이런 사소하고 이상한 것들로 인해 의문이 증폭되는 겁니다.

민간 쪽에서 'KAL 진상규명위원회' 사무국장을 지낸 사람이 담당 조사관으로 같이 일했는데 그 친구가 책도 쓰고 의문들을 다 모았습니다. 그래서 하나하나 지워갔어요. 결국 우리도 증명을 못 하는 의문이 몇 개는 남았습니다. 폭약에 관한 부분은 김현희도 작동법만 알지 자신이 사용한 폭약의 성분은 모르기 때문에 그 폭약이 C4라고 추정만 할 수 있었지만 저희가 볼 때 나머지는 거의 대부분 증명되었어요. 그래서 김현희는 남쪽 출신이 아니라는 결론에 도달했죠. 남쪽 출신이었다면 누구라도 증인이 나타나지 않았을 리가 없죠. 이와 관련해 또 하나 우리가 내린 결론이 있어요. 몇 년을 옆에서 지켜보니까 안기부라는 데가 그런 엄청난 일을 저지르고 20년 이상 감출 수 있는 고급 조직이 아니었다는 것 하나는 확실하게 깨달았습니다. 그러니 이 사건은 민간에서 생각하는 것과 달리 북에서 한 게 맞다, 이렇게 결론을 지었는데도 민간에서는 아직까지 안기부가 KAL 858기를 폭파했다고 확고하게 믿고 있어요.

많은 사람들이 이 사건에 대해 북이 터뜨릴 이유가 없지 않느냐고 하죠? 제가 이번에 검토해보니까 북의 입장에서는 이게 굉장히 성공한 사건이더라고요. 우리같이 내놓고 안기부와 싸웠던 사람들이 들어가서 조사했는데도 대중은 여전히 안기부가 한 일로 믿잖아요.

사실 김현희가 약을 먹고 진짜 죽다 살아났거든요. 만일 김현희가 죽었으면 안기부가 100퍼센트 꼼짝없이 당할 수밖에 없어요. 이번에 보니까 우리가 조사한 사안이라는 게 다 김현희 입에서 나온 거예요.

만약 김현희가 죽어서 그런 행적들을 증명해주지 않았으면 조사할 것도 없죠. 그럼 남쪽이 뒤집어쓸 수밖에 없는 상황이었습니다. 그래서 KAL기 사건 조작설은 아주 확실한 괴담이라고 할 수 있어요.

그 다음에 우리 정치사에 제일 자주 등장하는 내각제 개헌설 있죠? 이걸 괴담이라고 해야 하나요, 설이라고 해야 하나요? 그런 설이 나올 때마다 내각제 개헌을 했으면 아마 수백 번은 했을 겁니다. 정치적인 고비고비마다 빼놓지 않고 나오죠.

또 선거 때마다 나오는 게 있어요. 누구누구에게 숨겨놓은 딸이 있다. 참 희한한 게 숨겨놓은 아들에 대한 소문은 없어요. 여대생 사망설은 있어도 '남대생 사망설'은 없죠. '숨겨놓은 아들' 보다는 '숨겨놓은 딸'이 훨씬 더 많이 퍼집니다.

여러분, 남고괴담은 왜 없습니까? 여고괴담만 있죠. 〈전설 따라 삼천리〉에는 왜 밤낮 여배우만 귀신으로 등장할까요? 남자 귀신은 거의 안 나와요. 〈전설 따라 삼천리〉를 삼백 번쯤 만들면 가끔 남자 귀신이 나올지도 모르죠. 아, 저승사자로는 나옵니다. 하지만 귀신으로는 절대 안 나와요. 그러니까 괴담에도 성별이 있습니다. 당파성만이 아니라 성별도 분명히 있어요.

괴담에도
당파성과 계급성이 있다

이 괴담이라는 말 자체가 사실이 아님을 전제로 하죠. 그래서 괴담은 민중의 어떤 희망과 욕구를 모욕하고 부인하는 말로 봐야 합니다.

저는 대중이 존재하는 한 괴담은 절대로 없어지지 않는다고 생각합니다. 대중은 괴담을 생산하고, 유통하고, 소비하는 주체죠. 물론 대중이 아니라 저쪽 애들이 퍼뜨리는 괴담도 있습니다만 질과 양 면에서 우리 쪽에서 발원한 괴담이 훨씬 많고 재미있습니다. 우리가 숫자가 더 많고 상상력도 풍부하잖아요. 우리 같은 다수의 사람들이 모여서 힘 있고 못된 놈을 놀리는 것하고, 힘 있고 못된 놈이 우리 같은 사람들을 갈구는 것하고, 어느 게 더 재밌겠어요? 없는 것들이 모여 있는 것들을 욕하는 게 당연히 더 재미있지 않을까요?

대중이 존재하는 한 괴담은 없어지지 않는다

대중은 이야기의 주체가 되고 싶어합니다. 인터넷이 길을 열어주었어요. 물론 인터넷에도 잘못된 정보와 괴담이 있습니다만 그런 것들은 금방 도태되는 듯해요. 인터넷이라는 게 엄청난 정보의 바다이기 때문에 잘못된 소문들은 자연스럽게 걸러지기도 하겠죠.

괴담의 대상이 되는 정치인이나 연예인들은 기분이 나쁘겠죠. 당연해요. 그러나 저는 그게 그 사람들의 숙명이라고 생각해요. 그들은 대중이 가지지 못한 것을 가졌으니까. 권력을 가졌든, 돈을 가졌든, 인기를 가졌든 대중은 그들을 선망하잖아요. 그 선망의 대가죠. 그래서 욕망의 대상이고, 호기심의 대상이 되는 겁니다.

요즘의 인터넷과 마찬가지로 옛날 판소리나 탈춤 등을 보면 돈 있고, 힘 있고, 권력 있는 자들을 능멸하는 내용으로 가득 차 있지 않습니까? 민중이 그런 즐거움마저 없으면 이 피곤한 세상을 어찌 살겠습니까? 권력자들도 대개는 그냥 내버려두죠. 왜? 그것도 못 하게 했다가는 어디로 터질지 모르니까. 가령 하회탈춤 같은 경우에 아주 예리한 풍자가 들어 있지만 가만 보면 양반들이 판을 벌여주죠. 1년에 한 번 금을 그어놓고 마음껏 놀게 해요. 그날은 무슨 소리를 하든 양반들이 못 들은 척하는 거죠. 평시에 그렇게 했다가는 밟아 죽였겠죠. 대중의 폭발할 것 같은 열기를 좀 빼주는 맛이 있었던 겁니다.

민중은 자신들의 꿈과 희망을 민담에 담습니다. 의병장한테 왜 날개를 달아줍니까? 우리 편이 이기기를 바라는 마음 아니에요? 이 사람이 우리에게 궁극적인 변화를 가져다줄 것이라는 희망을 담는 거죠. 그래서 대부분의 민담은 대중의 지향을 담고 있죠. 어떤 정치적 성향이나 바람이 민담을 만들어내는 요인이기도 하고요.

괴담이 우연하게 맞아떨어지는 경우도 있습니다. 이를 우연의 일치로 봐야 할지, 어떻게 해석해야 할지 모르지만요. 가령 일본군들이 우리 조선 처녀들을 위안부로 끌고 갔잖아요? 이를 사람들이 어떻게 해석했느냐 하면, 처녀들을 잡아다가 기름을 짜서 비누로 만든다고 했어요. 황당한 이야기죠. 당시에 우리 조선 사람들이 절대로 알 수 없었던 아우슈비츠에서 실제로 벌어진 일이잖아요. 사람으로 비누를 만든다는 게 참 상상하기 힘든 일인데……. 우연의 일치인지 모르겠습니다만 이런 것들이 맞아 떨어지는 걸 보면 단순한 괴담만은 아니라는 생각이 듭니다.

지배층이 퍼뜨리는 괴담도 있다

대중의 입장에서 상황을 설명하거나 아니면 자신의 바람을 담는 괴담이 우리 쪽에서만 나오는 게 아니죠. 저쪽에서도 나옵니다.

촛불시위 때 저쪽에 어떤 괴담이 있었나요? 여러분이 '강부자', '고소영'에다 소망교회 신자라고 생각해보세요. 그분들과 우리의 차이는 뭘까요? 그분들은 남을 위해 분노해본 적이 거의 없는 분들이죠. 촛불시위나 학생운동 시절에 우리는 세상의 정의를 위해 힘이 들고 두렵더라도 밖으로 나갔습니다.

옛날에 중앙정보부 같은 데 잡혀가서 고문당한 선배들은 그때 이야기 잘 안 합니다. 사실 고문을 이겨낸 사람은 많지 않습니다. 그리고 어찌하다 보면 고문을 안 해도 다 불게 되어 있어요. 우리 선배 중에 한 분이 어쩌다 그때 이야기를 하는데 자신은 진짜로 한 대 맞고 다 불었대요. 이 선배는 정의감에 불타서 학생운동에 뛰어들고 유인물을 뿌렸거든요. 그런데 수사관들이 그걸 믿지 않고 두들겨 패면서 "야, 이 새끼야, 네가 말한 대로 보고하면 위에서 믿겠냐?"고 계속 배후를 대라더래요. 그쪽 세계에는 그런 게 없잖아요. 정의감이라느니, 누가 시키지도 않았는데 자발적으로 했다느니. 도저히 이해를 못하는 거죠.

이번 촛불시위를 보고서도 정말 그런 생각을 하는 거죠. '왜 갑자기 애네들이 튀어나왔을까? 도대체 어떤 놈이 배후일까?'

자, 유모차를 끌고 엄마들이 나왔어요. 왜 나왔습니까? 광우병 걸린 쇠고기를 자식들이 먹을 수도 있잖아요. 그런 걸 대책 없이 수입하겠다는 정부에 분노한 거죠. 그런데 촛불시위를 보면서 소망교회 쪽에서는 어떻게 이야기가 되었는지 아십니까? 예비군복 입고 나가면 5만 원, 유모차 끌고 나가면 20만 원. 정말 이런 괴담이 그쪽에서 돌았거든요.

최근 괴담의 중요한 통로가 신문입니다. '괴담설'이라면서 열심히 보도하죠. 예전에는 신문이라도 스포츠신문에서 좀 다루었고, 더 전에는 〈선데이 서울〉에서만 썼는데 지금은 조중동이 다 보도해요. 이런 괴담들 중에서 우리가 한번 살펴봐야 할 게 지배층이 퍼뜨리는 괴담, 소문 같은 것들이에요.

혹시 기억하십니까? 1976년에 있었던 '석유 나왔다' 파동. 박정희가 직접 텔레비전에 나와 우리도 산유국이 된다고 아주 세게 뻥을 친 거죠. 〈제7광구〉라는 노래까지 나왔어요. '석유 나왔다' 괴담뿐만 아니라 소문, 루머 등 지배층이 퍼뜨리는 괴담의 주요 통로가 어딥니까? 아예 공식 매체인 신문을 이용하죠.

한국 언론 최대의 오보 사건이 1986년에 있었던 김일성 사망 보도입니다. 그때 저는 북한을 막 공부하기 시작한 대학원생이었는데, 대한민국의 이른바 북한 전문가들이 모두 '아이스케키'를 당한 겁니다. 전혀 실력 없음이 만천하에 들통났어요. 〈중앙일보〉만 망신을 덜 당

세계적 오보 '김일성 사망' 기사
1986년 11월 18일자 〈조선일보〉 1면의
김일성 사망 기사. 세계적 특종을 자
랑했던 이 기사는 이틀 뒤에 '세계적
오보'로 밝혀졌다. 〈중앙일보〉는 사망
'설'이라고 보도해 간신히 망신을 면
했다.

했는데 한 글자를 더 썼죠. 다른 신문사는 전부 "김일성 사망"이라고
주먹만한 글자로 뽑았는데 〈중앙일보〉는 약간 작게 해서 한 글자 더
썼어요. "김일성 사망설." 왜 그랬느냐? 지금은 돌아가신 김남식 선생
이 "그럴 리가 없다. 이것은 도저히 사망 징후로 볼 수 없다"고 한 것
을 기자가 듣고 다른 신문과 차별을 둔 거죠.

제가 얼마 전에 헌책방에서 우연히 김일성 사망 기사가 난 신문을
구했어요. 신문기사를 보면 김일성은 진짜로 죽은 겁니다. 그런데 얼
마 후에 김일성이 공식석상에 나타났어요. 한국 언론으로서는 말이
안 되는 상황이죠? 아마도 늘 해왔듯이 가짜 김일성이라고 하고 싶었
을 거예요. 목 뒤에 혹 달린 가짜 김일성.

자, 언론들이 이런 대형 사고를 치고 책임을 졌나요? 전혀 안 졌습
니다. 지금 비슷한 일이 반복되고 있죠. 물론 이북도 상당히 황당한
나라예요. 최고지도자에 대해 며칠 동안 그런 소문이 돌도록 안 나타
난 거죠. 그런데 왜 안 나타날까요? 어떻게 노나 보려고 그러는 겁니
다. 이거 진짜예요. 북쪽은 김일성 사망설로 인해 가만히 앉아서 남쪽

의 대북 정보 분석 능력을 다 알아버렸어요.

외환위기 때 최고의 괴담이 있었죠? "한국 경제는 펀더멘털이 튼튼해서 아무 일 없을 것이다." 정부가 공언했습니다. 지금도 똑같은 이야기가 나오고 있죠. 누가? 이명박-강만수, 리만 브라더스죠. 위기는 없다, 물가는 안정적이다. 그런데 외환위기 때하고 현재 상황을 비교해보면 그렇지 않아요. 정말 책임 안 지는 말입니다. 아무 이상 없다고 하다가 어느 날 갑자기 위기인 것 같다고 정부에서 그랬어요. 그렇게 되니까 시장에서 난리법석이 났습니다.

예전에 김대중 정권 때의 일이에요. 한 상호신용금고가 부도났는데 경제수석이 기자를 만나서 부도가 더 날지 모르겠다고 했어요. 입을 꾹 다물고 있어도 불안할 판에 그렇게 말하니까 어떻게 되었습니까? 사람들이 불안해서 돈을 다 빼버렸죠. 그래서 부도가 안 날 데까지 부도가 나버렸어요. 실언이 퍼지면서 소문이 사실이 되어버린 거죠.

국방부는 왜 우리 사회에서 불신을 받을까요? 정부와 군 당국이 6·25전쟁 때 제일 큰 대국민 사기극을 벌였죠. 전쟁이 터진 다음에 국군이 인민군을 격퇴해 38선 이북으로 맹추격 중이다, 서울 시민들은 안심하고 생업에 종사하라고 방송하고는 어떻게 했습니까? 한강 다리 끊고 도망갔죠. 만날 하는 이야기가 전쟁이 나면 "점심은 평양에서, 저녁은 신의주에서"였는데 다리 끊고 도망가면서 "점심은 대전에서, 저녁은 부산 가서"로 바뀌었죠. 부산까지는 아니었지만 당일에 대구까지 내려갔는데 참모가 이승만한테 그랬답니다. "각하 너무 많이 오셨습니다." 그래서 다시 대전으로 올라왔대요. 정부가 그랬어요. 그러니 어때요? 정부나 군 당국의 발표를 믿을 수가 없죠.

이번에 9월 대란설이 퍼졌죠. 그런데 대란이 9월에 안 오고 10월에

왔죠. 그 설의 진원지가 정부였다는 겁니다. 겁을 줘서 촛불을 완전히 끄려고 대란설 운운했는데 실제로 와버렸죠. 유명한 말 있잖아요. "경제는 심리다." 이번 경우에는 국제 위기가 큰 요인이기는 했지만 엄밀히 말해서 국제 위기는 엎친 데 덮친 격이 되었어요. 직접적으로는 정부로부터 촉발된 셈이죠. 정부에 대한 국민의 신뢰가 한국전쟁 때부터 깨졌고, 그런 것이 누대로 이어지더니 이명박 정권에 들어와서는 극대화되었어요.

불신이 커지다 보니 정부의 발표를 악의적으로 해석하거나 조롱해서 해석하는 상황이 벌어집니다. 얼마 전에 이명박 대통령이 "무주택자를 없애겠다"고 했죠. 그랬더니 집 없는 사람들이 어떤 반응을 보였느냐? "우리를 없앤대……!" 대중의 천재적인 센스죠.

사람 잡아먹는 괴담

소문이 얼마나 힘을 발휘하느냐? 제가 박정희 유신 말기에 대학을 다녔는데 우리 주변에서 "저 새끼 프락치 아냐?" 이걸로 찍혀보지 않은 사람이 몇 안 될 거예요. 어느 날 가면 누가 귀띔을 합니다. "아무개 조심하래, 프락치인지 모른대." 그 다음 주에는 또 다른 사람이 "야, 아무개 조심하래." 그리고 다음에는 바로 그놈이 와서 "야, 아무개 조심하래." 이렇게 돌고 돕니다. 실제로 프락치가 들어와 있죠. 누군가 있었습니다.

제가 국정원에 들어갔을 때 그 당시 안기부에서 몇십 명을 프락치로 투입하면서 작성한 계획안과 평가서류를 찾았거든요. 아주 구체적이지는 않지만 전체 규모를 짐작할 만한 수준이었습니다. 그걸 보니까 부정적인 평가를 내리더군요. 정말 가치 없는 정보만 물어다 준다, 쓸 만한 정보도 없고 효과도 없다는 평가였습니다.

실제는 어떻습니까? 프락치가 물어다 주는 정보보다 더 큰 건 뭐였죠? 우리 주변에 프락치가 있다는 의심으로 인해 어떤 일들이 벌어집니까? 멀쩡한 사람을 프락치로 의심해서 잡아다가 신문도 하고 그랬죠. 저도 한 번 해봤어요. 양복에 넥타이까지 매고 가슴에 꽃도 달았는데 자기 입으로 중앙정보부원이라는 겁니다. 척 보기에 이상하지만 그래도 자신이 중앙정보부원이라는데 그냥 보내줄 수는 없잖아요? 조사를 해봤더니 역시 가짜 학생이었어요. 불쌍해서 내보냈는데 하여튼 그런 쇼도 했습니다. 이 정도로 끝나면 다행이지만 상황이 엄혹할 때는 정말 묶어놓고 때리기까지 했어요. 유명했던 서울대 프락치 사건이 있죠. 그때 유시민이 잡혀 들어갔다가 '항소이유서'를 써서 유명해졌죠. 유시민이 때린 것은 아니었어요. 어쨌든 그때는 사람이 크게 다치지 않았지만 1990년대에는 한양대와 연세대에서 사람이 죽는 등 크게 잘못된 일이 있었습니다.

민중에게는 쓸 만한 수단이 많지 않습니다. 윤봉길 의사처럼 폭탄을 던진다든지, 안중근 의사처럼 총을 쏜다든지 하는 극단적인 행동으로 나가는 것 이외에는 말을 이용하는 수밖에 없죠. 말로 저쪽을 능멸하고, 욕보이고, 비판하고, 거기서 즐거움을 얻습니다.

반면에 정권은 활용 가능한 수단뿐만 아니라 정보도 엄청나게 많습니다. 가령 외환이나 주식 시장과 관련된 정보 같은 것들을 많이 가지고 있죠. 루머가 돌기 시작할 때 정부가 실제 상황을 적절히 설명했다면 사그라졌을 루머도 많아요. 그런데 어떤 목적을 갖고 정보를 통제하기 때문에 정보 불신으로 인해 루머가 많이 발생합니다.

지배층이 적극적으로 루머를 퍼뜨리는 경우도 꽤 됩니다. 이라크 전쟁이 왜 일어났습니까? 후세인이 대량살상무기를 가지고 있어서 그걸 찾으러 간 거죠. 왜? 그래야 세계 평화가 오고, 이라크 민중의 인권이 향상되니까. 이 이야기를 누가 만들었습니까? 미국이 만들었죠. 누가 제일 열심히 믿었습니까? 미국입니다.

이게 제일 고약한 경우입니다. 자신이 정보를 생산하고, 스스로 최면을 걸고, 스스로 정당화하는 것. 이런 것이 지배층에서 만들어내는 괴담입니다. 우리 사회가 이걸 괴담이라고 부르나요? 사실은 이거야말로 정말 괴담이죠. 대량살상무기 괴담. 그래서 엄청난 대량 살상을 했잖아요. 이런 부시에 대해 우리가 책임을 물었나요? 이번에 겨우 부시가 소속된 정당인 공화당 후보를 낙선시켰죠. 부시는 8년 임기를 마치고 물러났어요.

유언비어인가? 진실인가?

민중이 왜 『정감록』을 믿습니까? 현존하는 권력에 대한 불신 때문입니다. 권력 교체를 바라는데 자신은 힘이 없으니까 어디서 정도령이 나타나기를 기다리는 거죠. 이는 이미 숙명처럼 『정감록』에 의해 프로그램이 짜인 것이죠. 오늘일지 내일일지 정확하게 이야기할 수는 없지만 기어코 바뀌고야 만다. 그걸 믿는 겁니다.

여러분, 마녀사냥을 한번 보세요. 마녀사냥이 왜 벌어졌습니까? 거기서 죽은 마녀들이 어떤 사람들인가요? 여성에다 혼자 살고, 과부고, 가난하고, 장애가 있고, 대개 배우지 못한 그 사회의 밑바닥 인생이죠. 그런 힘없는 사람들을 제거하면서 누가 권력을 행사했습니까?

교회예요. 사회질서를 유지하기 위한 수단이기도 했던 거죠. 어떤 상황이었느냐 하면 그 당시 기준으로는 감당하기 힘들 정도의 사회 변화가 진행되었던 때입니다. 인구가 늘어나고 질병과 전쟁이 끊이지 않는 심각한 위기에 대처하기 위해 희생양을 만들어낸 겁니다.

괴담은 민중도 생산하고 권력 집단도 생산합니다. 그런데 민중은 권력이 만들어낸 괴담을 통제할 만한 수단이 별로 없어요. 권력은 어떻습니까? 통제할 만한 수단이 굉장히 많죠. 요즘은 인터넷 통제나 한나라당이 기를 쓰고 만들려고 하는 사이버 모욕죄 따위가 있겠지만 과거 인터넷이 없던 시절에는 막걸리 보안법, 국가보안법, 긴급조치 등이 있었습니다.

여러분, 1970년대에 긴급조치로 처벌받은 사람들이 누구입니까? 대다수가 입을 잘못 놀려 유언비어로 처벌받았죠. 내용은 어떤 겁니까? "유신헌법은 독재헌법이다!" "박정희가 장기 집권하려고 한다!" 이게 유언비어입니까? 아니죠. 진실을 유언비어라는 이름으로 처벌했던 게 그 시절입니다.

이 긴급조치가 떨어졌을 당시에 〈동아일보〉에서 기자들 100여 명이 쫓겨나고 〈조선일보〉에서도 30여 명의 기자가 쫓겨났어요. 이번 촛불시위 때 시민들이 조중동 광고주들한테 항의 전화를 했죠? 1970년대에는 중앙정보부가 광고주들에게 전화를 합니다. 중앙정보부 6국에서 그 무시무시한 남산에 광고주들을 불러다 놓고 "〈동아일보〉에 광고 안 주겠습니다"라는 서약서를 받았죠. 그리고 나서 거짓말처럼 광고가 끊깁니다.

〈동아일보〉를 보면 1974년 12월 말부터 신문의 광고지면이 정말 백지로 나갔어요. 그 당시 〈동아일보〉가 발행부수 1위, 열독률 1위였습니다. 그런 신문이 거저 찍어준다는데도 "아, 왜 이러십니까?" 하며 광고주들이 광고 동판까지 회수해 가니까 결국 백지로 나간 거죠. 그 대신에 시민들이 광고를 냈습니다. 돈을 내고 작은 지면이라도 사서 거기에다 하고 싶은 이야기를 맘껏 한 시절이 있었죠.

〈동아일보〉가 굴복하면서 기자들을 잘라버렸어요. 자유언론 실천 선언을 하던 기자들을 잘라버리고, 그 뒤로 〈동아일보〉가 망하기 시작했습니다. 〈조선일보〉는 눈치를 봐가면서 적당히 자르고 뒤로 다시 받아들였어요. 그런데 〈동아일보〉는 제일 똑똑한 기자들을 잘라버렸어요. 그런 사람들을 130명 정도 잘라버리니까 제대로 일할 사람이 거의 다 나가버린 셈이죠. 인재라는 측면에서 〈조선일보〉에 밀릴 수밖에 없었고, 또 〈조선일보〉가 정치 상황에 훨씬 더 능란하게 대처하면서 1980년대 들어 발행 순위가 바뀌었습니다.

그 당시에는 언론에 보도지침이라는 게 있었어요. 중앙정보부에서 전화가 오거나, 아니면 아예 '신문사 출입기자'를 상주시킵니다. 원래 정부부처를 출입하는 게 신문기자인데 거꾸로 신문사 출입기자라고 한 것은 일종의 비아냥거림이죠. 중앙정보부나 보안사, 시경 등에서 신문사로 기관원들을 보내 감시하게 한 까닭입니다. 주로 중앙정보부에서 나와 데스크 옆에 앉아 있었어요. 정부가 원하는 기사만 싣게 합니다. 그러니 신문이 제 역할을 못하고, 이른바 '카더라' 통신이나 유언비어가 번창할 수밖에 없습니다.

한국에서 일어난 데모나 반체제 소식들이 일본 언론에 먼저 실리는 경우도 많았습니다. 대표적으로 〈세카이(世界)〉라는 잡지에 '한국으로부터의 통신'이라는 제목의 연재가 있었습니다. 그게 다시 한국으로 들어와서 읽히는 유통 구조가 형성됩니다. 이런 유통 구조를 정보기구에서 이용하기도 합니다. 가령 독재정권이 원하는 북한판 정보를 만들어 일본 관료에게 주죠. 그걸 일본이나 미국에서 외신으로 띄우면 우리 신문사에서 받아 '인용 보도'를 합니다. 사실은 여기 중앙정보부나 안기부가 만든 정보죠. 그렇게 해서 정보기관이 만들어낸 괴담이 도는 경우도 많습니다.

광우병 괴담 없애겠다고 사이버 모욕죄 같은 황당한 법을 만들어 인터넷 통제를 한다고 합니다. 여러분, 생각해보세요. 광우병 괴담을 없애기 위해 인터넷을 통제하는 게 효과적일지, 아니면 그따위로 협상하지 않는 게 더 효과적일지. 그러면서 웃기는 이야기를 하죠. "똑같은 먹을거리 문제인데 왜 멜라민 갖고는 시비를 안 하느냐?" 간단한 방법이 있죠. 정부에서 멜라민이 무해하다고 선전하고, 수입해서 시식회 한 번만 하면 괴담 생기고 촛불시위 나오는 거야 일도 아니겠죠.

괴담,
없애려 말고 즐겨라

자, 괴담이 왜 자꾸 퍼질까요? 여러분, 〈가족오락관〉이라는 오락프로 그램이 있죠? 거기서 하는 게임 중에 귀에 특수 귀마개를 쓰고 말을 전달하는 게임이 있어요. 입모양만 보고 내용을 전달하니까 "철수가 밥 먹으러 오래"라는 말이 몇 단계를 거치면 "아무개 아버님이 돌아 가셨대"로 완전히 바뀌어버립니다. 이렇게 전달 과정에서 메시지가 왜곡되는 것은 어찌 보면 당연하다고 생각합니다.

그런데 전달 과정에서 왜곡이 있을지언정 많은 괴담에는 진실이 숨 어 있어요. 괴담이 힘을 발휘하는 이유가 여기 있습니다. 하나부터 열 까지 다 가짜로 판명된다면 어떻게 힘을 발휘하겠습니까?

이야기의 주체가 되고 싶어하는 대중의 욕구

제가 미국에 처음 갔을 때 슈퍼마켓에서 파는 주간지를 보고 깜짝 놀 랐어요. "외계인이 발견되었다." "아무개 스타는 외계인이다." 이런 내용이 슈퍼마켓 계산대 옆에 즐비하게 있어요. 보통 옐로페이퍼, 황색 신문이라고 이야기하는 거죠. 그런 걸 열심히 사다 읽는 사람들이 있지만 심각하게 받아들이지는 않죠. 왜? 거기 실린 내용은 100퍼센트 구라니까.

루머는 어때요? 굉장히 많은 진실을 담고 있죠. 가령 우리 사회에서 사람들이 루머에 가장 많이 귀를 기울인 때가 10·26 직후였던 것 같아요. 박정희가 중앙정보부장한테 총 맞아 죽었다. 얼마나 황당하고 충격적인 사건입니까? 모든 사람들이 루머에 목말라할 수밖에 없겠죠. 그런 루머를 수집하는 데가 중앙정보부 같은 곳인데 오히려 중앙정보부장과 부하들이 루머의 최고 진원지가 되어버린 겁니다.

요즘 연예인에 대해 말들이 많죠. 나훈아 씨의 루머도 있었고 최진실 씨의 경우에는 불행하게 희생되어 목숨까지 끊었는데, 사실 1970년대 연예인들은 루머가 굉장히 많았습니다. 그 루머들에 개연성이 있었던 게 최고위층 권력자들이 톱클래스 연예인들을 노렸거든요. 그때 잘못했던 것이 육영수 여사 돌아가신 다음에 박정희를 장가보냈어야 해요. 아, 진짜입니다. 박정희를 젊고 예쁜 여자한테 장가를 들였어야 했는데 안 한 거예요. 왜? 권력이 바뀔 수 있잖아요.

조선 500년 역사에서 유림, 사람들의 최고 목표가 뭡니까? 국혼(國婚)입니다. 국혼을 놓치지 마라. 모든 불씨는 혼맥 아닙니까. 그런데 당시 문세광 사건으로 박종규가 쫓겨나고 차지철, 김재규로 권력이 나름 평형을 이루었으니 차지철이 신붓감을 추천할 수도 없고 김재규가 추천할 수도 없는 상태였어요. 그래서 예쁜 연예인들을 골라주는 거죠.

그와 관련된 괴담들이 많습니다. 어떤 아파트 단지는 몇 시만 되면

연예인 X파일 문서의 표지
연예인의 사생활에 대해 시중에
떠도는 이야기를 한국 최고의
광고 기업이 직접 정리해 문서
로 만들었다는 사실 자체가 거
의 괴담 수준이다.

단지 전체가 정전이 된답니다. 바로 각하가 오실 때죠? 그 시간에 주
책없이 문 열고 나갔다가 경호원한테 한 대 맞았다는 그럴듯한 소문
까지 돌고⋯⋯. 10 · 26사태를 통해 그런 유의 괴담들이 사실이라는
게 드러나버립니다.

그 시절에 누가 인기 절정이었다가 갑자기 쇼 프로그램에서 사라지
면 별의별 흉흉한 소문들이 다 돌았죠. 남북 간에 외교 경쟁이 치열해
서 아프리카의 어느 나라가 우리하고 수교를 맺느냐, 이북하고 수교
를 하느냐에 사활을 걸었어요. 외교 경쟁으로 인해 아프리카 대통령
들이 자주 왔다 갔다 했죠. 그런데 아프리카 대통령이 돌아가고 1년
쯤 지나면 누가 결혼을 했는데 아이 피부색이 어쨌다더라 하는 괴담
들이 돌았어요.

젊은 여성 연예인의 값이 매겨지는, 심지어 중고생들까지도 누구는
얼마래, 하는 식으로 소문이 유통되고 소비되는 구조가 엄연히 존재
했습니다. 연예인들이 권력과 매개된 소문에서 벗어난 게 우리 사회
가 민주화된 다음이죠. 그 전에는 권력이 부르면 "네" 하고 가는 게

딴따라였는데 민주화되고 국민소득이 높아지면서 연예인과 권력자가 얽힌 괴담들이 많이 사라졌어요.

정보가공자들의 세계

한국에서 '소문' 하면 떠올릴 수 있는게 여의도의 증권가 찌라시죠. 루머, 유언비어의 대표 진원지입니다. 최진실 씨 사건의 발단이 된 여성도 증권사 직원입니다. 그 여성의 업무가 찌라시 제작과 관계가 있는지는 잘 모르겠습니다만 증권사 직원이 루머에 굉장히 밝고 정보가 빠르다고 하죠.

증권사 찌라시 같은 게 존재하는 이유는 한국 기업들이 불투명해서라고 생각합니다. 기업이 투명하면 누가 찌라시를 보겠습니까? 그게 말이 찌라시지 엄청 고가라면서요. 정보에도 레벨이 있어 신문 보듯이 한 달에 1만 몇천 원 주고 보는 게 아니고, 일주일에 몇십만 원짜리도 있답니다. 그런 찌라시에서 출발해 제일 성공한 게 뭡니까? 〈월스트리트 저널〉이죠. 이름 그대로 증권가 찌라시 아닙니까? 그런데 차원이 다르죠. 사기의 단위나 대상이나. 뭐, 워낙 차원이 다르니까 사기라고 안 하는 것뿐입니다.

원래 그 세계에 루머가 많죠. 그래서 찌라시에 실린 정보가 사흘 뒤나 일주일 뒤면 신문에 실립니다. 증권가에서는 소문에 사고 보도에 팔라고 하죠. 보도가 될 때면 벌써 다 퍼져서 작전세력이 할 만큼 했으니까 마지막까지 상투 잡고 있지 말고 빨리 팔라는 이야기입니다.

증권가 찌라시가 우리 사회에 본격적으로 퍼진 것은 전두환 때예요. 그때가 어떤 시절입니까? 우리 정치사에서 가장 불투명할 때죠.

권력자의 한마디에 대기업이 공중분해됩니다. 국제그룹은 전두환의 한마디에 해체되었잖아요. 권력자들이 자기들 입맛에 따라 마음대로 구조조정을 할 때였어요. 또 관치금융으로 정부가 모든 정보를 쥐고 있으니까 소수 권력자들의 향배나 동향에 대한 관심이 높을 수밖에 없습니다. 그게 돈이 되니까. 그래서 권력 주변의 동향을 중심으로 자연스럽게 찌라시가 만들어지게 됩니다.

찌라시가 유통되려면 정보가 정확해야죠. 그래야 크게 한번 해먹으니까 나름대로 정확성을 기하고, 찌라시에 올랐던 말들이 대개 사실로 드러납니다. 가령 어떤 연예인이 재벌하고 썸씽이 있다고 하면 며칠 후에 그게 신문에 기사화됩니다. 사실 신문기자들도 그런 데서 정보를 많이 얻거든요. 한화 김승연 회장의 대리 폭행 사건 같은 경우에는 소문이 쫙 돌았다고 해요. 그걸 기사화한 게 〈한겨레〉고요. 소문으로 떠돌던 것을 당사자에게 확인한 거죠.

X파일 혹은 증권가 찌라시 같은 것을 한국 최고의 기업에서 가장 많은 월급을 받는 엘리트 직원들이 작성해서 돌려요. 연예인 X파일은 제일기획 같은 한국 최고의 기업이 만들어서 돌리죠. 내용은 또 얼마나 흥미진진합니까. 대중이 안 믿으면 오히려 이상한 거죠. 언론에서는 아예 별책부록으로 만들어 판매하기도 합니다.

성혜랑 사건을 보면, 이한영과 성혜랑이 전화통화를 했다는 게 〈월간 조선〉의 별책부록으로 판매가 되었습니다. 이런 소문을 기성 언론이 많이 씁니다. 중앙정보부, 안기부 같은 데서 수집한 정보도 소문들을 모아놓은 게 많거든요. 그래서 찌라시 편집회의에 정보부 기관원들이 참여합니다. 자기네들끼리도 정보를 교류하죠. 서로 접근하는 정보가 다르기 때문에 고급 정보를 주고받아 일종의 정보 카르텔을 형성하는 겁니다.

저는 민주화되면서 괴담도 많이 착해졌다고 생각합니다. 동화를 연구하는 사람들에 따르면 백설공주는 아주 끔찍한 괴담이었다고 하죠. 지금 우리가 생각하는 아름다운 이야기가 아니라는 겁니다. 백설공주가 계모의 미움을 받아 쫓겨난 것이 실은 아버지와 근친상간을 하기 때문이라는 거예요. 계모가 딸을 난쟁이 같은 평민 집단으로 쫓아버리고 결국 살해했죠. 그런데 왕자가 나타나 키스를 하니까 깨어났다고 하잖아요. 이게 뭘 상징하느냐 하면 왕자가 공주의 시신을 시간(屍姦)했다는 거예요.

민중 입장에서 보면 지배자라는 놈들은 근친상간하고 시간이나 하는 황당한 놈들이라는 겁니다. 여기에 비하면 요즘 도는 괴담이야 엄청나게 착해진 셈이죠.

5공 시절에도 악성 괴담들이 있었죠. 각하께서 누굴 좋아했는데 여사님이 진노하셔서 어쩌고저쩌고 하는 소문의 대상이 되었던 연예인은 실제로 한동안 텔레비전에 못 나왔어요. 그때에 비하면 괴담도 민주화와 함께 많이 착해졌습니다. 그러나 여전히 발생하기는 하죠.

괴담을 만드는 백성들의 속뜻을 읽어라

영화 〈여고괴담〉이 나오고 10여 년이 지났지만 아직도 학교는 귀신이 나오는 곳입니다. 지금은 학교 화장실이 수세식으로 바뀌어 귀신들이 밑에서 나오기 힘든 상황이지만 여전히 학교는 귀신이 나오는 곳으로 인식되고 있습니다. 괴담이 발생하는 사회구조는 그대로인 거죠. 미국산 쇠고기의 안전성이라든가 협상의 졸속성 같은 부분에 대해 대중이 의심을 품고 있는데, 그런 국민들의 의심을 인터넷에 떠도는 몇 가지 괴담에다 뒤집어씌우는 게 말이 됩니까?

인터넷의 발달에도 불구하고, 아니 인터넷 때문에 괴담은 더욱더 유통될 것입니다. 권력이 부패했을 때, 그리고 그 부패에 대한 저항이 있을 때 괴담은 반드시 돌게 되죠. 대중은 자신이 가진 정보를 자신이 믿는 방향으로 유통시킬 겁니다. 선망이 있고, 욕망이 있는 곳에 괴담이 반드시 있을 겁니다. 민중이 권력의 부패를 질타하는 것, 바로 이것이 우리가 흔히 이야기하는 괴담이라고 생각합니다.

때로 지배층도 괴담을 만들어내지만 우리가 보통 괴담이라고 하는 것은 압도적으로 대중이 생산하고, 유통시키고, 소비합니다. 대중은 괴담의 대상이 아니라 괴담의 소비 주체이고 생산자입니다. 특히 인터넷 시대가 되면서 생산과 유통에 보다 적극적으로 개입하죠. 대중은 그런 개입을 통해 자신이 살아 있음을 느낍니다. 그래서 저는 괴담을 없애려고 하는 자는 반드시 패배할 수밖에 없다고 생각해요. 괴담을 없애려고 무리를 하면 오히려 더 큰 괴담을 만들어내겠죠.

사회구조 자체를 바꾸고 정치, 경제의 투명성과 더불어 정보의 편중성 및 접근성 같은 문제들을 해결하지 않는 한 괴담은 언제든지 유통될 수밖에 없습니다. 권력자들도 괴담에 대해 무조건 발끈할 것이 아니라 괴담과 더불어 즐겁게 살아가는 법을 배워야 하죠. 우리가 어릴 때 들은 옛날이야기들이 대부분 괴담 아닙니까? 그런 옛날이야기를 때로는 재미있어하고 때로는 무서워하면서 살아왔잖아요.

무조건 없애려고 할 게 아니라 괴담을 만들어내는 백성들의 마음을 읽고 그 마음을 따라갈 때 괴담은 줄어들 겁니다. 그리고 괴담보다 더 재미있는 일들, 더 신나는 일들이 많을 때 괴담은 줄어들 겁니다. 괴담을 그저 괴담으로, 이야기로, 우리가 가볍게 소비하는 방향으로 나아가고 민주화와 정보 공개를 통해 풀어가야 합니다. 없애려고 무리하게 억압하고 맞서는 자는 풍차를 향해 달려가는 돈키호테처럼 백전백패할 수밖에 없어요. 안타깝게도 지금 이명박 정권이 그러고 있죠. 우리는 괴담을 만들고 즐길 권리가 있습니다. 그것마저 못 하면 무슨 재미로 삽니까?

질의응답

Q —— 국정원 과거사진실위원회 활동 당시에 KAL기 폭파범인 김현희 씨를 직접 만나보셨나요?

A —— 못 만났습니다. 만나고 싶었는데 김현희가 완강히 거부했습니다. 사실 만난다고 해서 조사 내용이 바뀌거나 하지는 않아요. 김현희를 만나 우리가 확인하려는 것은 "당신 북에서 온 것 맞소?" 묻고, 그에 대해 "예"라는 답변을 듣는 것뿐인데요. 따지고 보면 그 답을 듣지 못했기 때문에 조사 후에도 계속해서 불신을 받고 있죠. 그렇지만 내용상 북한이 김현희라는 특수공작원을 통해 KAL기를 폭파한 사실은 의심할 여지가 없어 보입니다.

다만 과거사위 활동 중에 KAL기 기체를 찾는 문제와 관련해 아쉬운 부분이 있습니다. 동체 추정 물체를 발견했다는 이야기가 있었습니다. 버마(미얀마) 쪽에서 초음파 사진을 보여주었거든요. 세 토막이나 있는데, 하나는 앞이 뾰족하고 그 다음 것은 매끈해요. 세 토막이 난 것을 합치면 비행기 동체 길이가 나오더라고요. 옆에 떨어져 있는 물체는 랜딩기어처럼 생겼습니다. 실제로 만져봐야 동체를 발견했다고 발표할 수 있는데 그 당시 버마가 우기였어요. 우기가 끝날 때까지 석 달, 넉 달을 마냥 기다릴 수가 없잖아요? 그 사이에 정보가 새나가 가령 일본에서 먼저 확인해 발표하면 어떻게 합니까? 과거사위원회가 의도적으로 감추었다는 역풍을 맞을 수도 있잖아요. 위험부담을 감수한 채 초음파 사진 모양이 이러니까 99퍼센트 확실하다고 동체 '추정' 물체로 발표할 수밖에 없었죠. 그런데 바다에 들어가 보니 바위였어요. 동체를 못 찾아서 유가족들께 죄송하고 과거사위 입장에서도 굉장히 아쉬웠지요. KAL기 폭파 사건에 대해서는 가시적인 결과를 못 내어 안타까운 마음이 있습니다.

경찰 폭력의 역사,
일본 순사에서
백골단 부활까지

한국 경찰의 역사를 돌아본다

국가 주도의
합법적인 폭력 집단, 경찰

오늘의 주제는 경찰 폭력입니다. 지난 촛불시위 때 우리가 평화적인 시위를 하다 경찰들의 폭력을 직접 경험하면서, 도대체 경찰은 우리에게 어떤 존재인지 여러 가지 생각을 하게 되었습니다. 아마 우리가 평시에는 경찰청장이 누군지 이름도 잘 모르고 지냈을 겁니다. 그런데 이번 경찰청장만큼 대중의 입에 많이 오르내리는 사람도 없는 것 같아요.

요즘 이 정권에 '3수'가 있다고들 하는데 가장 윗자리의 한승수나 강만수를 제치고 경찰청장인 어청수가 첫손가락에 꼽힙니다. 불행한 시대죠. 저는 경찰이 이렇게 사람들의 입에 오르는 것이 경찰을 위해서도 대단히 불행한 일이라고 생각합니다. 이명박 정권에서 촛불 위기를 넘긴 일등공신 중 하나로 경찰청장을 꼽고 있습니다. 경찰 조직은 국민들에게 크나큰 불신과 불만의 대상인데 정권 내부에서는 오히려 위상이 높아지는 불행한 역사가 지금 되풀이되고 있는 겁니다.

모든 국민이 경찰청장 이름을 아는 불행한 시대

경찰의 폭력성이 화두인데요. 우리가 반드시 짚고 넘어가야 할 것이 경찰은 원래 폭력을 행사하는 집단이라는 겁니다. 다만 경찰의 폭력에는 합법성이 부여되죠. 사실 폭력을 쓰는 사람이나 집단은 많아요. 작게 보면 동네 양아치부터 건달, 깡패, 조폭에 이르기까지 수두룩합니다. 건달, 양아치 따위는 개인이 폭력을 행사하지만 집단화되면 조직폭력이 되잖아요. 그럼 가장 센 조직폭력은 누구일까요?

우리는 '조직폭력배' 하면 쇠파이프나 도끼, 사시미 칼 등을 떠올리죠. 그런데 제일 큰 조직폭력은 무엇을 들고 나옵니까? 탱크나 비행기를 들고 나오죠. 바로 군대입니다.

그럼 군대와 테러집단의 차이는 무엇일까요? 두 조직 다 무력을 쓰지만 군대는 국가들끼리 공인한 정당한 무장력이고, 테러집단은 국가 간 공인을 받지 못해 그 클럽에 끼지 못했기 때문에 위험한 테러집단 또는 무장단체가 되는 겁니다.

제일 큰 조직폭력인 군대를 공인하고 움직이는 건 국가죠. 그래서 국가야말로 가장 강력한 폭력집단이라고 할 수 있습니다. 이건 제 이야기가 아니라 유명한 역사사회학자 찰스 틸리(Charles Tilly)가 「조직폭력으로서의 국가 세우기」라는 논문에서 밝힌 거죠.

틸리는 국가와 조직폭력의 원리가 똑같다고 주장했어요. 어떤 원리가 똑같을까요? 조폭 세계에는 '나와바리' 라고 일정한 영역이 있습니다. 그 영역에서는 특정 조폭 집단이 독점적, 배타적인 폭력을 행사할 수 있죠. 만일 남의 구역에 가서 폼을 쟀다가는 어떻게 되나요? 칼 맞습니다. 그래도 그쪽 세계에서는 뭐라고 할 수 없죠. 남의 영역에 들어간 놈이 잘못입니다.

조폭 집단은 자신의 영향하에 있는 영역에서 일차적으로 보호, 서비스를 제공합니다. 그러면 조폭과 양아치의 차이는 무엇일까요? 여러분이 포장마차를 한다고 합시다. 양아치는 직접 찾아와서 돈을 뜯죠. 사실 조폭은 포장마차 정도는 상대를 안 하지만 어쨌든 조폭이 여러분을 찾아오면 처음에는 아주 정중하게 이야기할 겁니다.

대한민국 역사상 가장 유명했던 경찰청장
2009년 1월 29일 오전 서대문구 미금동 경찰청에서 열린 퇴임식에서 어청수 전 경찰청장이 눈물을 닦고 있다.

"장사하는 데 애로사항은 없으십니까? 누가 와서 귀찮게 하지는 않습니까? 귀찮게 하는 양아치가 있으면 저희에게 꼭 연락을 주십시오." 그러면서 약간의 수고비를 얻어 가죠. 양아치들처럼 삥 뜯고 소주 몇 병에 안주 잔뜩 먹고는 "달아 노슈" 이런 거 없습니다. 조폭은 그렇게 굴지 않아요. 또 양아치가 깝죽대다 걸리면 조폭이 혼내주죠. 조폭은 이렇게 영역 안에서 일정한 보호기능을 제공합니다.

그런데 만약 조폭이 요구하는 보호세금을 안 내면 어떻게 될까요? 아예 장사를 못 하죠. 양아치는 한번 뒤집어 엎는 정도라 하루 이틀 장사 망치는 것으로 그치지만, 조폭에게 밉보이면 아예 장사를 못 합니다. 서비스와 보호를 제공하는데 그에 대한 세금을 안 내면 완전히 밟아놓는 겁니다.

국가도 그렇습니다. 국가에 세금을 안 낸다든지 국가가 정해놓은 규칙을 어기면 살아가기 힘들겠죠. 국가란 일정한 영토 안에서, 일정한 국민을 대상으로 독점적으로, 그리고 합법적으로 폭력을 행사하는 집단입니다. 우리는 사회구성원으로서 국가라는 정치공동체에 폭력을 행사할 권한을 위임한 것이죠. 그래서 일반적으로 정상적인 상태에서 국가가 사용하는 폭력은 폭력이되 정당성, 정통성을 지니는 합법적인 폭력입니다.

국가가 주도하는 폭력기관은 크게 둘로 볼 수 있습니다. 하나는 군대고, 다른 하나는 경찰이죠. 군과 경찰은 어떻게 다를까요? 우선 장비 면에서 다르죠. 군대가 갖고 있는 폭력수단은 탱크나 미사일, 전함, 헬기 등 중무장한 무력입니다. 경찰도 해안경비정이나 헬기 등이 있지만 군대가 보유한 구축함, 아파치 헬기 같은 것하고 무력 측면에서 비교가 안 되겠죠.

장비 말고 또 어떤 차이가 있을까요? 폭력의 대상과 규모가 다르죠. 군은 외부의 적을 상대로 폭력을 사용합니다. 침략해오는 적을 막기 위한 폭력이기에 규모도 큽니다. 많은 국가들이 군대를 키우는 이유가 적을 막는 것만이 아니라 다른 나라를 쳐들어가기 위해서이기도 하지요. 물론 공식적으로는 부인하겠지만요. 군대가 싸워야 할 대상은 자신과 마찬가지로 일정한 영역에서 무장을 갖춘 세력이기 때문에 규모나 무력이 어마어마한 것입니다.

경찰은 어떻습니까? 폭력을 사용하는 대상이 누구입니까? 국민입니다. 뭐, 우리 같은 사람들이 이야기할 때는 '폭력을 행사한다'고 하지만, 경찰 입장에서는 '위임받은 경찰권을 발동한다'고 하겠죠. 어쨌든 경찰은 주권자이자 납세자인 국민을 상대로 경찰권을 발동해야 하기 때문에 적법절차를 강조할 수밖에 없습니다.

그래서 우리는 국방과 치안을 구분합니다. 우리 헌법의 원리 자체가 그래요. 군을 함부로 동원해서는 안 되죠. 군을 동원해 국내 치안을 유지하는 상태를 무엇이라고 합니까? 바로 계엄 상황이라는 겁니다. 계엄보다 약간 등급이 낮은 위수 상황이라고도 하죠. 계엄 같은 비상사태가 아닌 다음에는 우리 헌법에서 군을 대내 치안에 동원하는 것을 엄격하게 금지하고 있어요.

국방과 치안의 분리는 자유주의 국가의 근본 원칙입니다. 미국에서 9·11사건 이후에 이 원칙을 깨려는 움직임도 있었습니다만, 적어도 우리 헌법의 기본 정신은 국방과 치안을 엄격하게 분리합니다. 경찰권이 국가가 일상적으로 행사하는 폭력인 반면, 군은 평시에는 훈련만 하고 있죠. 군을 실제로 동원하려면 매우 엄격한 조건에 따라 정당한 절차를 밟도록 되어 있습니다.

얼마 전에 경찰기념식이 있었습니다. 원더걸스를 불러서 공연도 하고 수십억 원을 들여 위문잔치와 표창을 했다고 신문, 인터넷에서 보셨을 겁니다. 그런데 경찰 창설일이 1945년 10월 21일입니다. 정부 수립보다 2년 10개월 빠르죠. 그러니까 경찰은 대한민국 정부 수립 이전에 만들어졌습니다. 어디서 만들었습니까? 미군정하에서 만들어졌습니다. 일제강점기의 경찰 조직을 그대로 이어받았죠. 어쨌든 우리나라는 정부보다 경찰 조직이 더 빨리 만들어졌다는 점을 기억하면서 다음 이야기로 들어가겠습니다.

정부 수립보다 빨랐던
경찰 창설일의 비밀

옛날에 어린아이가 울 때 "호랑이가 잡아간다"고 얼러도 아이들은 울음을 그치지 않죠. 그런데 곶감을 준다고 하면 얼른 울음을 그쳤다고 합니다. 호랑이보다 더 무서운 게 곶감이에요. 그럼 곶감보다 더 무서운 것은 뭘까요? 순사입니다. 일제강점기에는 "순사 온다, 순사가 잡아간다"는 말에 어린아이들이 울음을 뚝 그쳤죠. 여기 앉아 계신 분들은 그런 이야기를 들은 적이 없을 테지만 저희 때만 해도 "순사가 잡아간다"는 이야기를 어른들이 왕왕 했거든요. 도대체 순사가 어쨌기에 아이들이 울음을 그쳤을까요?

순사의 전성시대

당시 순사가 가지고 있던 권한을 짚어보겠습니다. 우선 길 가는 사람을 잡아다 태형을 가할 수 있었습니다. 요즘 경찰봉과 회초리의 중간쯤 되는 제법 큰 매로 사람을 반 죽을 만큼 팰 권한이 있었어요. 그야말로 즉 결처분이죠. 순사가 봐서 맞을 짓을 했다. 그러면 패는 겁니다.

그런데 법적으로 맞을 짓이란 것은 없습니다. 근대 법칙에서 가장 중요한 것은 자유형은 허용해도 신체형은 허용하지 않는 거예요. "저 놈을 매우 쳐라"라는 명령은 전근대적인 원님 재판 때나 있었죠. 근대로 들어오면서 형벌체계가 바뀝니다. 죄형법정주의, 증거주의 같은 사법절차가 들어오면서 신체형이 없어졌습니다. 신체형이란 게 무엇입니까? 절단, 참수, 죄지은 손을 자른다든지, 욕망의 창인 눈알을 뺀다든지, 코를 벤다든지, 거세한다든지⋯⋯. 그런 신체형들이 있었고 고문이나 태형도 있었습니다. 싱가포르 같은 나라에는 아직도 채찍으로 때리는 태형이 있어요. 그렇지만 싱가포르는 재판을 통해 태형을 가하죠. 일제강점기에는 순사 개개인에게 태형의 권한이 있었으니 그 힘이 말도 못 하게 셌죠.

일제가 조선을 강점한 이후 3·1운동까지는 '헌병경찰' 체제였습니다. 경찰과 헌병이 조직체계는 분리되어 있지만 실제 경찰 조직을 헌병에서 관리했어요. 그래서 경찰이 본래 가지고 있던 치안 유지 기능 이외에 행정과 사법에 걸쳐 엄청난 권한을 행사하게 되었지요. 경찰 본연의 임무라는 게 도둑놈을 막고 소매치기를 잡고 폭력배를 단속하는 것 아닙니까? 그런데 일제 초기에 치안 유지의 가장 주된 대상은 바로 의병이었습니다. 의병을 대상으로 하다 보니 경찰의 주 임무가 군사작전일 수밖에 없었던 겁니다.

현재 우리나라 경찰이 15만 명 가까이 됩니다. 전·의경이 5만 명이고 직업 경찰관이 10만 명입니다. 그런데 일제강점기의 경찰은 2만 6,000여 명밖에 안 되었습니다. 지금 15만 명의 경찰로 남한을 관장하는데 그때는 2만 6,000여 명으로 남북한 전체를 관장했어요. 그러니 어떻겠습니까? 경찰 기구 전체와 순사 개개인에게 엄청난 폭력을 사용할 수 있는 권한이 주어졌을 테고 그 폭력의 힘으로 치안을 유지했던 것입니다.

그 당시 경찰의 권한이 막강해 심지어 검사가 없는 지역에서는 검사의 역할을 대행했어요. 또 200원 이하의 민사소송은 경찰서장이 조정했습니다. 서장이 조정하면 확정판결과 같은 효력을 가집니다. 그밖에 호구조사, 임야 단속, 국경 관세 징수도 하고 세금 징수, 농업지도, 어업 단속, 해충구제, 산업 정리, 부업 장려도 했습니다. 그러니까 시골에서 벌어지는 모든 일상에 깊숙이 개입해 통제할 수 있었어요.

지금이야 행정체계가 굉장히 세분화되면서 공무원 수도 늘었잖아요. 행정이 서비스 차원에서 이루어지는 거죠. 선진국일수록 정부기구가 커질 수밖에 없는 겁니다. 우리나라는 사실 공무원 수가 매우 적은 편에 속합니다. 이명박이 작은 정부 운운하며 떠들지만 OECD 국가들 중 국민 일인당 공무원 수는 최저 수준입니다.

일제강점기에는 어떻습니까? 일본 제국주의가 점령지역을 통치하는데 행정력을 제대로 갖출 리 없겠죠? 그게 다 돈이잖아요. 그래서 적은 숫자로 행정과 치안을 유지하려니까 훨씬 많은 업무를 하게 되고, 그래서 막강한 강제력을 주었죠.

3·1운동이 벌어지면서 우리나라 사람들이 들고 일어났습니다. 일본도 억압적으로서만 해서는 안 되겠다는 판단하에 이른바 문화정치를 실시합니다. 언론, 출판, 집회, 결사의 자유를 허용하죠. 그러나 정당은 허용하지 않았습니다. 총독은 육군 대신이 맡던 것을 해군 대신이 맡게 하고 현역이 아니라 예비역을 임명합니다. 그러면서 '헌병경찰제'를 폐지하고 이른바 순사(민간경찰)가 관할하는 것으로 제도를

바꾸죠. 일단 따로 순사복을 마련해 착용했습니다. 그런데 그 당시 신문이나 잡지에서 순사에 대해 "옷만 바뀌었다"고 평했어요. 태형은 없어졌지만 순사가 여전히 막강한 권한을 행사했고, 다른 행정에 관련된 권한도 더 부여했습니다. 경찰력은 오히려 더 강화되었다고 볼 수 있습니다.

전시체제가 되면서 경찰에 다른 역할들이 부여됩니다. 중국과 전쟁을 벌이면서 중국이 적성국가가 되었죠. 그 다음에 러시아를 상대로 반공태세를 확립하면서 러시아도 적성국가가 되었습니다. 만주에서 들어온 사람들, 중국 본토에서 온 사람들, 러시아 연해주 쪽의 우리 동포들이 계속 왕래해왔는데 일본이 이들 나라와 전쟁을 시작하면서 모두 적성국가가 되어버린 것 아닙니까? 그래서 경찰의 반공, 방첩 활동이 강화됩니다.

또 외국인을 상대로 하는 경찰활동, 이른바 외사 경찰 제도가 신설되고요. 경제활동, 다시 말해 물자의 분배, 통제 같은 부분이 전쟁 수행에서 굉장히 중요한 영역이다 보니 자원 통제를 담당하는 경제 경찰이 신설됩니다. 사상 탄압의 비중도 커집니다. 고등경찰이 활동하면서 국민들 속에서 각종 유언비어들, 가령 반전 분위기라든가 일본의 패전 가능성에 대한 전망을 단속하는 활동이 강화됩니다. 우리나라 반상회의 전신이 되는 애국반 활동과 지방 유지들을 상대로 좌담이나 강연을 하는 각종 시국 관련 좌담회도 경찰이 주도해 이끌어갑니다. 경찰이 총동원 체제의 최일선 조직으로 활동하며 사상 문제까지 담당하게 되죠.

일제강점기의 경찰은 그렇게 우리 생활에 깊이 개입하며 사사건건 규제를 했어요. 그런 기억이 계속 남아서 "순사가 온다"는 말을 어렸을 적에 할머니, 할아버지들께서 많이 하셨던 것입니다.

해방 직전 경찰 숫자가 총 2만 6,000여 명입니다. 그중 조선인이 1만여 명이고 일본인이 1만 6,000여 명입니다. 고급 간부일수록 일본인들이 많죠.

가슴 아픈 대한민국 경찰 역사의 뿌리

첫 시간에 친일파 문제를 이야기하면서 친일파 청산은 가능한 한 많이 봐주는 게 잘하는 것이라고 말씀드렸습니다. 물론 친일파가 다시는 세력을 잡지 못하는 상황에서라야 합니다. 친일 문제에 관해서는 다른 연구자들과 제 생각이 조금 다를 수도 있습니다. 저는 해방된 마당에 본인이 반성하고 고백하고 사죄한다면 웬만한 친일파는 다 봐줘야 한다고 생각하니까요. 단, 독립운동가를 밀고하고, 체포하고, 고문하고, 학살한 놈들은 절대 봐줄 수 없겠지요.

자, 그런 친일파들이 어디에 제일 많았겠습니까? 일본 경찰하고 헌병 보조원들 중에 많겠죠. 이자들은 정말 악랄한 친일파입니다. 해방되었을 때 제일 두려움에 떨었던 사람들이 일본 경찰에 있던 조선인들이죠. 실제로 이들을 잡아다가 혼을 낸 지역도 많습니다.

친일 경찰들 중에서 가장 기회주의적인 자들이 해방되자마자 태극기를 그려서 길거리로 나온 놈들이죠. 태극기를 어디에다 그렸습니까? 놀라운 재활용 정신이죠. 일장기 위에다가 그렸습니다.

여러분, 한번 생각해보세요. 해방되었을 때 사람들이 길거리에서 태극기 흔드는 사진 보셨죠? 그런데 당시 평범한 조선인들 중 태극기에 대해 아는 사람들이 얼마나 되겠습니까? 여러분은 태극기 제대로

직급	간부급				비간부급 (순사부장 및 순사)	합계
	경찰부장	경시 (현 총경)	경부 (현 경정)	경부보 (현 경감)		
조선인	1	21	105	220	10,272	10,619
일본인	12	48	433	790	14,775	16,058
합계	13	69	538	1,010	25,047	26,677

광복 직전 총독부 경찰관의 조직 구성

그리실 수 있어요? 초등학교 때 태극기 그리기 시험도 봤잖아요. 참 그리기 어렵습니다. 3, 4, 5, 6. 건곤감리. 괘가 어떻게 배치되는지 헷갈리죠. 태극이 어떻게 휘어지는지도 알 수 없고. 지금이야 인터넷이 있지만 1945년에는 지식 검색을 해볼 수도 없어요.

사실 해방될 때까지는 태극기가 쓰인 기간이 짧았거든요. 구한말부터 1910년 경술국치까지 얼마 되지 않잖아요. 텔레비전도 없고 신문, 잡지를 통해 본 것도 아니고. 사진이 있겠어요? 정말 우리나라 사람들 중에 태극기 이미지를 아는 사람은 별로 없었겠죠. 하지만 일본 경찰에 소속된 조선인 형사들은 알고 있었을 겁니다. 경찰서 고등계에는 압수한 태극기가 비치되어 있을 테니까요. 그 사람들이 해방이 되자 눈치를 보면서 그려갖고 나온 게 많지 않았을까 생각합니다.

해방 이후 친일 경찰들이 어떻게 살아남았을까요? 미국의 역할이 대단히 중요합니다. 미국이 없었으면 다 해체되었을 겁니다. 미군 사령관의 포고령은 어때요? "경거망동하지 마라. 법을 지켜라. 법질서는 살아 있고 모든 관료들은 현업에 충실해라." 여기서 관료들이 누구예요? 총독부에 근무하던 관료와 경찰이죠. 왜 미국이 그들을 살려주었을까요? 미국 입장에서는 한반도의 질서 유지가 대단히 중요한 문제였죠. 미국은 그들이 현직에 머물도록 했습니다.

미국은 점령군으로서 조선에 대해 파악하지 못했어요. 일본은 조선을 침략하기 위해 굉장히 많은 연구를 하고 들어왔지만 미국은 준비가 부족한 상태에서 점령했죠.

그때 유명한 이야기가 있습니다. 친일파를 청산해야 한다는 의견을 영어로 미군정에 전했죠. "pro-Jap들을 쫓아내야 한다"고 주장하니까 미군정이 뭐라고 이야기했습니까? "우리가 볼 때는 pro-Jap이 아니라 pro-job이다. 자기 직분에 충실한 사람들이다. pro-job을 활용해야 한다." 그런 황당한 논리를 만들면서 친일파를 끌어안았습니다.

떡고물을 주워 먹다 떡판을 차지한 친일 경찰

그렇게 친일 경찰들이 살아남았어요. 다음 표를 보면 1946년 현재 군정경찰 간부 중에서 대략 80퍼센트 이상이 식민지 경찰 출신입니다. 일제강점기에 순사로 있던 사람들 중 경력이 오래된 사람들은 다 간부로 승진했어요. 일제강점기의 조선인 간부는 모두 합쳐봐야 300여 명밖에 안 되었죠. 보통 순사하던 사람들도 경찰서장급에 해당하는 경위 또는 경감으로 승진했습니다.

북쪽에서도 친일 경찰들이 많이 내려왔습니다. 북에 소련군이 들어왔을 때 주민들이 악질 친일 경찰을 잡아 소련군에 넘겨주었거든요. 그런데 소련군이 처음에는 감옥에 가두었다가 슬그머니 풀어주었어요. 조사나 재판도 없이 풀어주니까 친일 경찰들이 걸음아 나 살려라,

직위	1946년 현재 총인원	식민 경찰 출신	비율(%)
치안감	1	1	100
청장	8	5	63
국장	10	8	80
총경	30	25	83
경감	139	104	75
경위	969	806	83

1946년 현재 군정경찰에 재직 중인 일본 경찰 출신의 분포

하고 남쪽으로 도망쳤습니다. 그러면서 공산당 치하에서는 못 산다는 이야기를 남쪽 출신의 동료 경찰들에게 퍼뜨리죠. 북에서 월남한 경찰들은 남한에서 더더욱 강경한 반공주의자가 됩니다. 친일 경찰의 대명사 노덕술 같은 사람은 평안도에서 소련군에 붙잡혀 감옥에 갇혔다가 풀어주니까 남쪽으로 달아나 악덕 경찰로서 이름을 드높입니다.

이런 친일 경찰들이 일제강점기의 고문과 조작 같은 수사기법을 그대로 가져옵니다. 주민들 입장에서는 아주 징글징글하죠. 세상이 바뀌었으니 친일파 경찰들을 때려죽이지는 못할망정 그자들이 큰소리는 못 치고 다닐 줄 알았거든요. 그런데 예전에 일본인 서장한테 정강이 차이고 굽실거리던 놈들이 이제 서장이라고 거드름을 피우며 옛날 일본 서장보다 더 못된 짓을 하고 다니는 거예요. 돌아버릴 노릇이죠.

미국의 첫 이미지가 우리나라에서 급격히 나빠진 게 바로 친일파를 비호하고 그들을 미군정의 대리인으로 삼았기 때문입니다. 우리 국민들이 미군정과 접촉할 때 미국 사람이 아니라 최말단 한국인 관리를

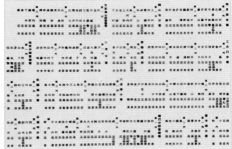

조선인 경찰이 포함된 사진첩과 경찰 명단
'박 순사, 김 순사부장, 문 순사, 최 순사, 염 순사' 등으로 조선인 경찰의 이름이 표기되어 있다. 또한 이 사진첩으로 간도 지역에서 활동한 조선인 친일 경찰 200여 명의 얼굴이 처음 확인되었다.

만날 것 아니에요? 그 관리가 친일 악덕 경찰이다 보니 미군정의 이미지가 확 나빠지는 거죠.

1945년 미군이 처음 들어왔을 때는 굉장히 환영하는 분위기였습니다. 좌파도 미국을 굳이 반대하지 않았어요. 여운형 선생식으로 말하면 미국에 건넬 말은 딱 세 마디였어요. "웰컴, 땡큐, 굿바이." 우선 우리 해방시켜준 것 환영하고, 고맙다 인사하고, 그리고 빨리 보내자. 외세 내보내고 우리 자주독립하자. 그런 입장이었어요.

그런데 미군정이 실시되고 1년 만에 미군정을 반대하는 데모가 벌어집니다. 대구에서 시작된 대구 10월 폭동입니다. 요즘은 항쟁이라고 하죠. 9월 총파업에 이어 10월이 되어 추수 끝나고 농민들이 좀 한가해지니까 정치적인 문제들, 특히 추수한 쌀의 분배 문제를 가지고 계급투쟁이 활발해질 수밖에 없는 시기가 닥친 거죠. 미군정이 들어와 쌀을 공출해 가는데 일제강점기보다 사정이 더 안 좋아졌거든요. 일제강점기에는 전쟁 준비와 일본으로 보내는 것 때문에 쌀이 모자랐지만 해방된 상황에서 쌀이 부족하다고 쌀을 공출하니까 국민들이 납득을 못 하는 거예요. 더군다나 해방이 되었는데 친일파가 오히려 더 위세를 떨쳤거든요.

주민들 입장에서 볼 때 일본 놈 밑에서 떡고물을 얻어먹던 친일파가 해방되고 미군정이 되니까 아예 떡판을 차지하고 앉은 겁니다. 순사 나부랭이나 하고 일제 앞잡이나 하던 놈들이 경찰서장입네, 무슨 과장입네 거드름을 피우고, 독립운동하던 사람들은 여전히 박해받는 세상인 거죠. 그 분노가 터져 나온 것이 10월 항쟁입니다. 이때 경찰이 표적이 되었어요. 조선말 하는 일본 놈의 새끼들이라고 우리 민중이 아주 이를 갈았죠. 그 결과 경찰 75명이 사망하고 200명 내지 300명이 실종되었죠. 매우 비극적인 사건입니다만, 이 비극에 역사적인 이유가 있었던 것은 분명합니다.

경찰 내부에서도 반성의 목소리가 나옵니다. 왜 경찰이 표적이 되었는가? 경찰에도 민족적 양심을 지닌 분들이 있었으니까 그분들이 문제제기를 하는 거죠.

대표적인 사람이 최능진(崔能鎭) 선생입니다. 숭실전문학교 교수를 지냈고, 체육학 전공에, 미국 유학을 다녀온 민족주의자입니다. 수양동우회 사건과 관련이 있는데 군정청 경무국장을 지내던 조병옥도 수양동우회 관련자였어요. 그런 인연으로 경찰에 들어갔지요. 조병옥이 현실적인 입장에서 친일 경찰을 감싸 안는 역할을 했다면 최능진 선생은 경찰 내부의 친일파를 숙청해야 한다고 주장했죠. 친일 경찰을 끼고 어떻게 민족경찰을 만드느냐, 주민들의 폭동은 이유가 있다, 경찰을 쇄신해야 한다고 강력하게 주장했다가 결국 쫓겨났어요.

그 후 정부 수립 때 국회의원 선거에서 동대문 갑에 입후보하려고

친일 경찰 숙청을 주장한 최능진 선생
미국 유학까지 다녀온 민족주의자였던 그는 해방 직후 경찰에 들어가 경찰 내부의 친일파를 숙청해야 한다고 주장했다. 결국 경찰에서 쫓겨난 최능진 선생은 한국전쟁 중 북쪽과 접촉했다는 이유로 사형에 처해졌다.

했는데 거기가 이승만의 선거구였잖아요. 무투표 당선되어야 하는 이승만에게 도전장을 냈으니 미운털이 단단히 박혀서 후보 등록도 못 했습니다. 우익 청년단에서 서류 탈취하고 난리가 났죠. 결국 한국전쟁 중에 북쪽과 접촉했다는 이유로 사형에 처해졌습니다. 최능진 선생은 경찰 내부에서 민족적 양심을 지키려고 했다가 오히려 친일파에 의해 떨려난, 악화가 양화를 구축한다고 했을 때 밀려난 양화의 대표였다고 하겠죠.

해방 직후 상황에서 경찰과 군을 비교해보죠. 경찰에는 친일파가 득시글득시글했지만 군은 상대적으로 친일파의 지배가 그리 강하지 않았어요. 그리고 군 내부에 좌익들이 많았습니다. 경찰에는 좌익이 발을 못 붙였죠.

그 당시 대표적인 군 좌익 인사가 누구입니까? 박정희도 있었고, 김종필 같은 사람도 군에 있었죠. 징병제가 없던 시대에 김종필처럼 서울대 다니던 사람이 장교도 아닌 사병으로 입대했다면 알 만한 경우죠. 가령 좌파 청년단체인 민애청 활동을 하다 경찰의 추적을 받았을 때 제일 안전한 피난처가 군대입니다. 요즘 같으면 잠수 탄다고 하는데 그때는 전산망이 없어서 군에 입대하면 추적이 불가능합니다. 신분이 노출된 좌익들이 군으로 많이 들어갔죠. 군과 경찰은 인식이 달랐습니다. 경찰은 반공을 표방하면서 굉장한 응집력과 기동력을 내세웠어요. 미군정을 유지했던 힘은 군이 아니라 경찰에서 나왔다고 해도 과언이 아닙니다.

군에 대한 주민들의 인식도 달랐습니다. 제주 4·3사건이 벌어졌을 때 표적은 경찰이지 군이 아니었어요. 유격대장 김달삼도 자신들은 군경비대와 싸우려는 게 아니라 경찰에 불만이 많다면서 경찰서를 많이 습격했습니다. 김익렬 연대장이 군을 지휘했는데 경찰의 진압을 반대하면서 평화 협정을 맺어야 한다고 주장했어요.

이승만 정권의 두 기둥, 경찰과 관료기구

이제 이승만 정권으로 넘어가 보죠. 이승만의 통치기반을 보면 좀 독특해요. 미군정 시대의 여당은 한민당입니다. 경찰력을 장악한 것도 한민당 요인이었던 조병옥과 장택상이죠. 한민당은 정통 우파라고 할 수 있어요. 그런데 이승만은 한민당을 버렸습니다. 그럼 무엇으로 통치했을까요? 관료들이죠. 어찌 보면 이승만은 노무현과 비슷해요. 노무현도 지지세력을 버리고 공무원을 이용해 통치했습니다. 이념적으로 연결된 세력보다는 자신이 월급 주는 공무원들을 더 믿는 거죠.

이승만이 한민당을 버리고 관료기구에 의존했는데, 그 당시 관료기구라는 것이 누가 만들어놓은 겁니까? 일본 제국주의자들이 만든 관료기구죠. 그것이 미군정으로 이어져 대한민국으로 들어왔습니다.

어떻게 표현해야 할지 곤란한 부분이 있어요. 대한민국 헌법에는 임시정부를 계승했다고, 3·1운동을 계승했다고 하지만 현실적으로 대한민국 정부가 수립될 때 계승한 기구는 일제강점기의 총독부 기구입니다. 미군정이 총독부 관료기구를 실질적으로 접수했고, 다시 이승만 정부가 그 관료기구를 이양 받았으니 결국 이승만 정부에는 총독부 관료들이 득실거린 겁니다. 경찰은 어떻습니까? 일제강점기의 경찰이 다 살아 있었고, 일부는 시험을 봐서 충원했어요. 일제강점기의 경찰은 모두 진급했죠.

실제 관료기구들도 마찬가지입니다. 도서관 중에는 일본인 사서가 물러나자 사환이던 사람이 관장으로 승진한 데도 많아요. 검사 서기하던 사람들은 검사가 되었습니다. 경찰도 마찬가지예요. 그렇게 다 승진한 겁니다. 일본 놈 밑에서 일하던 사람들이나 친일파 입장에서는 해방이 진짜 좋지요. 처음에는 죽는 줄 알고 겁을 냈지만 좀 지내놓고 보니 좋은 일 많이 생겼죠. 죽는다고 포기하고 있다가 살아난 것만으로도 기쁜데 승진까지 했으니 얼마나 감격스럽습니까? 지금 다들 미국이라면 껌뻑 죽는 거 우리가 이해해줘야 해요. 안 그렇겠습니까?

이승만 정권을 떠받치는 두 기둥이 경찰과 관료기구입니다. 군은 이승만과 관계가 좀 묘했다고 보면 돼요. 군은 오히려 미국하고 통했다고 봐야겠죠.

가령 1950년대 참군인으로 불리던 이종찬 장군은 계엄령이 선포되었지만 휘하 장병들을 동원하지 않았어요. 일부 정치군인들이 없었던 것은 아닙니다만 군은 한발 삐딱하게 비켜서는 맛이 있었죠. 계엄령은 4·19 때 선포했죠. 그때 군이 시위대에 발포했으면 어떻게 되었을까요? 진압되었겠죠. 그런데 발포하지 않고 중립을 지켰습니다. 그 이유야 여러 가지겠지만 어쨌든 군과 이승만의 관계는 적어도 경찰이나 관료와 이승만의 관계보다는 한발 떨어져 있었다고 볼 수 있죠.

그리고 경찰과 관료 중 경찰이 이승만의 정권 유지에 아주 중요한 역할을 했어요. 특히 선거 때, 그중에서도 개표할 때 중요한 역할을 했지요. 당시 유명한 말이 있습니다. "조봉암은 투표에서 이기고 개표에서 졌다." 무슨 소립니까? 투표 끝나고 저녁 무렵에 개표를 하는데 갑자기 정전이 돼요. 이어서 으악, 퍽, 픽 이상한 소리가 나죠. 불이 들어오면 야당 참관인들의 머리가 깨져 있고 엎어터져서 나자빠져 있어요. 다시 개표를 시작하는데 그날 투표한 사람이 1만 명이라면 표는 2만 표 나오고 그러죠. 그렇게 당선되는 겁니다. 투표에서 졌지만 개표에서 뒤집었는데, 그 일등공신이 경찰이죠.

지금도 전투경찰을 많이 봅니다만 그 기원이 이승만 때입니다. 이승만은 주로 공비 토벌작전에 경찰을 동원했어요. 그런데 공비 토벌을 왜 군에 안 맡기고 경찰을 동원했을까요? 이것이 한미관계의 특수성입니다. 지금 우리가 보는 전투경찰에서 한국과 미국의 역사적 관계를 볼 수 있습니다. 우리나라 군의 작전지휘권을 누가 가지고 있습니까? 미군이죠. 그러니 병력 동원이 쉽지 않습니다. 빨치산이 나와서 병력을 동원할 때마다 밤낮 미국의 허락을 구할 수는 없으니까 전투경찰을 따로 만든 겁니다. 서남지구 특별법을 만들어 전투경찰을 꾸렸다가 2년 정도 지난 뒤에 폐지했어요. 이런 경험이 경찰 군사화의 시발이라고 할 수 있습니다.

군과 경찰은 같은 폭력조직이지만 적을 상대하느냐, 주민을 상대하느냐 원칙이 다르다고 했죠. 그런데 적을 상대하는 전투부대를 경찰 조직 안에 만들어놓은 겁니다. 나중에 서남지구 경찰대에 있던 사람들이 해체되고 모두 일반 경찰로 갔는데 결국 그 사람들이 전투했던 경험, 전투하면서 주민을 대하고 적을 상대했던 관념, 체질 등이 그대로 경찰 조직에 들어옵니다.

미군의 작전지휘권 때문에 만들어진 또 다른 특수 무장대가 있죠.

실미도 부대입니다. 사실 우리나라 특전사가 얼마나 막강합니까? 실미도 부대를 만들 당시에도 우리나라에 1개 연대 이상의 특공부대 병력이 있었어요. 세계에서 가장 훈련이 잘된 침투부대를 2,400여 명이나 보유한 나라에서 왜 길 가던 민간인 30명을 잡아다가 무인도에서 훈련을 시켰을까요? 작전지휘권 때문이죠. 잘 훈련된 2,400명은 미군 관할이니까 우리가 함부로 쓸 수 없습니다. 미국은 베트남전만으로도 절절 매던 판에 한반도에서 무슨 일이 일어나는 걸 원하지 않았거든요. 그래서 1968년 1월 북한에 의해 미국의 전자정보 수집함 푸에블로호가 납북되었을 때 미국이 북한하고 협상을 했잖아요. 그게 박정희를 열 받게 했고, 미국이 모르게 섬에서 훈련을 시킨 겁니다.

군사정권시대의
경찰

5·16 이후에는 경찰을 장악한다고 군 출신들을 모두 경찰로 보냈습니다. 영관급들, 군에서 퇴역한 퇴물들이 경찰로 변신해 총경 달고 경찰서장을 맡았죠. 그렇게 군 간부들이 경찰에 들어가고 경찰국장이나 내무부 장관 등을 모두 군 출신이 차지하니까 경찰의 군사화가 더욱 촉진된 겁니다.

경찰이 한 번 된서리를 맞는 것이 4·19 때입니다. 경무대 앞에서 경찰의 발포로 많은 사람들이 희생되었죠. 이승만 정권이 계엄령을 선포했지만 미국이 이승만에게서 발을 빼고 군도 중립을 지키죠. 경찰만으로는 체제를 유지하기 힘들어 결국 이승만이 하야를 합니다.

이승만이 하야하고 민주당 정권이 들어서면서 경찰 간부들 중 14퍼센트인 4,500명 정도가 숙청됩니다. 경위급 이상 사찰 경찰관의 90퍼센트가 면직되는 등 인적 청산도 진행됩니다. 경찰을 중립화해야 한다는 국민적 요구에 따라 '경찰 중립화 법안'이 국회에 제출되어 논의되었습니다.

경찰 중립화, 5 · 16으로 무산되다

그러나 5 · 16군사반란이 일어나면서 그때 잘렸던 사람들이 복귀하거나 중앙정보부에 많이 들어갔습니다. 그래서 경찰 개혁은 물거품이 되었어요. 경찰이 거듭날 수 있는 기회를 잃고 다시 권력의 주구가 됩니다. 그나마 군정 때 4 · 19 당시 발포 책임자들이 재판을 받았고 경무대 경찰서장 곽영주와 내무장관 최인규 등이 사형을 당했습니다.

한편 중앙정보부가 만들어지면서 예전에 비해 경찰의 비중이 줄어듭니다. 전에는 경찰이 체제 유지에서 중요한 역할을 했다면 이제 중앙정보부가 체제 유지의 첨병 역할을 하게 되죠. 그래도 여전히 경찰이 주요한 역할을 합니다.

박정희 정권이 민정 이양 이후에 바로 한일 국교 정상화를 추진하는데, 반대가 심하다 보니 1964년과 1965년에 엄청난 데모가 벌어집니다. 이를 막는 과정에서 경찰을 동원하죠. 그런데 경찰력으로 안 되니 위수령을 발동했어요. 박정희 시대에 위수령이 몇 차례 발동됩니다.

1960년대만 해도 낭만적이었던 것이 경찰이 학교 안으로는 거의 들어오지 않았어요. 교문 밖으로 진출하려고 하면 교문에서 막고 투석전을 벌이기도 하면서 대치하다가 적당히 시간이 흐르면 학생들이 교정으로 돌아가 마무리하는 거죠. 전국적인 동시다발 이슈가 있어 전국에서 데모가 일어날 때는 경찰이 분산 배치되어 방어선이 얇아지는 바람에 실제로 뚫리기도 하고, 또 타협해서 신사협정을 맺은 후에 동네 한 바퀴 돌고 들어오죠. 젊은 학생들도 나 오늘 한따까리 했다, 뭐 그런 맛이 있어야 해산을 하잖아요. 경찰도 밀고 당기고 한바탕 하고서 해산할 것 같다 싶으면 그렇게 유도했어요.

대한민국 특수부대 '방위'의 탄생과 전투경찰의 부활

1970년대 들어서면서 어떻습니까? 전투경찰이 다시 만들어졌죠. 이유는 두 가지입니다. 하나는 1960년대 후반 한국이 베트남에 파병하면서 북쪽이 베트남 파병에 대한 견제로 한반도에서 긴장을 고조시킵니다. 베트남전에 한국이 가담하는 힘을 분산시킨다는 의미가 있죠. 1968년 1·21사태 때 북쪽의 직접적인 무장공비 남파가 벌어지니까 남쪽에서 전투경찰대를 부활시켰죠. 또 하나는 한국군 병력이 남아도는 겁니다. 우리 인구가 2,000만 명일 때 60만 대군을 만들었는데 1970년대에는 인구가 3,000만이 되죠. 베이비 붐 때문입니다. 군대 갈 사람이 차고 넘치니까 이를 해결하기 위해 대한민국 최고의 '특수부대'인 방위가 탄생했고 전투경찰이 만들어졌습니다.

전투경찰은 이렇게 대간첩 작전용으로 부활했지만 그 뒤로는 무장간첩이 대규모로 넘어오지 않았습니다. 전투경찰을 규모 있게 만들었는데 쓸모가 없는 거죠. 저걸 어디에 쓰나 고민하다 차츰 유혹이 생깁니다. 그래서 대내 치안 유지에 활용하기 시작합니다. 데모를 막는 데 말입니다.

1970년대 유신 후반이 되면 전투경찰이 학교 안으로 들어옵니다. 사복경찰, 짭새들이 학내로 진주해 들어오는 거예요. 저는 대학교 2학년 때까지 학교 벤치에 앉아본 기억이 없어요. 박정희가 죽고 1980년 봄 3학년이 되어서야 비로소 앉아본 것 같습니다. 벤치마다 이미 짭새들이 앉아 있는데 그 옆에 앉고 싶은 마음이 생기겠어요? 짭새들 옆에 앉아 친구들하고 이야기할 맛이 나겠습니까? 아예 근처에도 안 가는 거죠. 캠퍼스 구석진 자리에는 전경 버스가 주차되어 있었어요.

1978년, 1979년에도 그랬고, 1976년에도 그랬을 겁니다.

사실 전경들도 답답하죠. 우리 또래인 전경들은 버스 대놓고 자기들끼리 우유팩을 차고, 우리는 운동장을 돌아서 다니는 불행한 시대를 살았습니다. 서울대의 경우에는 학교 바로 앞에 동양 최대의 파출소가 만들어졌습니다. 전투경찰이 상주하는 곳이죠. 학내에 전경 버스가 들어와 있지만 본격적으로 데모가 터지면 몇백 명의 전투경찰이 출동하는 본부입니다. 이름만 파출소지요.

1970년대에 경찰이 힘을 발휘하다가 1979년 박정희가 죽기 두 달 전에 큰 사건이 벌어집니다. YH라는 가발 업체가 직원들에게 월급을 안 주고 갑자기 위장폐업을 했어요. 노동자들이 돈을 받으려고 계속 애쓰다가 안 되니까 신민당사에 들어갔습니다. 이게 역사를 바꾸죠.

이제껏 저항세력은 잠잠하게 죽어 있었어요. 터질 듯 터질 듯하면서도 누구 하나 시작을 못 하고 있다가 YH 사건이 벌어지면서 분위기가 바뀌기 시작합니다. 정부도 분위기를 감지하고 신민당사에서 농성하는 여공들을 끌어내려고 합니다. 신민당사에 경찰이 투입되었어요. 이 무렵 김영삼이 신민당 총재를 하면서 이른바 선명 야당으로서 유명한 어록들을 몇 개 남기죠. "닭의 모가지를 비틀어도 새벽은 온다."

경찰이 폭력적으로 쳐들어가서 야당 대변인까지 두들겨 팼어요. 코뼈가 부러지고 병원에 두 달 정도 입원할 정도로 얻어맞았어요. 얻어맞은 것은 그래도 낫죠. 김경숙이라고 열아홉인가 스무 살 된 여공이 죽었어요. 그런데 경찰은 자기네들이 진입하기 전에 여공이 동맥을 끊고 투신자살했다고 발표했습니다. 그때 아무도 공식 발표에 대해 확인하지 않았습니다. 이번에 과거사 정리위원회가 당시 기록을 찾아서 조사하다가 부검소견서를 발견했어요. 소견서에는 동맥을 끊었다는 이야기는 전혀 없고 모서리가 있는 것으로 머리를 가격당했다고 나옵니다. 가격당한 것이 사망원인이라고 했습니다. 경찰이 때려죽이고 나서는 동맥을 끊고 투신한 것으로 조작해 발표한 것이죠. 그래서 김경숙 씨의 사망원인이 밝혀졌어요.

최루탄과 고문의 시대

1980년대에는 기네스북에도 오른 엄청난 총기 사건이 있었죠. 1982년 4월 26일 경남 의령군 궁유면 지서에 근무하던 우범곤 순경(당시 27세)이 부부싸움을 한 끝에 화가 나서 술을 마셨습니다. 우 순경은 밤 9시 30분쯤 만취한 상태에서 지서의 예비군 무기고를 부쉈습니다. 거기서 총을 꺼내 마을을 돌면서 주민들을 쏴 죽였죠.

이 사람이 해병대 출신의 특등사수여서 한 명 한 명 조준사격을 했어요. 5시간 정도 마을을 돌아다니면서 60여 명을 죽였습니다. 자신도 어떤 집에 들어가 가족을 인질로 잡았다가 수류탄으로 자폭했습니다. 유감스럽게도 이게 아직까지 세계 총기 사건 중에서 최악이에요. 얼마 전에 조승희 사건이 있었고 미국에서도 여러 총기 사건이 있었지만 제가 강의 준비하면서 보니까 여전히 기네스북에 최악의 총기 사건으로 기록되어 있다고 합니다. 비록 이 사건은 개인에 의한 우발적인 사고라는 측면이 더 강하지만, 경찰 폭력을 이야기할 때 빼놓을 수 없는 사건이라고 생각합니다.

1980년대는 전투경찰이 정권 유지의 첨병이었죠. 길거리에서 불심검문이 일상화되었어요. 또 1980년대는 최루탄의 시대라고 할 수 있습니다. 무지무지하게 쏴댔어요. 1970년대에는 그렇게까지 최루탄을 쏘지 않았습니다. 1970년대만 해도 학생들의 저항이 굉장히 얌전했던 것 같은데, 광주를 거치면서 학생운동의 양상이 달라졌습니다. 사람이 죽는 것을 본 거죠. 정말 죽을 수도 있구나, 학살 정권과 싸우려면 죽을 각오를 해야 한다는 것을 알게 됐습니다.

제가 78학번인데 1981년 초 군대에 잡혀갔어요. 그러다 몇 달 만에 휴가를 나와서 보니 학교 분위기가 완전히 변했어요. 애들 눈빛이 달라졌더라고요. 80학번은 대학에 들어와서 광주를 겪었지만, 1981년 광주 친구들이 대학에 들어오는데 정말 눈빛이 달랐어요. 죽고 사는 문제를 겪어본 친구들이라 죽기를 각오하고 싸우는 거죠.

지금 박정희를 생각하면 참 독한 놈이죠. 하지만 우리 같은 경우에 당시 박정희가 그렇게까지 독한 줄 잘 모르고 싸웠다면 전두환은 시작부터 학살자였잖아요. 그러니까 학생운동에도 임하는 자세가 달랐던 겁니다. 경찰도 그런 학생들을 상대로 싸우다 보니 최루탄이니 뭐니 해서 진압이 확실하게 세졌고요.

전두환과 이명박을 비교하라면 전두환은 자신이 나쁜 놈인 줄 아는 나쁜 놈이에요. 그래서 가끔씩 착한 척을 하고 싶어하죠. 학살자라는, 살인마라는 나쁜 인상을 어떻게든 좀 씻어보려는 거죠. 그래서 나온 것 중 하나가 이른바 유화 조치입니다. 학원자율화. 그래서 학교에서 경찰을 철수시켰어요. 그 전까지는 학내에 전경 버스를 대놓고 그랬죠. 어쨌든 학교에서 경찰이 철수하니까 학내 시위나 집회는 얼마든지 가능해졌고, 이제 학생들은 학교 안에 머물지 않고 가두로 나가게 되었죠. 그걸 진압하기 위해 최루탄도 쏘고 백골단도 동원하게 됩니다. 착한 척 좀 하려고 했는데 본질이 착한 게 아니니까 잘 안 되죠. 거기다 착한 척을 하려고 했는데 애들이 말을 안 들어주니까 더 화가 나서 최루탄을 쏴대기 시작합니다.

최루탄도 진화를 합니다. SY44 총류탄은 총에 장착해 45도 각도로 공중으로 쏘게 되어 있는데, 저놈들이 악에 바치면 사람을 조준하고 그냥 쏘아버렸죠. 그래서 이한열 씨의 뒷머리에 맞았어요. 그보다 앞서서 4·19의 기폭제가 되었던 김주열 군은 최루탄이 눈에 박혀서 죽었죠. 이한열 씨는 6·10항쟁 전날인 6월 9일 최루탄을 맞았고, 6월 항쟁 기간 내내 사경을 헤매다가 6·29선언이 나오고 7월 5일 결국 회생하지 못하고 운명했습니다.

처음에는 미8군에서 최루탄을 공급했습니다. 제가 대학에 다닐 때 〈탄아, 탄아, 최루탄아〉라는 노래가 있었죠. 가사는 이랬어요. "대책 없이 터지는 최루탄 앞에 민족의 영혼은 통곡한다." 그런데 이번에 중국에 다녀오면서 현대사를 전공한, 학생운동 쪽의 대선배이신 서중석 선생님께 들으니 예전에는 노래 가사가 달랐답니다. "탄아, 탄아, 최루탄아, 8군으로 돌아가라." 그렇게 불렀답니다. 미8군에서 최루탄을 원조 받았기 때문에 다시 8군으로 돌아가라는 거죠.

최루탄 원료는 계속 8군에서 수입했습니다. 1987년 최루탄을 독점 판매한 데가 삼양화학입니다. 삼양화학 사장이 한영자라는 여성분인데 그 양반이 1988년에는 여성 기업인으로서 납세 1위를 했어요. 얼마나 최루탄을 많이 쏘아댔으면 1위를 했을까요.

최루탄은 우리나라 환경운동이 처음 대중화되는 데 아주 중요한 역할을 합니다. 최루탄을 공해 차원에서 접근한 거죠. 성분을 분석하고 최루탄이 미치는 여러 가지 효과를 조사했는데 특히 여성의 경우에 최루탄을 많이 마시면 생리가 잘 안 나오는 문제를 제기했죠.

대중이 최루탄에 붙여준 이름 중에 재미있는 것이 '지랄탄'입니다.

혹시 지랄탄을 보신 분 계십니까? 1999년부터 사용하지 않았으니 아무래도 30대 이상만 기억하실 것 같은데, 지랄탄은 다연발 최루탄이죠. 마치 바람 빠진 풍선처럼 정신없이 땅바닥을 굴러다니며 꽁무니에서 최루가스를 분사합니다. 간혹 용감한 사람이 달려들어 딱 밟아버리면 저절로 꺼지는데 쉽게 밟히지 않을 만큼 빨리 움직여요. 그래서 지랄탄이라고 하죠. 페퍼포그는 까만 닭장차에서 기관총 난사하듯 무차별로 쏴대는 것입니다. SY44 총류탄은 빵 하는 소리와 함께 최루탄이 곡사포처럼 날아와 터지고, 사과탄(KM25탄)은 사실 크기가 사과보다 커요. 멜론 정도인데, 그때는 우리가 멜론을 안 먹을 때였죠. 아마 지금 같았으면 멜론탄이라고 했을 겁니다. 사과탄은 수류탄처럼 던지는 방식으로, 주로 백골단이 근접 지역에서 터뜨리고 시위대를 제압하는 용도로 사용했습니다.

연도별 최루탄 사용량을 보면 1986년부터 각종 최루탄을 월등하게 많이 쓴 것을 알 수 있습니다. 4·19의 김주열, 6월 항쟁의 이한열, 7월, 8월, 9월 노동자 대투쟁 때의 이석규 등 최루탄으로 인해 목숨을 잃은 분들이 여럿이었고 부상자는 이루 헤아릴 수 없죠. 1980년대와 1990년대에는 경찰 폭력을 이야기할 때 최루탄 이야기가 제일 먼저 나왔습니다.

1980년대에 경찰이 고문을 많이 했습니다. 유명한 사건으로는 김근태 전 민주화운동청년연합(민청련) 의장이 치안본부 대공분실에서 이근안한테 당한 사건, 문귀동이 자행한 부천서 성고문 사건이 있는데, 그나마 공론화된 것이 부천 성고문 사건이죠. 이외에도 경찰에 의해 유사한 사건들이 많이 발생했습니다.

이번에 강의를 준비하면서 논문들을 찾다 보니까 경찰 쪽에서 나온

종별	계		KM25탄		SY44탄		다연발	
년도	수량	금액	수량	금액	수량	금액	수량	금액
84	91,814	1,748,676	39,551	573,490	52,213	1,148,686	50	26,500
85	204,481	3,977,062	78,680	1,140,860	125,666	2,764,652	135	71,550
86.9	313,204	5,940,700	140,185	2,032,682	172,819	3,802,018	200	106,000
계	609,499	11,666,438	258,416	3,747,032	350,698	7,715,356	385	204,050

연도별 최루탄 사용량

논문도 있어요. 그러니까 경찰에 의한 고문이 있었다는 사실을 부인하지는 않지만, 투덜대는 말이 왜 경찰만 고문한 것처럼 하느냐, 중앙정보부나 보안사도 고문했다는 겁니다. 고문이 그렇게 일반화된 시절이었습니다.

지금은 어때요? 고문하나요? 조광희 변호사가 〈한겨레〉에 요즘 시국에 관해 쓴 칼럼을 보면 "고문 빼고 다 하는 것 같다"고 했죠. 20년 전에 하던 것 중에 고문 빼고 다 한다는 이야기인데 이는 머지않아 고문도 할 것 같다는 말이기도 하죠. 저는 지금 하고 있다고 생각해요. 고문 수준은 아니더라도 구타와 가혹행위가 되살아나고 있습니다.

고문이 우리 사회에서 완전히 없어졌다고 이야기하지는 못하겠지만 적어도 정치범에 대해서는 없어졌다고 봐야죠. 국정원에서 민간인 잡아다가 고문 못 합니다. 안 합니다. 보안사는 아예 민간인을 잡아가지 못하게 되었고, 경찰도 잡아다가 그렇게 못 하죠. 적어도 2000년대 이후에는 없어졌다고 보아야 합니다. 하지만 김영삼 정권 때도 그렇고 김대중 정권, 노무현 정권 때도 고문이 완전히 사라졌다고 장담하기 주저스러운 면이 있습니다. 일반 잡범들, 가령 동네 소매치기, 양아치 이런 친구들이 잡혀갔을 때 고문이나 가혹행위가 과연 없을까요? 저는 아니라고 생각해요. 이런 부분부터 다시 살아나고 있습니다.

유심히 신문을 보면 촛불시위 이후 경찰에 잡혀가서 구타당했다, 뭐 했다 하는 사례가 사건화되고 있죠. 노무현 시절이나 김대중 시절에는 없었다고 말하지 못하겠지만 그때와 비교가 안 될 정도로 살아나고 있음을 느낍니다. 가을이 오고 있는 거죠. 그리고 겨울이 멀지 않았어요.

배신당한 경찰의 순정

우리나라에서 고문이 왜 없어졌을까요? 경찰이 개과천선하고 인권의식이 높아져서 그랬나요? 그렇게 생각하시는 순진한 분들은 이 자리에 별로 안 계실 거라고 생각합니다. 물론 경찰의 인권의식이 높아진 것도 사실이기는 합니다.

경찰이 고문하면 안 되겠다고 뼈저리게 느끼게 된 계기는 박종철 사건이었다고 생각합니다. 자, 박종철이 죽었습니다. 이걸 덮는 데 실패했죠. 물론 죽이고 싶지야 않았겠죠. 그런데 고문하다 보면 사람이 죽을 수 있어요. 실제로 많이 죽었지만 여태까지는 덮었죠.

죽은 것을 그냥 내다버려서 진상이 밝혀지지 않으면 의문사인데 박종철 사건은 어떻게 되었습니까? 고문 시작한 지 얼마 안 되어서 죽었죠. 이 사람들은 목이 눌려서 죽었다고 생각하지 못했어요. 물을 먹어 잘못된 걸로 생각해서 살릴 수 있다고 여겼는지 의사를 불러왔잖아요. 그런데 소생을 못 하고 밖에 알려지게 되었죠. 그러면서 크게

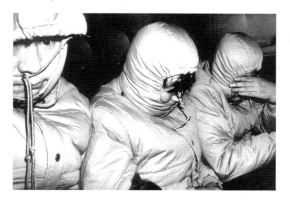

박종철 고문 경관 송치 작전
취재진을 피하기 위해 똑같은 오리털 점퍼를 입힌 박종철 고문 경관을 검찰에 송치하고 있다. 사건 초기 은폐에 골몰하던 관계 기관 대책회의에서 경찰은 모든 책임을 떠맡고, 이후 사건이 커지자 아무도 경찰의 뒤를 봐주지 않았다.

터진 겁니다.

전두환 시절에는 '관계 기관 대책회의'라는 게 있어요. 지금으로 보자면 나쁜 놈들끼리 모여서 대책을 논의하는 거죠. 안기부, 보안사, 경찰, 검찰, 청와대 등 그 당시로 치면 센 권력기관들이 모이는 겁니다. 그런데 박종철 사건이 터지고 대책회의에 나가보니 다들 경찰한테 손가락질을 합니다. "야, 이놈아, 바보같이 사람을 죽이면 어떡해?"

경찰 측은 정권 안보의 첨병으로서 충성을 다하다가 사건이 터졌는데 이렇게 나오거든요. 다른 기관들이 같이 책임을 안 져주는 거예요. 경찰 입장에서는 '어, 이거 얘기가 이상하게 돌아가네' 싶죠. 경찰에 돌아와서 어떻게 해요? "누군가는 책임을 질 수밖에 없다. 니들이 좀 수고를 해줘야겠다." 그러고는 자기들끼리 은폐를 조작했죠. 5명이 한 팀이 되어 했는데 2명만 한 걸로 하자! 놀라운 동료애입니다. 그 사람들을 검찰로 송치할 때는 또 어떻게 했습니까? 알아보지 못하게 똑같은 옷을 입혔죠. 7명인가 8명이 똑같은 오리털 점퍼를 입고 머리 숙이고 송치되는 사진이 있습니다.

그러다 결국 모든 것이 터졌어요. 감옥에 간 사람들이 보기에 경찰이 뒤를 봐줘서 풀어줘야 하는데 이거는 실형을 살아야 할 것 같거든요. 또 돈을 대준다 어쩐다 했는데 그것도 여의치 않은 것 같고. 그 사람들이 불평하는 소리가 교도관을 통해 당시 감옥에 있던 이부영 씨한테 들어갔고, 이부영 씨가 밖으로 그 이야기를 알려 천주교정의구현사제단에서 다시 폭로한 겁니다. 은폐 조작 사건이 터진 거죠.

김근태 사건 때는 관계 기관들이 조직적으로 넘어갔죠. 부천서 사건 때도 문귀동이 처벌을 받았지만 안기부를 비롯한 전체 기관이 나서서 최대한 덮어버렸어요. 그때만 해도 관계 기관 대책회의에서 자기들끼리 '우리는 같은 운명'이라고 했습니다.

박종철 사건이 터지자 다들 안면 몰수했습니다. 경찰 입장에서는 고문은 조직적인 차원에서 현 정권을 유지하기 위해서 한 거죠. 그런데 막상 사건이 터지니까 네가 책임져라! 이러니까 이제 적극적으로 나서서 고문하는 것을 꺼리는 분위기가 형성되기 시작했죠. 또, 세상이 바뀌고 난 다음에 김근태를 고문했던 사람들이 잡혀 들어가서 실형을 살고, 김성학 사건도 무죄임이 드러났어요. 그러면서 야, 이거 우리가 이렇게 충성할 필요가 없구나, 나도 내 몸 돌봐가면서 충성해야겠다. 살아야겠다. 교훈을 얻은 거죠.

이게 우리나라에서 고문이 없어지게 된 과정입니다. 경찰의 인권의식보다는 물불 안 가리고 충성하다가는 나만 개피 본다는 현실적인 자각이 우리나라에서 고문이 사라지는 계기가 된 겁니다.

왜 경찰은 사회 갈등의
하수처리장이 되었나?

1999년이 되면서 무최루탄 정책, 폴리스라인 원칙이 등장합니다. 김대중 정권이라는, 이른바 민주 쪽의 정권이 등장하면서 최루탄도 사라지게 되죠. 그러나 경찰 폭력이 완전히 사라졌느냐? 그렇지 않았죠. 한동안 양측이 신경전 비슷하게 서로 눈치를 봤습니다. 어느 쪽도 먼저 칼을 빼지 않았죠. 먼저 칼을 빼면 나쁜 놈이라는 의식이 있었어요. 무조건 선빵 날리는 놈이 나쁜 놈이다.

  2001년 그 선빵을 경찰이 먼저 날렸어요. 뭐, 그전에도 없었던 것은 아니지만 2001년 4월 부평에서 대우자동차 노동자들이 가두시위를 하는데 경찰이 한 5분 사이에 완전히 초토화해버렸죠. 특별히 과격한 시위도 아니었는데 그날 경찰이 본때를 보이기로 작심을 하고 나왔어요. 그래서 노동자 40여 명이 피를 철철 흘리고 계엄 상황보다 더하다는 소문이 나돌았습니다.

새로운 경찰국가의 출현

이것이 우발적인 폭력 사태가 아니었습니다. 2001년, 2002년 무렵 전 세계적으로 이런 일들이 많이 벌어졌어요. 그래서 이는 하나의 공통된 현상으로 보아야 하지 않느냐는 이야기가 나옵니다. 새로운 경찰국가의 출현, 19세기 경찰국가와 다른 의미의 경찰국가가 출현했다는 겁니다. 그게 무엇이냐? 국가의 기능이 바뀌는 겁니다.

그래도 그전에는 일정하게 사회복지에 대해 책임을 져왔던 국가가 신자유주의화되면서 책임을 방기하기 시작합니다. 그러니까 사회복지로부터 배제된 사람들이 많이 나오게 되겠죠. 신자유주의는 그 사람들의 사회적 불만을 해결하는 장치를 만들지 않습니다. 전에는 국가가 폭력을 자제하면서 뭔가 다른 방식, 가령 복지라든가 어떤 정책적인 수단을 동원해 불만을 수용했는데 신자유주의는 그저 제일 싸게 먹히는 방법을 선택합니다. 이래서 신자유주의 분위기에서 경찰국가화되는 겁니다.

한국에서 전경을 동원하면 얼마나 싸게 먹혀요. 여러분, 생각해보세요. 용역을 동원하면 일당이 얼마일까요? 전경 2개 중대 동원하면 거저죠? 특히 한국은 신자유주의적 동원 수단인 전경을 얼마나 많이 보유하고 있습니까?

우리나라는 군인을 치안에 투입하는 나라죠. 계엄이 아닌 상태에서 군인을 치안에 투입한 나라는 대한민국밖에 없습니다. 한국에는 전 세계에서 유일한 전투경찰이 있습니다. 전투경찰은 군인 신분으로 군법의 적용을 받으며 군사 규율을 적용받습니다. 군에서 경찰에 빌려준 것인데 이걸 법률적으로는 전환복무라고 합니다. 제대할 때는 다

자료: 2004년 국정감사 자료(단위: 명)

구분	계	작전전경	의무경찰						
		전투경찰	계	상설부대		민생치안		
				기동대	방범순찰대	교통	유치장	전산
인원	51,419	18,984	32,435	12,896	14,357	1,553	958	2,671
부대 수	309	119	190	88	102	의무경찰		
임무		대간첩작전 시위 진압 치안보조업무		대간첩작전 시위 진압 치안보조업무 경비	대간첩작전 시위 진압 치안보조업무 경비 방범 순찰	교통 단속 유치장 근무 행정업무 수행		
지휘 관계		지방경찰청장		지방경찰청장	경찰서장	경찰서장		

2004년 현재 전·의경 현황

시 군대로 돌아갑니다. 제대증에 도장이 2개 찍혀요. '육군 병장으로 제대함', 그리고 경찰 쪽에서는 '소집해제되었음'이라고요.

전경은 차출이고 의경은 지원이지만 사실 본질적으로 똑같아요. 다만 전경은 법률상 대간첩작전이 기본 임무입니다. 의경은 치안 보조예요. 이 치안 보조에 시위 진압이 들어가는 것으로 해석합니다.

1995년 12월 "전투경찰순경으로 전임된 자에게 발하여진 시위 진압명령이 헌법에 위반된다"는 헌법소원이 있었습니다. 그때 헌법재판소에서 5대 4로 합헌이 되었는데 지금 물어보면 어떨지 모르겠어요. 헌법재판소라는 데가 워낙 눈치를 많이 보는 곳이니까. 라디오 토론에 경찰 쪽이나 경찰행정학과 교수들이 나와도 전경을 시위 진압에 투입하는 것은 문제가 있다고 인정합니다. 아마 지금 헌법소원을 다시 낸다면 전투경찰은 적어도 위헌으로 나오지 않을까 싶어요. 14년 전에 5대 4로 간신히 합법화되었으니 말입니다.

의경은 본인이 알고 지원한 거니까 법에 위배되지 않는다, 그리고 치안 보조가 법에 들어 있다. 뭐 이렇게 되어 있는데 사실 시위 현장에서 보면 보조역할이 아니죠. 치안 보조라면 경찰관의 업무를 전경, 의경이 보조한다는 건데 시위를 진압할 때는 정식 경찰관이 전·의경을 보조하고 전·의경이 주력군이잖아요.

세계 최강인 미군을 지켜주는 전투경찰

대한민국 전경, 의경을 보면 참 눈물 납니다. 저는 이 친구들이 세계 최강의 부대라고 생각해요. 왜냐? 현재 세계 최강의 군대는 미군 아닙니까? 그런데 밤에 주한 미군 부대 앞을 지나가다 보면 전경들이 작대기 하나씩 들고 지키고 있죠. 미8군을 지키는 게 우리 전경들이에요. 이런 역설이 어디 있습니까? 경찰이 군대를 지켜주는 만화를 볼 수 있는 나라가 대한민국입니다. 전·의경이 월급을 얼마 받습니까? 뭐, 시위 진압 수당이 조금 더 나오는지 모르겠습니다만 군인이랑 똑같이 받아요. 그런 친구들이 세계 최강인 미군을 지켜주는 광경, 이거 기가 막힌 이야기죠.

전경을 김대중 대통령이 없애겠다고 했고, 노무현 정부에서 없애는 계획을 잡았습니다. 2012년까지 없애겠다고 했죠. 국방부에서도 더이상 병력을 안 주기로 했습니다. 옛날 베이비붐 시절에는 사람이 남아도니까 전투경찰도 만들고 방위도 만들고 하면서 인심을 썼는데 지금은 60만 대군 숫자를 채우기도 버겁거든요. 야, 이제 인심 못 쓴다,

전투경찰 없애겠다, 국방부 쪽이 요구한 것입니다. 군 개혁 차원에서
도 요구를 했죠.

전투경찰이 워낙 위헌의 소지를 갖고 있기 때문에 없애기로 했지만
노무현도 임기 내내 전경을 잘 썼어요. 그럼 최소한 나갈 때 없애고 나
갔어야죠. 말로만 없앤다고 하다가 그냥 두고 나가니까 이제 촛불시위
거치면서 어청수 같은 사람이 못 없앤다고 하는 겁니다. 그리고 이명
박한테 "없앨까요?" 물어보면 뭐라고 하겠어요? 전경들이 없으면 청
와대를 누가 지키나요? 밤낮 명박산성을 칠 수도 없고, 명박산성도 전
경이 지켜야 명박산성이죠. 그래서 이 정부는 전경제 존치를 주장합니
다. 국방부는 여전히 인원이 없어서 못 준다고 하지만 그거 뒤집히는
건 시간문제죠.

전경 업무가 대간첩작전이라고 하는데 대간첩작전을 마지막으로
한 게 언젭니까? 1996년 강릉 잠수함 사건 때입니다. 그것도 간첩이
아니라 표류한 잠수함 선원들이죠. 승무원들이에요. 그때 동원된 게
마지막이고 그 뒤로 대간첩작전이 없습니다.

열악한 전·의경의 인권 상황. 이거 우리가 꼭 생각해야 합니다.
전·의경들이 군대에 비해 자살률이 높습니다. 군대에서 한창 자살이
많을 때를 포함시켜도 전·의경 자살률이 2배 이상입니다. 최근을 기
준으로 하면 자살률이 5배 이상 높게 나옵니다.

국가인권위원회에서 조사한 것을 보면 전·의경은 군대보다 구타
와 가혹행위가 두세 배 많습니다. 요즘은 군대가 좋아졌고 대한민국
육군이 워낙 다양하다 보니까 아주 좋은 군대도 있어요. 정말 한 대도
안 맞고 제대하는 곳도 있습니다. 해병대나 육군의 특정지역 부대에
는 남아 있지만 전반적으로 구타가 사라지고 있습니다.

그런데 전·의경 이야기를 들어보면 안 그래요. 중요한 것은 구타가 아니더라도 사람을 괴롭힐 방법은 무궁무진하다는 겁니다. 버스에 있는 전투경찰들이 쉬고 있을 것 같죠? 바깥에서 보면 앉아 있는 것처럼 보이는데, 전경들이 하는 아주 특별한 가혹행위가 있습니다. '엉덩이 떼 자세', 그러니까 밖에서 볼 때는 앉아 있는 것 같지만 사실은 의자에서 엉덩이를 뗀 채 쭈그리고 있는 거예요. 그걸 이동 중에도 한답니다. 버스가 서 있어도 힘이 드는데 이동 중일 때 엉덩이 떼를 하면 어디 잡지도 못하고 정말 고통스럽겠죠.

한번 생각해보세요. 사실 촛불시위 때 보면 전투경찰들 참 불쌍하죠. 우리는 피곤하면 집에 가서 자기라도 하잖아요. 그러면서 매일 거리로 나오죠. 전경은 어떻습니까? 우리가 나가기 2시간 내지 3시간 전에 배치됩니다. 그리고 우리가 귀가하고 난 다음에 철수하죠. 부대 들어가서 장비 정비하고, 뭐 하고, 점호 준비하고 그러면 하루에 2~3시간밖에 못 잘 겁니다. 그렇게 되면 어때요? 환경이 독해지면 구타와 가혹행위가 더 심해집니다.

통치자들의 피할 수 없는 유혹, 5만 전·의경

우리나라에서 시위에 참가하는 연간 인원이 평균 200만여 명인데 경찰은 연 300만여 명이 동원됩니다. 전 세계에서 유일하죠. 시위 군중보다 경찰을 더 많이 동원할 수 있는 나라는 전 세계에서 대한민국뿐입니다. 그러니까 폭력성이 더 배가되는 겁니다.

우선 집회시위는 기본적으로 국민의 권리입니다. 국민들이 권리를 행사할 수 있도록 하고, 그 과정에서 불상사가 일어나지 않도록 하는

자료: 전·의경제도의 실태와 문제(김상균)(단위: 명)

연도	시위 횟수	연간 참가인원	연간 동원경찰	집압 비율 (시 : 경)	월평균 출동 횟수	전·의경 동원 현황 (중대 수)
1998	7,684	2,039,300	3,133,560	1 : 1.5	640	26,113
1999	11,750	3,387,700	3,241,800	1 : 1	989	27,015
2000	13,012	4,423,000	3,481,551	1 : 0.8	1,084	29,098
2001	13,083	2,879,840	4,603,060	1 : 1.6	1,090	34,277
2002	10,165	2,682,857	3,550,800	1 : 1.3	847	29,590
2003	11,837	2,912,260	4,279,920	1 : 1.4	986	35,666
2004	11,338	3,034,660	3,965,760	1 : 1.3	945	19,251
2005	11,036	2,928,433	3,642,975	1 : 1.24	919	34,695
2006	10,368	2,617,893	3,652,740	1 : 1.4	864	34,768

시위 횟수와 동원경찰 현황

(단위: 명)

연도	순직	공상				사상			
		계	시위 진압	일반 근무	질환	계	부상	질환	기타
2000	11	1,334	223	941	170	676	221	408	47
2001	5	1,216	227	825	164	717	225	449	43
2002	12	923	138	639	146	629	183	426	20
2003	10	1,007	240	685	82	307	70	231	6
2004. 6	6	476	63	352	61	123	33	81	9

전·의경 부상 현황

자료: 전·의경의 인권 실태 및 개선 방안 마련을 위한 기초 조사(국가인권위원회, 2005)

구타행위			가혹행위		
유형	빈도	비율	유형	빈도	비율
발로 짓밟기	66	16.7	알몸 신고식	30	2.9
식판 던지기	46	11.6	고개 숙이고 부동자세	389	36.4
릴레이식 구타	24	6.1	침상에서 다리 들기	87	8.1
진압봉 구타	27	6.8	근무 전가	108	10.1
기율경 구타	41	10.6	오토바이 자세	83	7.7
출동 버스 속 구타	160	40.4	금품·보급품 빼앗기	146	13.7
기타	31	7.8	물 안 먹이기	119	11.1
–	–	–	벽에 붙어 다니기	107	10.0
계	395	100	계	1,069	100

구타 및 가혹 행위의 유형

자료: 전·의경의 인권 실태 및 개선 방안 마련을 위한 기초 조사(국가인권위원회, 2005)

		전혀 없다	거의 매일	1주/ 1회	2~3주/ 1회	1개월/ 1회	2~3 개월/ 1회	4개월 이상/ 1회	합계
정신적 가혹 행위	빈도	1,143	50	55	22	13	16	28	1,327
	비율	86.1	3.8	4.1	1.7	1.0	1.2	2.1	100.0
육체적 가혹 행위	빈도	1,126	22	50	17	14	27	40	1,296
	비율	86.9	1.7	3.9	1.3	1.1	2.1	3.1	100.0

가혹행위를 당한 횟수

것이 아니라 우리는 무조건 막고 진압하고 검거하는 작전을 펴는 겁니다. 전투경찰을 없애면 한국의 시위 진압이 다른 방식으로 바뀔 겁니다. 시위 진압을 전경이 아닌 직업 경찰에게 맡겨야 합니다. 그런데 전경은 그대로 두고 직업 경찰관으로 시위 진압 부대를 만들면 뭡니까? 그게 백골단이죠. 이번에 만든 일당백의 위력을 보여준다는 경찰 기동대가 바로 백골단이 부활한 겁니다.

직업 경찰들로 시위 진압을 하라는 건 뭐예요? 교통경찰이 폴리스라인을 설정하고, 그런 다음에 불법행위를 하는 사람, 가령 폴리스라인을 위배하거나 폭력을 행사하는 사람은 처벌하라는 거죠. 그런데 경찰이 나서서 방패로 찍고, 체포조 동원하고, 뭐, 이런 식으로 진압하니까 어떻게 돼요? 거기서 또 시위대의 대응 폭력이 나옵니다.

사실 언제 경찰력을 동원하고, 이 시위에 어떤 방식으로 임하고, 국민의 기본권인 집회시위의 자유를 어떻게 보호하고, 집회를 하고 난 다음에 어떻게 평화적으로 해산시킬지 등을 시민들이 경찰에 요구해야 해요. 그런데 우리나라의 문제는 무엇입니까? 막강한 경찰이 있다 보니 문제를 일으킨 놈이 경찰한테 다 떠맡기죠. 경찰청장을 지낸 분이 기자간담회에서 이런 이야기를 했어요. "경찰은 종합하수처리장이다." 사회 갈등의 하수처리장이라는 겁니다.

자, 촛불시위가 경찰 때문에 일어났습니까? 광우병 쇠고기 파동이 경찰 때문에 일어났습니까? 비정규직 문제가 경찰 때문에 일어났습니까? 새만금 문제가 경찰 때문에 일어났습니까? 대추리 문제가 경찰 때문에 일어났습니까? 모든 사회문제들이 경찰 때문에 일어났습니까? 그러나 모든 사회문제의 처리에 누가 나섭니까? 경찰이죠.

전경이 5만여 명이나 있으니까 일을 잘못 저지르고 시위대가 몇백

1990년대 초반의 백골단
1980년대, 1990년대 폭력적인 시위진압으로 공포의 대상이었던 백골단이 촛불집회 국면에 경찰 기동대라는 이름으로 부활했다.

명 모여 데모하면 전경들을 동원해 "밟아버려!"하는 겁니다. 여러분이 대통령이면 전투경찰을 안 쓰고 싶으시겠어요?

우리는 이명박 장로님을 위해 기도해야 합니다. 우리를 시험에 들지 말게 하옵소서. 우리를 유혹에 빠지지 말게 하옵소서. 그래서 우리는 이명박 장로님의 충실한 신앙생활을 위해서라도 반드시 국가보안법을 없애야 하고, 전경제도를 폐지해야 합니다. 우리를 위해서뿐만 아니라 이명박을 위해서라도 그렇게 해야 합니다.

이번 촛불에 대해 폭력시위 어쩌구 많이 떠들었죠. 그런데 전·의경 부상 현황을 보세요. 시위 진압에서 부상당한 사람보다 일반 근무 중에 부상당한 사람들이 훨씬 많습니다. 이런 사람들이 경찰병원에 즐비하죠. 그런데 경찰이 정말 치사하게 경찰병원에 카메라를 비추면서 거기 누워 있는 사람들이 몽땅 촛불시위로 인해 다친 것처럼, 폭력시위 때문에 다친 것처럼 주장했어요. 통계를 보십시오. 시위 진압에서 다친 사람의 몇 배쯤 됩니까? 적게는 3배, 많게는 5배 정도가 일반 근무로 다치지 않습니까?

정권이 아니라
국민을 보호하라

경찰이 만날 뭐라고 해요? 범죄가 갈수록 지능화, 흉폭화하고 매년 증가한다고 하잖아요. 그런데 해외여행을 해보신 분들은 아시겠지만 밤길을, 뭐 골목길까지는 아니더라도 적어도 큰길을 마음 놓고 걸을 수 있는 나라가 그렇게 많지 않아요. 전 세계에서 가장 치안이 잘된 나라가 한국하고 일본입니다. 한국하고 일본을 비교해도 한국이 훨씬 더 안전해요. 범죄율을 보면 미국은 한국보다 살인사건이 2.7배 많이 발생합니다. 영국은 통계가 잘못된 게 아닌가 싶은 정도예요. 강도가 12.6배, 폭행은 38.4배, 방화는 30.3배, 절도는 11.8배나 됩니다. 독일의 경우 상해범죄가 9.1배예요. 범죄율 자체가 비교가 안 됩니다. 인구 10만 명당 발생하는 범죄 건수로 이야기하는 거예요.

전 · 의경 없어도 최고 수준인 치안

그 다음에 더 기가 막힌 건 범인 검거율이에요. 한국은 86.3퍼센트예요. 일본이 세계에서 치안이 가장 잘되어 있고 높은 수준의 과학수사를 한다고 하는데 범인 검거율은 우리의 50퍼센트 수준입니다. 미국 드라마 〈CSI〉를 보고 부러워할 일이 아니에요. 범인 검거율로 이야기하면 미국하고도 비교가 안 됩니다. 미국은 20퍼센트 대예요.

우리는 범인 검거율이 거의 90퍼센트에 육박하는데, 이게 뭐냐? 한국은 강력사건은 반드시 붙잡힌다는 거죠. 유괴 건은 요새 100퍼센트 검거합니다. 유괴범을 다룬 영화 〈그놈 목소리〉도 나왔지만, 저 어렸을 때 있었던 조두원 사건, 이용호 군 사건이 요즘 일어났으면 다 잡히는 거예요. 우리가 못 잡은 거, 화성 사건이 있죠.

실제 범인 검거율, 범죄 해결률로 치면 대한민국 같은 나라가 없습니다. 그런데 좋은 건지 나쁜 건지는 잘 모르겠어요. 우리가 사실상 섬나라 아닙니까? 삼면이 막혀 있죠. 그 섬나라에서 온 국민한테 번호를 매겨놓았죠. 한 사람 한 사람마다 고유번호가 있잖아요. 온 국민들 열 손가락 지문을 다 찍어놓았고요.

우리나라는 총기가 불법화되어 있죠. 우린 경찰이 맞아 터지고 또 범인 검거하다 순직하는 경우도 있지만, 미국하고는 비교가 안 되게 순직자 수가 적지요. 범인이나 경찰이나 서로 총을 쏘는 경우가 거의 없잖아요.

외국은 어때요? 외국은 총을 많이 갖고 있죠. 로드니 킹 사건은 말도 안 되는 경찰 폭력 아니에요? 저항하지 않는 사람을 경찰 5명이 마구 때리잖아요. 그런데 그게 불법이 아닙니다. 미국에서는 우범자가 언제 총으로 쏠지 모르니까 경찰이 "프리즈!"라고 하면 절대 움직여선 안 되거든요. 프리즈(freeze)는 '얼어붙듯이 꼼짝하지 말라'는 뜻이죠. '스톱'하고 '프리즈'는 다릅니다. '프리즈' 하면 그야말로 '꼼짝 마라' 죠. 정말 움직이면 안 되는 겁니다. 움직이면 총을 꺼내는 것으로 간주해도 돼요. 로드니 킹은 곤봉으로 맞으니까 아파서 막았겠지만 미국에서는 경찰이 때리면 아파도 가만히 있어야 한다는 게 경찰의 논리입니다.

전 세계에 우리나라 같은 나라가 없습니다. 그래서 우리 조폭들이 우리도 언제 총싸움 한번 해보나, 우리는 언제까지 사시미 칼을 갈아야 하나, 그런다잖아요.

경찰 중립화, 꼭 필요하다

이번 촛불시위에서 어청수가 인기인이 되었어요. 그 결과가 뭡니까? 정권 유지에 혁혁한 공을 세웠죠. 그런데 대한민국 경찰 최고의 꿈이 무엇입니까? 검찰로부터의 수사권 독립입니다. 노무현 정권 때 수사권 독립을 위해 경찰이 애를 많이 썼습니다. 경찰혁신위원회, 경찰인권위원회도 만들고 나름대로 개선 노력을 많이 했습니다.

그런데 지금은 시민사회에서 경찰의 수사권 독립을 지지하는 사람이 거의 없을 겁니다. 저부터도 생각이 바뀌었어요. 유모차 끌고 나온 어머니를 수사하겠다고 앞장서서 충성 경쟁하는 집단에 어떻게 수사권을 주겠습니까? 지지하는 마음을 가졌던 사람도 미워서라도 안 해준다고 합니다. 수사권 독립에 가장 앞장섰던 게 경찰청 인권위원회입니다. 그 경찰청 인권위원들이 다 사퇴했습니다. 촛불시위에서 시민들을 강경 진압하고 백골단 만드는 걸 보고 사퇴했죠. 수사권 독립은 빨라야 10년? 10년 후에라도 회복할 수 있을지, 시민사회로부터 지지를 받을 수 있을지 모르겠습니다.

전의경 제도를 폐지하라
이길준 이경이 서울 신월동 성당에서 촛불집회 강제 진압에 대한 양심 선언 및 부대 복귀를 거부하는 기자회견을 열고 전·의경 제도 폐지를 요구하고 있다

그리고 고문이 다시 살아날 겁니다. 이미 일선 경찰서에서 잡범들을 상대로 살아나기 시작했습니다. 아까 범죄 검거율 부분에 허수가 있죠. 왜냐? 우린 한 놈만 잡히면 그 동네 미제사건 수십 건이 같이 해결됩니다. 이런 허수가 포함되어 있지만 그건 아마 좀도둑일 테고, 강력사건인 경우에는 역시 대한민국만큼 범죄 검거율이 높은 나라를 찾지 못할 겁니다.

정권이 바뀌니까 경찰이 돌변하는 모습을 목격했습니다. 지금 우리에게 필요한 것은 경찰의 중립화입니다. 이거 꼭 필요합니다. 우리는 대륙법 계통이기 때문에 국가가 중앙집권 형태로 운영하죠. 어느 나라든 경찰이 반드시 중립성을 띤다고 보기는 어렵겠지만, 그래도 한국은 해도 너무하다는 생각이 듭니다. 경찰이 이렇게 충성 경쟁을 하다가는 반드시 사고납니다.

경찰의 중립화를 위해서는 국가경찰제에서 자치경찰제로 가야 한다고 생각합니다. 그래서 경찰의 예산과 인력의 상당 부분을 주민 서비스 기능에 한정해야 합니다. 우리는 주민 서비스가 아닌 주민 중의 어떤 특정인을 위한 서비스, 즉 대통령을 위한 서비스에 지나치게 집중합니다. 그리고 민생치안과 관련 없는 분야에 예산과 인력이 너무 많이 배치되어 있어요. 특히 옛 대공경찰인 현재의 보안경찰들이 주민 서비스 차원에서 범죄수사와 민생치안에 집중한다면 예산을 올린다고 해도 국민들이 괜찮다고 하겠죠.

지금 2,000여 명의 보안경찰들은 할 일이 없습니다. 없으면 사건을 만들 수도 있죠. 최근에 그들이 일감이라고 찾은 것이 탈북자 정착사업을 지원하는 겁니다. 중요한 사업이죠. 그러나 사회복지부서에서 해야지 그게 왜 경찰 사업입니까?

경찰서 보안과장은 경찰서장보다 나이가 많아요. 양로원입니다. 문제는 뭐냐? 할 일도 없는 보안경찰에게 그 대신 민생서비스 업무를 하라는 얘길 못 하고 그냥 두는 거예요. 경찰 인력 중에 보안·대공부서, 정보부서 확 줄여도 됩니다.

경찰들이 정보 수집해야죠. 그러나 무슨 정보를 수집해야 합니까? 범죄정보를 수집해야죠. 우리나라 경찰이 수집한 정보에서 범죄정보는 요만큼밖에 안 돼요. 정보과라는 데가 정권 유지를 위한 이른바 민심 파악에 바쁘죠. 이걸 왜 경찰이 합니까? 정당도 있고, 여러 가지 통로가 있죠. 그래서 경찰 인력의 재편이 필요합니다. 저는 한국 경찰의 숫자가 적다고 생각해요. 그런데 많은 수가 주민 서비스가 아니라 정권 유지를 위해 일하니 이 부분을 빼고 탈바꿈을 해야 합니다.

그러려면 경찰 자체에 정화기능이 있어야 한다고 봅니다. 그걸 할 수 있는 것이 경찰노조입니다. 경찰노조를 만들면 적어도 24시간 근무 안 하겠죠. 통계표를 보면 경찰의 순직이 많습니다. 최근 5년간 순직자가 108명인데 60퍼센트가 과로사예요. 높은 놈이 쓸데없는 일에 동원 안 하고, 이상한 격무 안 하고, 경찰의 인권이 보장되어야 경찰이 대민 서비스를 하면서 우리 국민들의 인권을 존중할 겁니다. 열악한 경찰의 처지를 개선하는 가장 좋은 방법은 경찰노조를 만드는 것

구분	순직자	공상자
최근 5년간(2003~2007)	108	5,983
2007. 1. 1~2007. 12. 31	16	1,413

2003년 이후 경찰 사망자 분포

이라고 생각합니다. 경찰노조, 군인노조 왜 못 만듭니까? 공무원 노조도 만들었는데. 옛날에 교사가 어떻게 노조를 만드느냐고 했지만 전교조가 만들어진 지 10년이 되었잖아요. 미국, 영국, 프랑스, 독일, 이탈리아, 캐나다 등 경찰노조 있는 나라가 적지 않습니다. 이런 부분을 개선하면서 한국 경찰이 가지고 있는 여러 잘못된 부분을 고쳐나가야 폭력성도 사라질 것입니다.

경찰 자체의 개혁을 위해 우리도 관심을 갖고 함께 노력해야 할 것 같아요. 우리 세금으로 운영되는 경찰입니다. 경찰에게 서비스를 받아야 하는데 우리가 받을 서비스는 거의 없죠. 촛불시위 같은 데서 우리가 느끼는 박탈감, 심지어 유모차를 끌고 나온 어머니들을 잡아다 조사하는, 그리고 권력을 가진 자가 이를 칭찬하는 악순환의 고리를 우리가 끊어내야 합니다. 경찰도 정치에 휘둘리지 않게 체질을 개선해야 합니다. 이러한 과제가 우리 앞에 놓여 있습니다.

경찰, 하도 문제가 많다 보니까 오늘은 좀 길어졌습니다. 여기서 마치겠습니다.

사교육 공화국, '잃어버린 교육'을 찾아서

더 이상 개천에서 용 안 난다

"잠 좀 자자!
밥 좀 먹자!"

오늘은 한국 사회에서 가장 민감한 문제라고 할 수 있는 교육에 대해 살펴보도록 하겠습니다.

우리가 민주화 과정에 들어선 지 벌써 20년쯤 되었죠? 그동안 교육계에 어떤 일이 일어났는지 한 번쯤 돌아볼 필요가 있을 것 같아요. 지금 사람들에게 교육에 대해 물으면 교육비 때문에 죽을 지경이라면서 불만이 폭발 직전일 겁니다. "교육 문제 해결하면 대통령은 따놓은 당상이다"라는 말까지 있죠. 부모들은 부모들대로 교육비를 대느라 허리가 휠 지경이고, 학생들은 학생들대로 "잠 좀 자자, 밥 좀 먹자"라는 구호를 외칠 만큼 심각한 상황입니다.

학생, 부모, 교사 모두가 피해자

한국의 청소년 자살률이 높죠? 아마 전 세계에서 상당히 높은 편에 속할 겁니다. 어느 통계를 보니까 "청소년 3명 중에 1명이 자살을 심각하게 고민해봤다"고 할 만큼 죽음의 문턱 근처로 아이들이 내몰리고 있습니다. 교사나 학교 관리자들은 학교 붕괴, 공교육 붕괴 등을 하소연하고 있어요. 학교 안의 폭력 문제도 심각하죠. 학교 폭력과 왕따 현상이 점점 증가하고 있습니다.

한국이 고등학생들의 학업성취도가 꽤 높습니다. 학업성취도를 평가하는 시험을 보면 전 세계에서 2등, 3등을 할 정도로 높게 나와요. 그러나 학업에 대한 흥미도를 따져보면 전쟁 중인 국가보다 약간 높은 정도? 전체 그룹에서 맨 끝에 속한다고 보면 됩니다. 왜 이런 현상이 나타날까요? 그리고 뭐랄까, 학생들이 상당히 무기력하다고 할까요. 대학에 들어오는 학생들을 보면 갈수록 수동적이 되어간다는 느낌을 받습니다. 제가 2000년에 처음 교수가 되어서 만났던 학생들과 비교하면 지금 학생들은 전체적으로 기가 죽어 있는 느낌이 들어요.

한국 사회에서 교육이 미치는 영향을 따져봅시다. 언제부턴가 저출산 고령화 이야기를 많이 하잖아요? 여기 젊은 분들이 계시지만 "왜 자녀를 안 갖습니까?" 물으면 "뒷바라지가 힘들어서"라는 답변이 나옵니다.

저희가 자랄 때 보면 형제가 많았죠? 저희도 5남매입니다만, 요즘 젊은 부부가 5남매를 가졌다면 무슨 동물원 원숭이 보듯이 다시 한 번 쳐다볼 거예요. 우리가 자랄 때 5남매는 보통이었어요. 4남매, 5남매가 보통이었는데 왜 이렇게 줄어들었습니까? 뒷바라지하기 힘드니까요. 교육비 부담이 워낙 크죠. 아이를 낳아놓기만 하면 뭐 하냐? 뒷바라지를 할 수 없는데. 이런 이야기들을 많이 듣습니다. 우리 한국 사회를 전 세계에서 가장 출산율이 낮은 나라로 만든 요인이 무엇입니까? 가장 중요하게 작용한 것이 사교육비 부담이 아닌가 싶어요.

옛날 세대들을 보면 부부가 맞벌이하는 가정이 많지 않았죠. 거의 아버지 혼자 벌었어요. 힘들기는 했지만 그래도 자식들 서넛씩 다 대학교육을 시켰단 말이에요. 지금은 맞벌이 부부가 많아도 둘이 벌어서 자식 하나 교육시키느라 절절 맵니다. 오히려 대학 보내고 나면 한숨을 놓는 판이에요. 대학등록금이 천정부지로 솟고 유럽 국가에 비해 연간 등록금 기준으로 많게는 10배 이상 비싼데도 대학에 들어가면 한숨 놓았다고 할 정도로 중고등학교 사교육비가 장난 아니게 들어가는 상황입니다.

이런 교육 구조에서는 누구나 다 피해자인 것 같아요. 학생들도 피해자고, 학부모들은 어떻습니까? 사교육비 대느라고 정신없죠. 아마 파출부 나오는 아주머니들의 상당수가 아이들 학원비 때문일 거예요. 심지어 노래방 도우미까지 나가죠. 교사들은 교사들대로 아이들 점수 관리자라고 할까요, 입시경쟁의 부속품처럼 교사 자신이 시험 점수나 입시 결과에 따라 평가받다 보니 교사로서, 교육에 종사하는 사람으로서 책임과 보람을 느끼기 힘든 상황입니다. 모두 다는 아니겠지만 우리 사회 구성원의 절대 다수가 현재 교육 구조 속에서 못살겠다고 아우성을 치고 있습니다.

개천에서 난 용 거세하기

사정이 이런데도 현재 교육시스템은 의연히 굴러가고 있습니다. 오히려 사교육이 해가 갈수록 더욱 강화되고 있어요. 2000년 4월 헌법재판소에서 과외 금지를 위헌이라고 판정한 이래 사교육 시장이 몇 배나 늘었을까요? 제가 통계에 어두워서 자신 없습니다만 날로 커지고 있죠. 그리고 국제중까지 생기면 새로운 사교육 시장이 창출되는 거죠. 초등학교 시장이 새롭게 창출되어 사교육 시장이 전체의 30퍼센트 정도 늘어날 것이라는 이야기도 나오고 있습니다. 아주 정신없습니다.

이명박 정권이 들어서고 나오는 교육정책이라는 게 정말 사교육을 어떻게 하면 확대할지, 아마 이런 방향으로 가고 있는 것 같아요. 그 이전부터 한나라당하고 조중동이 계속 평준화가 나라를 망쳤고 사교육비를 증대시켰다고 선동해왔죠. 그런 혹세무민의 선동을 실제 정책으로 만들어가지 않나 하는 생각이 듭니다.

학원자율화라는 이름을 표방하고 있지만 이는 사실상 학교의 학원화, 교육의 시장화라고 할 수 있습니다. 학생평가, 교육평가를 한다고 하는데 실제로는 학부모가 사교육비를 얼마나 지출할 수 있는지를 평가해 줄 세우기를 하는 게 아니냐는 이야기가 나오고 있지요.

영어몰입교육을 한다니까 어떤 현상이 생깁니까? 영어 유치원 같은 새로운 시장이 만들어지죠. 자율형 사립고와 기숙형 공립고를 만든다는 정책도 내걸었어요. 이것도 비판받고 있죠. 학교를 입시지옥으로 만드는 것도 모자라서 빈곤층과 부유층이 다니는 학교를 따로따로 만든다는 거죠. 자율형 사립고는 부유층 전용 학교입니다. 고등학교 학비가 1년에 1,000만 원으로 대학교 등록금 수준이에요.

기숙형 공립고는 교육의 불평등, 양극화 이야기가 하도 많이 나오니까 가난한 집 아이들을 보내서 붙잡아두고 24시간 입시공부를 시키면 되지 않느냐는 발상의 결과입니다. 기숙형 학교라는 이름으로 학생들을 잡아두고서 비판의식, 창조적인 생각보다는 점수 따는 기계로 몰고 가는 거죠. 왜 모 기숙형 고등학교에서 학생들이 두발 자유화 문제로 옥상에 올라가 종이비행기를 날리며 시위를 한 유명한 사건도 있었잖아요.

지금 이명박 정부나 조중동의 목표는 평준화의 폐지입니다. 사실상 평준화를 무력화하는 특목고 같은 여러 장치들을 만들고 있죠. 서열화를 하기 위한 가장 좋은 수단이 뭡니까? 전국 일제고사. 전국에서 일제히 똑같이 시험을 봐서 전국 1등부터 몇십만 등까지 일렬로 세우는 작업들을 하고 있습니다.

우리 옛말에 "개천에서 용 난다"는 속담이 있죠? 사실 개천에서 난 수많은 용들이 한국의 산업화와 민주화를 이끌어왔다고 해도 과언이 아닙니다. 그런데 이제 더 이상 개천에서 용이 나오지 않는 상황이 되어버린 것 같아요.

천년이 지나도록 바뀌지 않는 엘리트

학교가 붕괴되었다, 공교육이 붕괴되었다, 교육이 부와 권력의 세습을 위해 이용된다는 이야기를 들을 때 저는 한국 사회가 과거에도 그런 덫에 빠진 적이 있지 않았나 하는 생각을 합니다. 한국 사회의 엘리트층이 굉장히 보수적이거든요. 한국은 아마 전 세계에서 유례를 찾기 힘들 정도로 엘리트의 연속성이 강한 나라일 겁니다.

미국 같은 나라는 완전히 바다 건너 세계 각지에서 사람들이 모여 만들었죠. 미국의 오바마는 한국식 기준으로 치면 이주노동자 아닙니까? 이주노동자 집안에, 케냐와 인도네시아를 왔다 갔다 하던 친구가 대통령이 되었는데 한국에서는 과연 가능할까요?

한국 사회에서 엘리트가 얼마나 보수적이냐 하면, 신라시대 귀족

가문 출신 중에 여전히 한국 사회의 상류층에 포함되는 사람들이 꽤 많습니다. 다 그런 것은 아니지만 신라시대 귀족들은 나라가 고려로 바뀌어도 잘 안착을 했습니다. 고려시대에 『삼국사기』를 정리한 총책임자가 신라 귀족인 김부식이거든요. 지금도 근현대사 교과서로 난리법석을 치고 있지만, 이데올로기를 관장한다는 게 그 사회의 최고 권력 지위를 의미하잖아요. 고려시대 귀족이나 조선시대 엘리트 역시 나라가 망국의 나락으로 빠졌어도 큰 변동 없이 자신들의 지위를 유지했습니다. 심지어 친일파조차 해방 후 대한민국에서 일제 때보다 오히려 더 잘 먹고 잘살게 되었죠. 이런 식으로 우리나라는 엘리트가 근본적으로 바뀌어본 적이 없어요.

반면에 중국은 왕조가 교체되면 지배 엘리트들이 싹 바뀝니다. 한족, 몽고족, 여진족, 만주족 등 서로 다른 종족 간의 전쟁을 통해 왕조가 교체되었기 때문이에요. 우리는 그렇지 않았죠. 그래서 보수층이 강고한 전통을 갖고 있다고 생각합니다.

동양은 대부분 유교 국가였습니다. 유교는 교육을 아주 중시하죠. 근대 자본주의가 발달하기 이전 전통사회에서 일반 백성들에게 글자를 가르쳐야 한다고 주장하고, 거기에 맞는 시스템을 만든 나라는 유교 국가밖에 없을 겁니다. 어떤 면에서 보면 굉장히 앞선 셈이죠. 유교 국가들이 일반 백성들을 교육하고자 한 건 지배질서를 강화하기 위해서입니다. 유교적 이데올로기를 교육하고 교화하기 위한 목적에서였지만 어쨌든 교육을 대단히 강조하죠.

사회주의 국가들도 교육을 강조합니다. 유네스코는 남한을 전 세계에서 가장 성공적으로 문맹을 퇴치한 사례로 꼽지만, 북한은 우리보다 훨씬 더 빨리, 더 철저하게 문맹을 퇴치했어요. 공산당 정책을 하부에까지 전달해야 하는데 글자를 알아야 〈로동신문〉을 읽고 사람들이 이해할 거 아닙니까. 우리나라는 한글이 없었다면 지금도 한문을 어렵게 쓰고 있겠죠. 사실 세종대왕께서 한글을 창제하신 이유도 백성들을 교화하기 위한 수단이 필요해서라고 할 수 있습니다.

한편, 세계에서 조선과 중국 두 나라만 과거제도를 유지했어요. 조선의 과거제도는 제도적으로는 깜짝 놀랄 만큼 열린 제도였어요. 신분제와 관련해서 볼 때 양천제(양인과 천민으로 구분한 신분규범)에 입각하고 있습니다. 실제 사회가 양천제 사회였느냐? 그건 다른 이야기겠지만 적어도 과거제도에 관한 한 천민만 아니라면 누구에게나 열려 있었어요. 노비라든가, 광대라든가, 백정이라든가, 무당이라든가 이런 천민들은 문과나 무과를 볼 수 없지만 일반 양인, 일반 농민의 경우에는 결격 사유가 없습니다. 물론 과거시험을 보기 위해 몇십 년 동안 계속해서 공부할 만한 경제 형편이 되는지 여부는 또 다른 문제겠죠. 다만 귀족 출신이 아니라고 과거를 못 보게 하지는 않았다는 이야기입니다. 제도 면에서는 깜짝 놀랄 만큼 앞서 있었습니다.

문제는 그 과거가 실제로는 어떻게 기능했느냐하는 거죠. 조선과 중국에서 과거제도가 수행한 기능이 전혀 다릅니다. 중국은 아무리 명문가라도 집안 대대로 과거 급제자가 20~30명 나온 집은 손으로 꼽을 정도예요. 중국은 황제의 권한이 비교적 강해서 귀족권을 누르고 황제가 과거제를 원래의 취지에 맞게 운영할 수 있었어요. 명나라 때 어떤 시험감독관이 명문가 자식들을 주로 뽑은 일이 있어요. 그랬더니 황제가 시험관은 물론 과거 급제자까지 다 죽이고 다시 시험을 봤습니다.

중국에서의 황권 대 신권의 관계와 비교해볼 때 조선은 양반들의 힘이 아주 강했습니다. 왕권이 신권을 압도한 적이 별로 없습니다. 그러다 보니 양반들의 귀족적 성격이 점점 더 강해지면서 과거 급제도 쭉 자기들끼리 해먹었죠. 가령 전주 이씨 밀성공파다, 광산 김씨 무슨 파다 하면 그 집에 과거 합격증인 홍패가 다발로 있다고 할 정도지요. 특정 집단이 과거를 독점하다시피 했어요. 우리나라 성씨가 300개 가까이 되고 본관까지 구분하면 몇천 개가 될 텐데, 그중에서 본관 기준으로 50집쯤 꼽으면 우리나라 과거 급제자의 60퍼센트가 커버될 거예요. 과거에 급제한다고 다 좋은 벼슬을 하는 것은 아니지만 특정 집단 사람들이 과거를 독점했어요.

중국과 한국 과거제의 차이를 보면 중국은 정기 시험이 중심입니다. 하지만 한국은 정기 시험(식년시)보다 별시, 알성시 같은 특별 시험이 중심이에요. 특별 시험은 누가 볼 수 있겠습니까? 지금처럼 인터넷으로 공고하고, 시험 보러 KTX 타고 서울에 올 수 있는 게 아니잖아요? 가령 부산에서 서울까지 오려면 보름에서 20일 동안 걸어와야 할 처지죠. 당연히 시험 공고가 언제 날지도 모르고, 또 텔레비전이나 신문, 인터넷으로 날짜를 확인할 수도 없으니 왕자가 태어나거나 국가의 큰 경사가 있을 때 치르는 과거시험은 먼 지방 사람들에게는 거의 혜택이 없죠. 그런 시험은 서울 근처에 사는 양반들이나 응시하고, 그 사람들이 대부분 급제를 합니다. 그래서 과거제도가 신분과 상관없이 널리 인재를 구한다는 취지와 달리 조선 후기에는 오히려 신분제도를 공고히 하고 합리화하는 기능을 하죠. 유명한 명문가라도 과거에 급제해야만 행세를 할 수 있게 됩니다.

이와 비슷한 현상이 지금도 나타나고 있어요. 어쩌다 서울대에 가서 강연을 해보면 학생들이 생긴 게 다른 것 같아요. 진짜 잘생겼고,

허옇고, 멀끔한 것이 선남선녀들이에요. 우리가 대학 다닐 때는 아, 역시 세상은 공평해서 공부 좀 잘하는 친구들은 어딘가 좀 쪼잔하게 생겼다든지, 키가 작다든지 그랬어요. 그런데 지금은 김태희 같은 사람들이 서울대에 다니죠. 게다가 걔네들이 교양도 풍부해요. 어려서부터 책도 많이 읽고, 외국도 다녀보고, 스포츠도 잘하고, 인간성도 좋아요. 세상이 그렇게 바뀌어 갑니다.

조선시대에도 공교육 붕괴가 있었다

조선시대에 왜 혁명이 없었을까요? 과거제도가 밑에 있는 저항층 엘리트들을 일정하게 흡수하는 기능을 했죠. 신분 상승의 기회를 제공하면서 사회 불만의 안전밸브 역할을 했어요. 과거제도의 중요한 기능 중 하나가 이거였는데 지금은 어떻습니까? 한국 사회에서 교육이 사회적 이동, 계층 이동의 통로가 되기보다 오히려 계층 이동의 장벽이 되고 있죠. 지금 강남 출신과 강북 출신의 서울대 입학 비율을 비교해보면 10배 이상 차이가 납니다. 1,000명당 강남의 서울대 입학 비율이 2.5명인데 강북은 0.25명이에요. 고시도 그렇다고 합니다. 고시의 강남화, 사법연수원에 가보면 집이 다 강남이랍니다.

　요즘 우리가 공교육 붕괴라는 말을 많이 하죠. 그런데 공교육 붕괴가 어제오늘의 일은 아니었던 것 같아요. 조선시대에도 이런 현상이 있었습니다. 지금 대학생들도 재학 기간에는 군대를 연기할 수 있잖아요. 조선시대에도 유사한 제도가 있었어요. 조선시대의 공교육 기관이었던 향교에 등록하면 군역을 면제해줍니다. 그러다 보니까 너나 할 것 없이 향교에 등록하려고 했습니다.

조선시대의 군역은 지금처럼 2년간 때우고 나오는 게 아니라 15세에 시작해서 60세에 마치거든요. 그런데 향교에 등록해 "나 과거시험 준비하고 있소" 하면, 그러니까 향교에 돈을 갖다 바칠 만한 경제력이 되면 계속해서 군역에서 빼주는 거예요. 1년에 한두 달씩 몸으로 때워야 하는 일을 면제해주니까 기를 쓰고 향교에 등록하죠. 시골 향교에 가보면 아시겠지만 기껏해야 100여 명 들어가면 꽉 찹니다. 그런데 향교마다 등록된 학생 숫자가 1,000명 내지 2,000명씩 돼요.

"낫 놓고 기역자도 모른다"는 말이 있죠? 또 '목불식정(目不識丁)'이라는 말이 있어요. '丁(고무래 정)' 자가 한자 중에 제일 간단한 글자일 텐데 향교를 다닌 지 몇 년이 되고 글을 읽은 지 몇 년이 지나도록 이 글자를 모르는 사람들이 많았답니다. 향교가 제대로 공부할 수 있는 곳이 아니라는 이야기죠. 그래서 소중한 우리 아이는 향교에 안 보낸다, 이러는 집단이 생기죠. 그런 집안 자제들은 어디로 보내느냐? 서원에 보냅니다.

조선 후기에 서원이 팽창하고 향교가 쇠퇴했다는 이야기를 들으셨을 겁니다. 향교는 공립이고 서원은 사립입니다. 그때는 지금처럼 학교 시설에 대한 기준이 까다롭지 않아서 몇몇 집안이 모여 서원 하나 세우고 자기들끼리 교육할 수 있었어요. 그 결과 혈연관계가 사제관계로 이어지고, 혼인관계가 재생산됩니다. 그런 사람들이 정계에 함께 들락날락하면서 입장을 같이하다 보니 당쟁하고 연결이 되죠. 조선시대에도 공교육이 몰락하고 사교육 기관이 엘리트 교육을 대체했다고 이야기할 수 있습니다.

고려시대에는 어땠을까요? 최충의 문헌공도, 12공도라고 들어보셨죠? 국자감도 있고 국공립기관들이 있는데 왜 그런 기관을 만들었을까요? 자기들끼리 사립학교를 만들어 인맥을 형성하려는 겁니다. 고려시대에는 과거 급제를 통한 관계 형성이 더욱 활발히 이루어졌어요. 과거시험에서 자신을 뽑은 사람을 스승으로 모실 정도죠. 교육기관과 입시를 통한 인맥의 형성은 고려시대부터 찾아볼 수 있습니다. 한국에서 사교육 기관이 득세한 전통은 뿌리가 깊죠. 이건 뭐냐? 바로 한국의 보수 엘리트층이 교육제도를 이용해 자신들의 신분과 특권을 공고히 하는 전통이 오래전부터 있었다는 이야기입니다.

근대 교육의 슬픈 유산,
군국 소년소녀들

자, 근대 자본주의 사회로 들어섰습니다. 학교가 뭐 하는 곳입니까? 1
번, 학교는 비판정신으로 충만한 민주시민을 기르는 곳이다. 씩, 웃는
분들이 많네요. 그럼 2번, 국가관이 투철하고 질서를 잘 지키는 고분
고분한 노동자를 키워내는 곳이다. 3번, 입시경쟁을 비롯한 경쟁사회
에서 살아남아야 할 전사를 육성하는 곳이다. 4번, 교육을 통해 특권
층의 재생산, 부와 권력의 세습을 해보자는 곳이다.

요즘은 한국의 교육정책이 4번에 맞춰져 있지 않나 싶을 정도입니
다. 하지만 국가 차원에서는 비판정신과 자율성으로 충만한 민주시
민의 육성이라는 부분을 이념적으로 배제할 수 없겠죠. 허울뿐이기
는 해도 공식적으로는 이게 정답일 겁니다. 그렇지만 허울을 절대로
지워버리지 못하는 그런 영역이겠죠.

근대형 인간의 탄생

실제 교육에서, 특히 자본주의 초기에 공교육을 세운 이유는 국가관이 투철하고 질서를 잘 지키는 고분고분한 노동자를 육성하기 위해서였다고 이야기할 수 있습니다. 왜 자본주의 초창기에 부자들이 세금을 들여 학교를 세웠겠습니까? 학교를 세우는 것이 그들에게 이익이 되었다는 거죠. 공장에서 일할 우수한 노동력을 학교를 통해 공급받는 겁니다.

가령 학교생활을 해보지 못하고 시골에서 농사만 짓던 사람이 공장에 들어갔다. 그럼 잘 적응했을까요? 적응하지 못했을 겁니다. 공장에서 기계를 작동하려면 기계가 어떻게 돌아가는지, 어떻게 스위치를 켜고, 고장이 났을 경우에 간단한 정비는 어떻게 하는지 가르쳐야 할 것 아닙니까? 그러기 위해서는 기본적으로 문자를 익혀야 하겠죠. 또 공장에서 대규모 협력하에 일해야 한다면 질서와 조직생활에 익숙해야죠. 덧셈, 뺄셈, 곱셈, 나눗셈 같은 간단한 계산을 할 줄 알아야 사무 보는 일을 시키겠죠. 이런 걸 학교를 통해서 가르치는 거죠. 그래서 근대적 인간형으로 재탄생하는 겁니다.

학교에서 열심히 가르쳐주는 것이 뭐겠습니까? '이거 하면 안 된다' 입니다. 우리는 학교에서 무엇을 해야 하는지보다 무엇을 하면 안 되는지를 훨씬 더 많이 배웠을 겁니다. 그 사회가 금기시하는 것들을 몸에 익히는 거죠. 결국 핵심은 뭡니까? 높은 사람에게 도전하면 안 된다, 높은 사람 말을 잘 들어야 한다, 순응해야 한다, 선생님의 말씀에는 이유가 따로 없다, 복종해야 한다 같은 것들이죠.

옛말에 스승의 그림자도 밟지 않는다고 했습니다. 하지만 옛날에는 스승과 제자가 어땠습니까? 같이 먹고 같이 자는 관계였죠. 개인에 대한 인격적인 교육을 담당하기 때문에 사제 간의 관계가 밀접할 수밖에 없어요.

우리는 어떻습니까? 중고등학교에 다닐 때 교장선생님과 이야기해 본 적 있으세요? 수업할 때 한 반에 60~70명 앉혀놓고 일주일에 수업을 두세 번 하죠. 그 속에서 개인적인 관계가 형성되겠습니까? 그러나 우리는 여전히 스승의 그림자도 밟아서는 안 된다고 이야기를 하고 있어요. 그러면서 학교가 사람들에게 위계질서와 규율을 강요하는 겁니다.

만약 학교가 없으면 어떻게 되었을까요? 19세기 찰스 디킨스가 쓴 소설들, 예를 들어 『올리버 트위스트』 같은 작품을 보면 아동들의 처참한 현실이 나옵니다. 그때는 '어린이'나 '아동' 같은 개념이 없었어요. 아이들도 공장에 나가서 일했습니다. 지금도 세계 여러 나라에서 아동 노동이 성행하고 있어요. 우리가 월드컵 때 나이키나 아디다스 등 스포츠 용품에 대해 반대운동을 벌인 것도 아동 노동 때문이죠. 축구공에 가죽을 붙이는 일을 파키스탄이나 인도의 다섯 살, 여섯 살짜리 아이들이 하고 있어요.

아이들에게 노동을 시키면 안 된다. 그러면 아이들을 어디에다 잡아놓느냐? 아이들이 몰려다니는 것은 못 본다. 그래서 아이들을 잡아놓고 학교에서 계속 사회질서에 순응하는 교육을 시켜나갔다고 볼 수 있습니다.

학교에서 아이들은 자율적인 인간으로 키워지기보다 자기 결정권을 행사해본 적이 없는 인간이 되죠. 아이들에게 끊임없이 강조합니다. "너희는 아직 안 컸다." "너희는 계속해서 훈육을 받아야 하고, 감독을 받아야 하고, 규율에 따라야 한다." 아이들은 자기 결정권을 가진 주체적인 시민으로 성장하는 게 아니란 말이죠. 그리고 학교 폭력에 노출됩니다. 폭력과 위기에 노출되다 보니 그 폭력적인 상황을 당연시 하게 돼요. 학생들이 학교에서 평화와 인권의식을 함양하기보다는 오히려 폭력에 익숙해지는 상황이 벌어집니다.

우리는 학교에 다닐 때 머리모양을 마음대로 해본 경험이 없습니다. 여학교들 중에는 심지어 속옷 색깔까지 규제하는 학교도 있다고 합니다. 한편으로는 민주적, 창의적, 비판적인 지성을 갖춘 시민을 키워내는 것이 교육의 목표가 되어야 한다는 요구들이 치고 들어가 일정하게 자리를 잡고 있습니다. 그렇지만 학교의 현실은 순응하는 사람들을 만들어내는 거겠죠. 자기 머리모양 하나 자유롭게 결정해보지 못한 사람, 이런 부당한 규칙에 제대로 저항하고 항의해본 적이 없는 사람이 어떻게 우리 사회에 가해지는 거대한 구조적 폭력에 맞서겠습니까? 그럴 엄두를 내지 못하도록 기를 미리미리 꺾어주는 것이 자본가들, 지배층이 요구하는 학교의 모습이라는 생각이 듭니다.

박정희의 적자, 군국 소년소녀들

근대 교육이 만들어지는 또 하나의 요인은 군사적 요구입니다. 자, 나폴레옹이 유럽을 석권했습니다. 나폴레옹이 천재적인 군사전략가이기도 하지만 사실은 그가 이끄는 군대가 징병제에 바탕을 둔 국민군대였거든요. 국민군대가 왕의 군대나 돈으로 산 용병에 비해 훨씬 더 잘 싸운다는 거죠. 왜 그럴까요?

징병제로 나간 군인들은 지킬 것이 많습니다. 지켜야 할 게 확실하죠. 만약 이 전쟁에서 지면 다시 농노로 전락하고 자식은 재산을 소유할 수 없게 되죠. 그러면 교육도 받을 수 없습니다. 징병제 군인들은 그런 것들을 지키기 위해 싸웠습니다. 이때 나폴레옹 군대의 활약을 경험하면서 유럽 여러 나라들이 징병제를 받아들입니다. 그러면서 민주주의를 도입하고 위로부터 개혁이 시작되었습니다. 혁명은 프랑스와 영국에서만 일어났는데 유럽 전체가 민주주의를 받아들였죠. 징병제를 실시하기 위한 기반으로서 학교들이 만들어지고, 이것이 민주주의 발전사에서 떼려야 뗄 수 없는 관계를 형성합니다. 이렇게 학교, 군대, 공장이 서로 긴밀하게 맞물리게 되죠.

근대 자본주의가 만들어낸 학교교육은 대규모 규율 속에서 돌아가는 시스템이고, 어느 나라나 적을 상대로 애국심과 민족주의를 고취하는 방향으로 국민교육을 실시하게 되었습니다. 그러한 민족주의 교육은 당연히 군사적인 성격을 띨 수밖에 없죠.

한국은 어떻습니까? 근대 교육의 군사적인 성격이 훨씬 더 나쁜 형태로 증폭되었습니다. 민족주의자들이 정권을 잡아도 군사화된 교육을 벗어나기 어려웠을 텐데, 우리는 일본 제국주의가 지배했잖아요. 일제는 타민족을 위한 전쟁에까지 우리를 동원했어요.

우리나라에 학교가 언제 많이 지어졌느냐 하면 일제 말기입니다. 일제 말기에 한국 사람들을 군인으로 끌고 나가려고 교육을 시킨 거죠. 시골에서 농사짓던 조선 청년들을 바로 일본 군대에 집어넣으면 어떻게 되겠습니까? "돌격 앞으로!" 일본군 지휘관이 명령을 내려도 멀뚱멀뚱, "후퇴!" 해도 멀뚱멀뚱, "사격!" 해도 멀뚱멀뚱. 말을 알아야 할 것 아닙니까? 일본 군대에서 써먹으려면 일본어를 알아야죠. 일본어를 어디에서 가르칩니까? 학교에서 가르칩니다.

군국소년들이 자란다
1920년대 전주의 한 야산에서 전주소학교 학생들이 목검 연습을 하는 장면이 담긴 그림엽서. 어린 학생들이 흰 머리띠를 두르고 목검 연습을 하는 모습에서 당시 일본 군국주의 교육의 실상을 짐작할 수 있다. (전주박물관)

우리가 학교에 맨 처음 들어가서 뭐 했습니까? 학교에 처음 간 날, 운동장에서 '앞으로 나란히'부터 하죠? 그렇게 입학식을 하고 학생이 되었을 겁니다. '앞으로 나란히'가 뭡니까? 군대에서 하는 가장 간단한 제식 훈련입니다. 줄 맞춰 서는 것. 학교에 들어가서 제일 처음 배우는 게 군대의 제식 훈련입니다. 우리는 학교에서 조직생활을 배우고 명령에 복종하는 법을 배웁니다. 8시 20분까지 등교해서 20분간 자습하고, 아침 조회가 끝나면 40분 수업을 듣고 10분간 휴식하죠. 초등학교 때부터 군대에서 작전 명령을 수행하듯 시간개념을 익힙니다. 또 보행은 좌측으로, 책상 줄 맞추고, 복도에서 뛰지 말 것. 학교에 들어가면 우리가 지켜야 할 질서 항목들이 아주 많죠.

일제가 1930년대 말 1940년대 초반 한국에 '국민'학교를 많이 세운 이유가 이런 걸 익히게 하기 위해서죠. 그래야 성인들을 잡아다 일본

1990년대 교련 수업
대표적인 군사문화의 잔재로 여겨져온 고등학교 교련 수업. 모의 총을 들고 제식훈련까지 했던 교련 수업은 1990년대 말까지 계속되었다.

군대에서 당장 써먹을 수 있지 않습니까? 한국의 학교는 출발부터 군사적인 성격이 대단히 강했습니다.

　해방 이후에 우리나라 학교는 일제강점기의 군사적인 성격을 씻어내지 못하고 그대로 이어받아왔습니다. 한국전쟁을 거치면서 오히려 이런 교육이 강화되었죠.

　일제는 군국주의 교육을 많이 시켰습니다. 일본은 물론 식민지 조선에서도 그랬죠. 그러나 일본은 전쟁을 끝내고 난 후에 군국주의를 씻어내려는 작업을 엄청나게 많이 했어요. 일본 스스로 했다기보다 미군정에서 방향을 그렇게 잡았습니다. 전쟁이 끝나고 난 직후 새 교과서를 찍지 못했을 때, 옛날 교과서에서 군국주의를 찬양하는 내용을 먹으로 새까맣게 지워가면서 가르쳤어요. 어떤 것은 몇 페이지에 걸쳐 먹으로 새까맣게 칠했죠. 그러니까 지워진 것을 보고 교과서에 나쁜 내용이 있었구나 체득하게 되고, 그 다음 교과서를 찍어내면서 완전히 바뀌고, 미국이 요구하는 민주주의 내용들이 들어갔어요.

　미국의 강요가 아니었더라도 일본 주민들이 뼈저리게 체험한 게 있죠. 전쟁에서 지니까 이렇게 비참해졌다, 군부에서 하자는 대로 했다가 지금 이 꼴이 뭐냐? 이런 불만들이 터져 나옵니다. 전쟁을 일으킨 자들을 불신하게 되고, 그놈들이 다 거짓말쟁이였고, 그놈들이 말로는 어쩌고저쩌고 떠들었지만 결국 일본 민족을 불행의 구렁텅이로 빠뜨렸다는 것을 느끼면서 군국주의에 정나미가 떨어진 겁니다.

물론 그것이 철저하지 못했던 탓에 지금 다시 군국주의가 부활한다 어쩐다 하죠. 하지만 식민지 조선과 일본을 비교하면 일본은 1940년대 말부터 1950년대, 1960년대를 거치면서 평화교육, 인권교육을 광범위하게 실시했어요.

우리는 어떻게 되었습니까? 똑같이 군국 소년들을 키워냈어요. 해방되었을 당시 조선과 일본의 열다섯 살짜리 군국 소년들에 대해 생각해봅시다. 일본의 군국 소년들은 전쟁의 물을 씻어내는 작업을 경험했죠. 그럼 일제가 키워낸 식민지 조선의 군국 소년소녀들은 어떻게 되었을까요? 열다섯 살 무렵 일제에 의해 군국주의의 물이 한창 들었던 한국의 군국 소년들은 해방이 되었지만 그 물을 뺄 기회를 가지지 못했죠. 그런 채로 스무 살이 되었을 때 진짜 전쟁이 터졌어요. 군국 소년들이 전쟁을 치르고, 그 전쟁의 기억을 가지고 분단 한국을 이끌어온 것이죠. 초기 대한민국은 그런 군국 소년들이 발전시킨 나라입니다. 박정희가 군국 소년들의 사령관이었던 셈이죠.

박정희는 젊을 때 학교 선생님을 하면서 군국 소년들을 키웠습니다. 박정희보다 열 살, 열두 살쯤 아래, 그러니까 1930년쯤 태어난 사람들이 박정희한테 배운 세대입니다. 그가 대통령이 된 다음에 다시 그 세대를 이끌고, 또 자기 식의 대한민국을 끌고 나가면서 국민교육 헌장을 만들고, 학교를 하나의 작은 병영으로 만들었죠.

한국은 어떻게
사교육 공화국이 되었나?

이제 옛날이야기는 그만하고 요즘 학교를 한번 돌아볼까요? '학교 붕괴'라고 이야기하지만 어떤 의미에서는 이것이 한국에만 있는 현상은 아닙니다. 또 긍정적인 면도 분명히 있습니다. 군사주의적이고 집단주의적인 것을 견뎌내지 못하고 아이들이 획일화된 교육에 대해 반란을 일으킨 겁니다.

제2차 세계대전이 끝난 후의 미국을 보면 '이유 없는 반항'으로 상징되는 세대들도 있고, 교육 문제를 다룬 영화 〈To Sir With Love〉에서는 학교 붕괴의 현장을 확인할 수 있습니다.

학교와 군대가 뭐가 달라?

학교가 붕괴된 시점이 언제인가요? 지금도 과거 군사독재 시절의 전통에 따라 그대로 학교를 운영하죠? 많이 좋아지고 있다지만 아직도 말죽거리 잔혹사를 재현하는 학교가 많습니다. 인터넷에 오른 사례들을 보면 오히려 몇몇 학교들은 1970년대에도 이렇게는 안 했는데 하는 생각이 들 정도예요. 학교는 자본주의 사회가 요구하는 사람들을 대량으로 키워냅니다. 즉 순응하는 노동자를 키워나갑니다.

우리가 한편으로는 민주주의를 가르치고 인권을 가르칩니다. 자본가 계급이나 특정 특권 계급이 교육을 좌지우지할 수 있는 것은 아니죠. 그런데 민주주의 이념 같은 것들이 교육내용에 포함되기 시작하면서 어떻게 됩니까? 이승만은 계속 독재를 하고 싶은데 1950년대 학교에서도 민주주의를 가르쳤잖아요? 삼권분립의 원칙을 가르치고, 장기 집권하면 안 되고, 부정선거하면 안 된다고 가르쳤어요. 현실과 충돌할 수밖에 없죠. 그런 충돌이 학교 붕괴의 현장에 일정부분 반영이 된다고 생각합니다.

몇 년 전인가요? "19세기 학교에서 20세기 교사들이 21세기 학생들을 가르친다"는 말이 회자되었어요. 한국에만 있는 인사법이 있죠. "선생님, 집에 다녀오겠습니다." 여러분이 그 세대 아닌가요? 여기 계신 젊은 분들이 그 세대인 것 같은데요.

0교시에서 '야자'까지 그 긴긴 시간을 어떻게 학교에서 보냈을까? 그때는 급식도 안 했잖아요? 도시락을 2개씩 쌌죠. 과목은 얼마나 많았습니까? 미국에 유학 가는 사람들이 보는 GRE라는 시험 있죠? 대학원 입학 자격시험인데 GRE에 수학 시험이 있습니다. 한국 학생들의 GRE 수학점수가 굉장히 높아요. GRE에 나오는 수학이 중학교 2학년 수준이거든요. 그게 미국의 대학원 입학 자격시험입니다. 고등학교 문과 학생이 배우는 수학 수준도 아마 꽤 높을 겁니다. 그러다 보니 한 반에서 수업을 따라가는 사람이 몇이나 될까요?

수업이 재미없는 친구들은 어때요? 물리 시간에 무슨 공식이 나오면 그게 무슨 소린지 알 수가 없죠. 인문사회 쪽은 그럭저럭 이해할 만해도 수학이나 자연과학은 수업을 따라가지 못해서 중간에 놓치고, 그걸 만회하지 못하면 그 뒤에 나오는 내용은 무슨 말인지 도통 알 수가 없죠. 이상한 기호들만 칠판 가득 기어 다니는 겁니다. 그런 상태로 하루에 10여 시간을 앉아 있으려니 정말 개 같은 내 인생이 따로 없죠. 아이들이 정말 무기력해집니다. 잠이나 자자! 뭐, 당연하다고 생각해요. 그때가 인생에서 가장 아름다운 시기 아닙니까? 또 가만 놔둬도 열여섯, 열일곱 살은 고민이 생기고 힘든 시기잖아요. 그런 나이의 소년소녀들을 잡아두고 그렇게 억압하니 불쌍하죠.

괴담 강의에서도 이야기했지만, 한국의 학교는 귀신 나오는 곳이 되어버렸고 아이들은 극심한 입시 부담에 시달리며 경쟁으로 내몰리는 처지입니다. 그렇다고 아이들만 힘든 것은 아니죠. 선생님들 중에도 학교에 가기 싫어하는 사람들이 많습니다. 얼마 전에 〈개그콘서트〉에서 그 이야기가 나왔죠. "엄마, 엄마, 학교 가기 싫어." "가야지 어떻게 하니?" "아이들이 날 싫어하고, 나만 왕따 시키잖아." "어떻게 하니? 그래도 가야지. 너는 교장이잖니."

학교와 군대와 감옥의 공통점이 뭡니까? 우선 사람이 많죠. 그 많은 사람이 모두 궁시렁궁시렁 하면서 나갈 날만 기다린다는 겁니다.

학교가 재미있는 곳, 즐거운 곳이 될 수는 없을까요? 저는 옛날을 돌이켜보면 학교생활이 어렵고 답답하기는 했어도 학교에 가는 게, 친구들을 만나서 웃고 떠들었던 게 참 재미있었던 것 같아요. 요즘은 그렇지도 않아 보입니다. 내신을 따지고, 애들끼리 노트도 잘 안 빌려주고, 삭막한 상황이 되어버렸어요. 학생 대부분이 자거나, 재미없어 하거나, 썰렁해한다잖아요.

학교는 학생들을 밤늦도록, 밤새도록 잡아둡니다. 학교에 앉혀두면 공부가 절로 됩니까? 학원 안 가니까 사교육비가 절감됩니까? 학생을 11시까지 학교에 잡아두니까 학원이 2시에 끝나죠. 아이들만 죽을 지경입니다. 그리고 선생님들의 희한한 논리 중 하나, "애들을 잡아둬야 나쁜 짓을 할 시간이 없다"는 이야기를 합니다. 체벌은 어때요? 학교 체벌이 문제가 되었을 때 〈한겨레〉에서 사설에 이런 부제목을 달았어요. "요즘은 군대도 안 때린다는데……."

무즙으로 만든 엿도 허하라

지금 학교의 문제점은 제가 일일이 이야기하지 않아도 여러분이 잘 아실 겁니다. 다만 입시 문제는 좀 짚고 넘어가야겠습니다.

여러분, 혹시 '무즙 파동'이라고 들어보셨어요? 1965년 경기중학교 입학시험 때문에 무즙 파동이 일어났어요. 이게 우리나라에서 '치맛바람'이라는 말의 원조가 되기도 하죠.

엿 만들 때 엿기름을 넣잖아요. 그런데 엿을 만들 때 엿기름 대신에 넣을 수 있는 것이 뭐냐는 게 입학시험 문제였어요. '디아스타제'가 정답이지만 '무즙'을 넣어도 엿이 된다 이거죠. "무슨 얘기냐? 교과서에 안 나와 있다"고 하니까 학부모들이 무즙으로 엿을 만들어 와서 선생님과 교육위원회에다 "엿 먹어라" 했죠. "엿 먹어라"라는 말은 그 전부터 있었지만 정말 이때부터 이 말이 온 세상에 유명해졌어요. 그 당시 무즙 파동으로 떨어진 학생이 39명이나 되었어요. 결국 복수정답으로 처리해 한 달 뒤에 그 학생들을 다 입학시켰습니다.

그 와중에 어떤 일이 있었겠습니까? 당연히 부정 입학이 있었죠.

무즙 파동으로 떨어진 학생 39명 이외에 부정 입학을 시켰다가 걸려서 교육장인가 교육감이 잘리는 일도 있었습니다.

무즙 파동이 중학교에서 일어났는데 그 시절에는 중학교, 고등학교, 대학교 모두 입학시험을 쳤습니다. 고등학교는 대개 같은 중학교에서 올라갔기 때문에 대부분이 붙고 가끔 떨어지기도 했죠. 가령 경기중학교에서 경기고등학교에 올라가는데 1년에 5~6명 정도 떨어졌습니다. 그 당시 고등학교 입학시험은 별로 중요하지 않았지만 중학교와 대학교 입학시험이 힘들었어요.

그래서 중학교 입학시험이 문제가 많다, 애들까지 이래야 하느냐는 여론에 중학교 무시험제도가 만들어집니다. 하필이면 박정희 아들 박지만의 중학교 입학을 앞두고 중학교 무시험을 시행해 뒷말이 좀 있긴 했죠. 뭐, 그래도 여론의 지지를 받았습니다. 박지만 씨가 저보다 한 살 위라 덕분에 저는 무시험으로 중학교와 고등학교를 입학했어요.

중학교 무시험 입학으로 국민학교 사교육 시장에 엄청난 판도 변화가 일어났습니다. 그렇다고 당시 과외 선생님들이 불만을 제기했다는 이야기는 못 들어본 것 같아요. 사교육 시장이 권력화되지 않았던 때죠. 지금 과외를 금지한다고 하면 아마 난리가 나겠죠?

1974년에는 고등학교 입학시험도 없어졌어요. 서울이 1974년에 먼저 없앴고 그 다음 부산, 대구, 광주 등이 1년 뒤에 없앴죠. 도시 규모에 따라서 순차적으로 무시험이 되었는데 아직까지 평준화가 안 된 곳도 있습니다. 서울 근교의 광명만 해도 서울에서는 사라진 1류 학교, 3류 학교, 똥통 학교 같은 말들이 남아 있더라고요.

입시제도가 무시험으로 바뀌면서 상황이 좋아졌다기보다 어떤 의미에서는 대학입시가 더욱 치열해졌죠. 전에는 중고등학교에서 입학

중학교 무시험제 도입
1969년 2월 중학교 무시험제가
처음 도입되었다. 중학교 배정을
위해 제비뽑기를 하는 초등학교
졸업생이 활짝 웃고 있다. (대한
민국정부 기록사진집)

시험을 치르면서 입시의 부담이 걸러지기도 하고 일종의 패자부활전
에 성공할 여지도 있었어요. 그런데 77학번부터 대학입시만 남아 단
판 승부가 되다 보니까 입시 과외의 강도가 엄청 세졌습니다. 이게 그
이전에라고 없었던 게 아닙니다. 저희 형뿐만 아니라 아버지 세대까
지 거슬러 올라가죠. 제가 헌책방에서 1920년대에 나온 입시문제집을
구한 적도 있답니다.

어쨌든 과외가 미치는 영향이 날이 갈수록 커졌습니다. 그것이 모
든 집안의 부담이 되었는데 1980년에 엄청난 변화가 일어났어요. 전
두환이 집권을 했죠.

'전두환 정권이 그리운 단 한 가지'

그 당시 혜성같이 나타난 두 명의 대머리가 있었는데, 공통점은 둘 다
무지 웃긴다는 거였죠. 이주일 씨야 원래 웃기려고 작정하고 웃기는

거고, 또 다른 한 명은 굉장히 진지하려고 하는데 그게 웃기는 거죠.

그런데 전두환은 그냥 웃기는 대머리가 아니라 학살자로 등장했어요. 전두환이 대중에게 알려지기 시작한 것이 10·26사건이 터지고 11월 중순쯤 수사결과를 중간발표했을 때예요. 그때부터 12·12를 거치면서 실력자로 부상하고, 다음 해 5월 광주를 터트리죠. 그 다음 수순으로 최규하를 끌어내리고 자신이 대통령이 되었잖아요. 그렇게 하니까 분위기가 살벌해지고 세상이 흉흉해졌죠. 전두환의 인기가 땅에 떨어졌습니다. 아니, 땅에 떨어졌다기보다 처음부터 인기가 없었죠.

전두환이 통치를 하려면 대중의 마음을 끌어야 할 것 아니에요? 그래서 연구해낸 것이 바로 과외 금지였습니다. 하루아침에 전국의 과외를 일체 금지했습니다. 대학생 아르바이트까지 금지했습니다. 독재자가 하니까 정말로 과외가 없어졌어요.

〈한겨레〉에 권복기라는 아주 진보적인 기자가 있는데, 2007년엔가 전두환을 찬양하는 기사를 썼어요. 「전두환 정권이 그리운 단 한 가지」라는 제목의 그 기사를 보고 "맞아, 맞아" 하고 맞장구를 칠 수밖에 없었던 게, 바로 과외 금지에 관한 이야기였습니다.

그 당시 고등학생들에게 과외 금지가 어떤 의미를 지녔을까요? 권복기 기자가 다니던 고등학교에서는 시험을 보면 성적순으로 1등부터 꼴찌까지 이름을 게시했답니다. 왜 요즘도 그런 짓들을 하죠. 그 친구가 대구에서 다녔는데 대구에도 강남이 있었대요. 과외를 금지하기 전에는 성적 게시판에 대구 강남에 살던 친구들이 앞쪽에 많았죠. 과외 금지가 되고 나서 2학기 중간고사, 기말고사를 봤는데 판도가 바뀌더라는 겁니다. 가난한 집 아이들이 치고 올라왔다는 거죠. 권복기 기자가 82, 83학번쯤으로 바로 386세대에 속하는 나이입니다.

그 세대가 대학에 들어와서 얼마나 전두환과 싸웠습니까? 그런데 전두환 욕을 엄청나게 하다가도 고교 동기들이 모여서 "전두환이 아니었으면 우리는 서울은 고사하고 대학 가기도 힘들었을 것"이라고 이야기하면 다들 "맞아, 맞아" 하는 거죠. 만약 과외가 있었다면 학원 단과반도 끊기 어려운 아이들이 어떻게 서울대에 가고 어떻게 명문대에 갔겠냐는 겁니다. 다 과외가 없어졌기 때문이다, 그 이야기를 하는 거예요.

시대가 그랬던 것도 있지만 386의 급진화는 정말 가난한 학생들이 대학에 많이 입학했다는 게 요인으로 작용했어요. 대학입시의 당락이 영점 몇 점 차이로도 갈리는데 과외를 해서 10점, 20점을 올리지는 못한다 해도 2점, 3점을 올릴 수는 있잖아요. 그 경계선에서 순위가 바뀌는 경우가 굉장히 많죠. 그런 부분에서 386세대는 전두환이 시행한 과외 금지의 혜택을 받았다는 이야기를 합니다. 과외 한번 못 해보고 대학에 들어온 가난한 386들의 이야기죠. 그리고 자신들이 어려서 보고 겪은 사회적 빈곤 문제와 그 당시 정의와 변혁을 추구하던 분위기가 맞아떨어지면서 386들이 급진화되었죠.

또 한 가지, 과외를 못 하게 하니까 대학생들이 가난했어요. 1970년대에는 친구들 중에 과외하면서 집에 돈 부치는 친구도 많았어요. 하숙비와 학비를 해결하면서 집에 돈까지 부치는 거죠. 입주과외로 먹고 자면서 그 집 애들 가르치고 주말에 한두 탕 뛰는 겁니다. 자기 생활을 희생하는 것 같지만 어쨌든 돈을 많이 벌었어요. 저도 아르바이트를 해서 책 값, 술 값 풍족하게 썼거든요. 1978년에 제가 대학에 들어갔는데 일주일에 두 번 과외를 하면 월 5만 원, 세 번 하면 7~8만 원 받았거든요. 우리 또래 여공들이 하루 12~13시간 일해서 받는 월급이 10만 원 정도였어요. 대학생들이 굉장히 특혜를 받았죠.

그런데 1980년대에 과외가 없어졌어요. 가난한 집 애들이 대학에 들어오기는 했지만 과외를 못 하니 여전히 가난하죠. 그러다 보니까 급진 운동권으로 가기 딱 좋은 조건들을 갖추고 있었던 겁니다.

어떻게 우리 애만 안 시키나?

이 과외 금지가 어떻게 되었습니까? 노태우 들어서면서 완화되다가 2000년 헌법재판소에서 아예 없애버렸죠. "배우고자 하는데 배움을 법으로 불법화하는 일은 지구상에 없다." 원론적으로는 맞는 이야기일 겁니다. 하지만 한국의 특수 상황도 고려해야죠. 그때 이 판결이 논란이 많았어요. 국민의 경제활동에 대해 규제할 만한 요인이 분명히 있는데도 그걸 안 살리고 과외 금지를 해제했습니다. 그러니까 어떻게 되었습니까? 사교육 시장이 엄청나게 팽창했죠.

세계에서 사교육 기관이 코스닥에 오르는 나라는 한국뿐일 겁니다. 그 정도로 규모가 커요. 통계에 따르면 사교육 시장의 규모가 25조 원이라고 하는데 전문가들은 더 되지 않겠느냐고 합니다. 학교 측도 "고등학생 연간 과외비가 평균 300만 원 내지 400만 원으로 나오는데 그 정도일 리가 없다"고 하죠. 뭐, 전혀 과외를 못 받는 친구들도 있지만 썼다 하면 훨씬 더 쓰는 아이들이 많기 때문에 저것밖에 안 썼을까 하는 지적입니다. 어쨌든 최대의 지하경제 시장이죠.

현재 사교육 시장에 종사하는 사람들은 얼마나 될까요? 교육청 통계를 보면 사교육에 종사하는 사람이 2만 명이라고 나와 있어요. 그런데 교육청에 등록된 학원이 2만 5,000개입니다. 학원 하나당 강사가 한 명도 채 안 된다는 건데 말도 안 되죠. 아마 수십 만 명쯤은 족히 되지 않을까 싶어요. 제가 아는 사람들 중에도 꽤 많아요. 특히 시민운동 진영에 많습니다. 대학입시가 가까워지면 시민단체 사람들은 회의 잡기가 어려워요. 제일 바쁜 철 아닙니까? 그 친구들이 요때 반짝 일해서 1년은 아니더라도 반년은 근근이 먹고 사는데 그 친구들한테 12월에 무슨 일 하자고 하기도 미안하죠.

대치동 논술학원 거리
사교육 시장은 해가 갈수록 커지고 있다. 이명박 정부는 사교육 팽창을 방관, 주도하고 '내 자식만 뒤처지는 것 아닌가?' 하는 불안과 공포는 학부모들의 주머니에서 속절없이 돈을 털어낸다.

자, 사교육이 왜 팽창합니까? 학생들 줄 세우고, 학교도 줄 세우는 학벌 사회에서 학부모들은 '내 자식만 뒤처지는 게 아닌가'를 넘어서 '내 자식만은 남들 못 하는 걸 시켜주고 싶다'는 욕심을 품게 됩니다. 돈 많은 사람들은 고액의 족집게 과외를 시키죠. 이게 얼마나 효과가 있는지 모르지만 딱 한 문제만 더 맞혀도 그게 얼마나 크겠어요? 사람들이 그런 기대심리가 있습니다. 하지만 단가가 말도 못 하게 비싸죠. 보통 1,000만 원이랍니다. 그런 과외를 시킬 수 있는 사람이 얼마나 되겠습니까? 그것도 다 합쳐서 1,000만 원짜리가 아니라 과목별로 따로따로죠. 다 시키면 몇천만 원, 억대가 될 텐데 그걸 시키는 사람과 시키지 못한 사람들은 확연히 구분이 되겠죠.

서민들 중에 과외 때문에 파산하는 사람들도 많아요. 과외 안 시키면 뭐가 파산할까요? 부모의 마음이 파산하죠. '부모 잘못 만나서 뒷바라지도 제대로 못 해주고……' 이런 식이 되는 겁니다. 우리나라 입시제도는 잘사는 집 아이들이 계속 명문대에 갈 수 있는 방향으로 꾸준히 '개선' 되죠. 특목고 만들고, 국제중 만들고, 그리고 고교 등급제도 등장하잖아요. 이번에 고려대가 그것 때문에 파문이 일어났죠? 사실상 알게 모르게 다 하고 있지 않을까 싶어요.

이제 평준화 정책이 거의 무력화되었습니다. 왜 무력화되었어요? 입시는 없앨 수 있어도, 학교는 명목상 평준화할 수 있어도, 부모의 경제력을 평준화할 수는 없습니다. 부모들의 욕망을 실현할 돈을 평준화하지는 못한다는 말이에요. 그러니까 사교육 시장이 팽창할 수밖에 없어요. 전교조나 시민단체에서 사교육을 금지하자고 목소리 높여 부르짖잖아요. 그런데 민주노총 노동자들이 왜 파업합니까? 자식들 학원비를 대려면 임금 인상을 요구할 수 밖에 없어요. 이게 현실입니다.

'죄수의 딜레마' 라고 게임이론에서 쓰는 말이 있습니다. 두 사람이 잡혀왔다고 쳐요. 똑같이 부인하면 두 사람 다 3개월만 형을 살면 됩니다. 나만 자백하고 상대방은 자백하지 않으면 나는 풀려나고 상대방은 6개월을 삽니다. 둘 다 자백하면 같이 6개월을 살아요. 어떻게 하는 게 좋을까요? 상대방을 믿고 둘 다 부인하는 게 가장 공평하고 좋겠죠. 하지만 신뢰할 수가 없는 겁니다. 저 혼자 잘살겠다고 자백하면 나는 부인하든 말든 6개월을 살겠죠. 결국 두 사람 다 자백하는 경우가 많습니다. 둘 다 징역 6개월을 사는 거죠. 이 논리가 사교육 시장에도 적용됩니다.

가령 성적이 똑같은 A와 B, 두 학생이 있습니다. 두 학생 모두 목표하는 대학이 같은데 그 대학에 합격할 가능성은 똑같이 50퍼센트입니다. A만 사교육을 받으면 A는 합격할 가능성이 60퍼센트가 되고 B는 40퍼센트로 떨어지겠죠. 그럼 과외를 시키는 게 남는 장사일 것 같네요. 그런데 둘 다 과외를 하면 어떻게 됩니까? 도로 똑같이 50퍼센트가 되는 겁니다. 이것이 사교육 시장의 딜레마예요. 모두 과외를 하면 모두 안 했을 때와 똑같아지는 겁니다.

누가 돈 법니까? 학원, 과외 선생들이 돈을 벌죠. 사교육에서는 불안과 공포의 마케팅을 합니다. 국제중에 가려면 입시공부를 언제부터 시작해야 할까요? 5학년이면 될까요? 그 시장에서 통용되는 이야기가 5학년이면 늦었다고 해요. 3학년 때부터 하든, 유치원 때부터 하든, 아니면 갓난아기 때 영어 발음 잘하라고 혀를 찢어놓든, 빠르면 빠를수록 좋다는 거죠. 이러다 보니까 학생들이 과외를 안 시키면 공부를 안 합니다. 사교육 의존도가 지나치게 높아졌어요. 주체적으로 창의적으로 하는 공부가 없어요.

얼마 전에 경제학자 우석훈 씨가 재미있는 제안을 했죠. 한국 경제의 내수 소비 침체를 일거에 타파할 복안이 있다는 거예요. 뭡니까? 과외를 금지하라! 지금 초중고생을 둔 가족이 한 달에 과외비로 얼마나 쓰겠습니까? 많이 쓰는 집안은 정규 수입의 80퍼센트가 학원비로 나가요. 자식이 셋이다. 그러면 어떻게 삽니까? 수입으로 치면 명백히 중산층이어야 하는데 생활은 극빈층이죠. 그런 사람들이 대한민국에 많습니다. 수입으로는 상당한 고소득층인데 생활은 극빈층에 가까운 상황을 어떻게 극복할 수 있을까요? 과외를 안 하면 됩니다. 국민투표로 과외를 금지하자! 아마 80퍼센트가 찬성할 겁니다.

우석훈 씨의 이야기는 일리가 있습니다. 저는 한국 사회의 보수화를 이끌어나가는 요소로 과외보다 더 심한 게 없었다고 생각해요. 한국에 기부 문화가 발달하지 않았다고 하죠. 아니, 수입의 50 내지 80 퍼센트가 진공청소기로 빨려 들어가고 있는데 무슨 기부를 하겠습니까? 수입에서 너무 많은 부분이 사교육비, 대학 교육비로 지출되다 보니 내수 시장 궁핍의 원인이 되었다는 겁니다.

등록금 투쟁, 국가를 상대로 하자!

지금은 교육과학기술부라고 부르지만 얼마 전까지 교육인적자원부라고 했죠. 우리가 어렸을 때 천연자원, 광물자원, 수자원이라고 했는데 이제 '인적자원'이라는 말을 공공연하게 사용합니다. 그런데 자원이라면서 왜 교육에다 수익자 부담원칙을 적용합니까? 수익자 부담원칙을 적용한다면 교육받는 사람이 아니라 그 자원을 이용하는 사람이 돈을 대야죠. 나라가 결국 교육에 투자를 해야 하는 것 아닙니까?

미국을 사립대학의 천국이라고 하죠. 세계적으로 우수한 사립대학들이 엄청나게 많습니다. 그런데 사립대학에 다니는 학생 수가 얼마나 될까요? 전체 대학생 수의 절반이 안 됩니다. 한국은 어떻습니까? 전문대학을 포함해 사립대학이 담당하는 학생 수가 전체 대학생의 85퍼센트예요.

한국의 국립대학은 이름만 들어봐도 알 수 있죠. 경북대, 전남대, 충북대, 강원대 등등. 경기, 경남만 빼고 도 이름이 대학 이름이에요. 국립대학은 각 도에 하나뿐이었어요. 요새는 한두 개씩 더 생겼습니다만 굉장히 오랜 기간, 그러니까 정부 수립 이후 40년, 50년 동안 국립대학은 한 도에 하나밖에 없었어요. 이런 걸 면피용이라고 하죠. 국가는 고등교육에 투자를 안 했죠. 국방비 쓰고 여기저기 토목공사를 일으키면서 교육에는 투자를 안 한 겁니다.

저도 사립대학에서 월급을 받고 있습니다만, 대학생들이 학교를 상대로 등록금 투쟁을 하는 것은 당연합니다. 그런데 등록금 투쟁을 왜 학교만을 상대로 합니까? 저는 국가를 상대로 해야 한다고 봅니다. 국가가 공교육에 투자를 해야죠.

우리나라는 국가가 고등교육에 거의 투자를 하지 않았습니다. 요즘은 교육 분야 예산이 많이 늘어났다지만 수십 년 동안 투자가 없었습니다. 이걸 사립대학이 맡았죠. 그런데 사립대학을 보면 잘 운영된 곳도 많지만 비리투성이인 대학이 얼마나 많았습니까? 너무 엉망이어서 재정이니 뭐니 손을 댈 수도 없는 지경인데 그런 대학을 국가가 왜 방치했습니까? 국가가 해야 할 고등교육을 사립대학들에 떠맡겨놓았으니 말발이 안 서죠. 눈감아주는 겁니다. 그걸 관행이라고 수십 년을 지탱해온 겁니다. 정말 말도 안 되는 사립대학 이야기들이 많잖아요?

제가 〈한겨레21〉에 역사이야기 연재할 때 사립대학에 관한 이야기를 썼어요. 그때 자료 조사하면서 어떻게 이런 일이 있을 수 있는지, 정말 말도 안 되는 일들이 많은 사립대학에서 벌어진다는 것을 새삼 느끼게 되었죠. 설립자도 아닌 사람들이 사립대학을 가로채 웃기게 운영하는 곳도 많아요. 상지대, 조선대 등등. 지금, 쫓겨났던 옛날 재단이 그 사립대학들을 되찾으려 하고 있습니다. 임시 이사가 파견되어 있었는데 이명박 정권이 들어서면서 다시 구재단이 복귀하려고 엄청난 노력들을 하고 있죠.

우리나라 사교육 시장에 우수한 인력들이 많이 모여 있습니다. 국가적으로 인재의 배분이랄까, 그런 부분에서 상당한 왜곡이 있다고 봅니다. 그리고 우리나라에서 과외와 학원이 융성하게 된 원인을 생

1990년대 초반의 등록금 투쟁
우리나라의 사립대학 의존율은 80퍼센트 이상이고, 사립대학 재정은 75퍼센트 이상 학생들이 내는 등록금에 기대고 있다. 결국 국가의 의무여야 할 고등교육에 대한 부담을 학생과 학부모가 떠맡은 셈이다.

각해보면요, 이건 좀더 연구를 해봐야겠습니다만, 사범대학 체제가 안고 있는 문제가 아닐까 싶은 생각도 들어요. 교사의 진입장벽이 너무 높다는 겁니다. 실력이나 전문성을 기준으로 삼지 않고 사범대학이라는 특수한 양성기관을 나온 사람들만 교사를 시키는 거죠. 사범대학을 나오거나 대학에 다닐 때 교직과정을 밟지 않은 사람은 아예 임용고사도 볼 수가 없잖아요.

사교육으로부터의 독립운동이 벌어졌을 때 우리가 해결 방안을 찾아야 할 부분도 없지 않죠. 현재 사교육 시장에 종사하시는 분들을 어떻게 해야 하는가? 저는 상당 부분을 공교육 시장이 흡수하면 된다고 생각해요. 본인이 원하고 일정한 자격을 갖춘 사람을 공교육 시장이 흡수하면서 사교육 부분을 줄여나가야 합니다. 보세요. 현재 학교에서 학급당 인원이 몇 명입니까? 김대중 정권 때 잘한 일 중에 하나가 우격다짐으로 학생 수를 30여 명 선으로 낮추어놓았잖아요. 그런데 지금은 다시 늘어나서 40여 명이 되었습니다. 줄어들어도 시원치 않을 판에 더 늘어났죠. 고양시의 경우에 한 반에 50명인 데도 있다고 합니다.

다시 처음처럼!
전교조에 바란다

교육 문제를 이야기할 때 빼놓을 수 없는 게 전교조입니다. 전교조가 처음 등장했을 때 굉장한 국민적 지지를 받았어요. 1989년 1,500명의 해직교사가 발생하는 초유의 사태가 벌어졌지만 그래도 전교조를 지켰습니다. 국민여론이 전교조를 지지했거든요. 당시 MBC에서 했던 여론조사를 찾아보니까 80퍼센트가 교원노조를 지지했어요. 전교조를 죽어도 안 된다고 반대한 것은 13~14퍼센트에 불과했습니다.

지금은 어떻습니까? 지지율이 아마 정반대일 겁니다. 전교조를 지지하는 사람이 14~15퍼센트 정도밖에 안 되지 않을까 싶어요.

전교조가 1989년 대량 해직 사태를 겪었고 10년 동안 법외 노조로 있다가 김대중 정권이 들어선 다음에 합법화되었습니다. 당시에는 후원회원까지 합쳐도 얼마 안 된다고 생각했는데, 쭉쭉 늘어나서 조합원 숫자가 9만 명까지 갔죠. 지금은 좀 줄어들어 7만 몇천 명 내지 8만여 명일 겁니다. 어쨌거나 합법화된 이후에 지난 10년 동안 비약적인 성장을 거두었다고 생각합니다.

현재 전교조는 이명박 정권과 조중동이 기를 쓰고 반드시 죽여야 하는 공격 목표가 되었습니다. 대한민국의 '선진화'를 가로막는 가장 중요한 장애물을 전교조로 꼽고 있어요. 이런 생각이 지난 촛불시위를 거치면서 더욱 강화된 것 같아요. 촛불시위 때 중고등학교 학생들이 먼저 들고 일어났잖아요. 촛불시위를 기존 운동권, 좌파가 먼저 시작했다면 핑계가 좋았을 텐데 중고생이 먼저 나왔습니다. 왜 학생들이 먼저 거리로 나왔습니까?

저쪽 동네에서 통용되는 정답은 전교조 빨갱이들이 새빨간 교과서로 아이들을 버려놓아서 그렇다는 겁니다. 그렇다면 어떤 대책이 필요할까요? 당연히 새빨간 교과서를 없애야 한다, 전교조 빨갱이를 퇴출시켜야 한다는 거죠. 사실상 그런 방향으로 차곡차곡 가고 있습니다. 올해와 내년밖에는 시간이 없다고 압도적인 공세를 펼치고 있어요. 머지않은 장래에 전교조 해직교사들이 많이 나올 겁니다(이 말을 한 지 채 보름도 지나지 않은 2008년 12월 10일, 일제고사를 거부한 7명의 선생님이 파면, 해직되었습니다). 지금도 많이 나오고 있죠? 노무현 정권 말기와 이명박 정권 초기에 통일 교사들을 국가보안법으로 구속해 지금도 재판을 받는 분들이 있습니다.

전교조가 왜 외면받고 있을까?

저는 좀 답답한 게 그 어려운 시절에도 80퍼센트가 넘는 지지를 받았던 전교조가 왜 이렇게 지지를 상실했을까 하는 겁니다. 그 시절로부터 치면 20년쯤 지났고 합법화된 걸로 치면 10년 정도 지났습니다. 그 인기를 그대로 유지하기는 어렵겠지만 적어도 1980년대 말 어려웠던

선생님, 사랑합니다
1989년 서울 신목고 학생 400여 명이 전교조 교사에 대한 징계 철회를 요구하며 수업을 거부하고 집단농성을 벌이고 있다.

시대에 누가 전교조를 지켜주었습니까?

저는 아이들이 지켜주었다고 생각해요. 자살한 학생들도 많았습니다. 아이들이 왜 전교조를 지지했을까요? 사람을 차별하지 않는 좋은 선생님이었으니까. 공부 잘한다고, 집안 좋다고, 예쁘다고 차별하지 않았습니다. 저 선생님이 우리 편이구나, 저 선생님이 정말 학생들을 위하는구나, 우리를 위해주는구나 하는 생각이 드는 좋은 선생님들이 어떻게 되었나요? 전교조라고 다 쫓겨났어요. 아이들이 눈이 뒤집힌 겁니다. 그 아이들이 싸워준 거예요. 해직을 막지는 못했지만 선생님들이 그 힘을 갖고, 그 힘으로 버텼다고 생각합니다. 그 아이들을 생각하면서.

지금은 어떻습니까? 제가 전교조 강연을 좀 많이 다닙니다. 그런데 가서 이야기를 들어보면 전교조 교사로서의 자부심, 긍지를 그대로 유지하고 계신 선생님이 적어요.

그리고 교사의 진입장벽이 여전히 높죠. 교사 충원을 안 합니다. 학급당 학생 수를 낮추면서 교사를 많이 뽑아야 하는데 늘리지 않습니다. 학생과 교사의 비율이 열악한 상태에서 갈수록, 특히 외환위기 거치면서 교사가 인기 직업으로 자리를 잡게 되었어요. 그때부터 나온 말이 철밥통 이야기죠. 한편으로 교사를 선망하면서도 다른 한편으로 교사를 질시합니다. 이 사회에 비정규직이 확산되면서 그런 관점이 생기고, 특히 조중동 같은 데서 '철밥통론'을 펴죠.

철밥통이라는 것은 고용안정의 다른 말 아닙니까? 철밥통을 욕하기 전에 우리의 고용조건이 불안하면 고용안정을 통해 철밥통을 만들 생각을 해야죠. 우리가 여론에 호도된다는 것이 바로 이런 겁니다. 철밥통이란 말로 교사를 비아냥거리고 비난하는 여론에 휩쓸리는 거죠.

전교조가 너무 교사 문제에만 치중한다는 비판을 많이 받습니다. 전교조는 그 말에 대해서 굉장히 억울해해요. 왜냐? 전교조는 분명 노동조합입니다. 전국교직원노동조합이에요. 그런데 노동조합치고는 굉장히 이상한 노동조합이죠. 하종강 선생은 전교조에 대한 비판이 나올 때마다, 특히 전교조가 교사 이기주의에 빠져 있다는 이야기가 나올 때마다 이런 말씀을 하죠.

"전교조가 임금 인상 요구하는 것 본 적 있느냐? 전교조가 수당 확대를 요구하는 것 본 적 있느냐?" 노동조합이라면 마땅히 해야 할 주장이죠. 그런데 우리나라에서 전교조에 부여된 사명은 그게 아니죠. 물론 전교조도 그 방향으로만 가서는 안 된다는 점을 알고 있어요. 전교조가 노동조합만 하겠다고 했으면 80퍼센트의 지지를 받았을까요? 아니라고 생각해요. 전교조가 참교육을 하겠다고 들고 나왔기 때문에 학생들의 마음을 움직였습니다. 학생들이 움직이니까 학부모들도 움직였습니다. 학부모들이 어느 선생님이 좋은지 어떻게 압니까? 애들이 좋아하는 선생님을 지지해준 거죠. 그래서 전국 여론이 전교조를 지지한 겁니다.

지금은 어떻습니까? 가령 교원평가제는 엄청 문제가 많은 제도죠?

그런데 국민들은 어떻게 생각합니까? '대학교수들도 학생들에게 평가를 받는데 왜 교사들만 평가를 안 받겠다고 그러느냐.' 교원평가라는 게 실제 뜯어보면 전혀 사정이 다르다는 걸 국민들은 잘 모르죠. 굉장히 표피화되어 있어요. 전교조가 국민들을 만나 하나하나 설명하면 설득이 가능하겠지만 모든 국민을 만나고 다닐 수는 없잖아요.

지금 교육에 대한 국민들의 불만은 폭발 직전입니다. 여론이 전교조를 죽이는 제일 좋은 방법이 뭔지 아세요? 그 원인이 마치 전교조에 있는 것처럼 몰고 가는 거예요. 교육개혁, 교원평가를 통해 부실한 교사, 능력 없는 교사를 퇴출시켜야 공교육이 경쟁력을 가지는데 전교조가 철밥통을 지키느라 교원평가도 안 하고 반대한다는 식으로 여론을 호도하면서 끌고 가는 겁니다. 국민들이 여론의 악선전에 쉽게 넘어가고 있습니다.

전교조 출신 해직교사였던 도종환 선생님 아시죠? 정말 청춘을 전교조에 바쳤다고 이야기할 수 있는 분이에요. 그분이 얼마 전에 전교조에 대해 쓴소리를 했습니다.

"전교조가 얘기하는 거 다 봤다. 그렇게 이야기하면 안 된다. 왜냐? 국민들이 전교조에 기대하는 것은 멋진 플레이다. 그런데 전교조는 심판이 판정을 편파적으로 보는 것에 대해 계속 심판이 호각을 불 때마다 쫓아가서 항의하고 있다." 그럼 어떻게 돼요? 관객이 그라운드를 떠나죠. 외면하게 됩니다.

"전교조가 지금 그런 꼴이다. 불리한 상황을 불리한 상황대로 안으면서 더 멋진 플레이로 극복할 수밖에 없지 않느냐? 교원평가 같은 걸로 싸우는 것이 과연 내용의 옳고 그름을 떠나서 현명한 일인가?"

지금 전교조는 어떤 입장을 가져야 할까요? 한국의 교육현실 속에서, 이명박 정권의 공세 속에서 전교조는 어떤 역할을 해야 할까요? 더군다나 이명박 정권은 전교조를 표적 삼아 죽이려 하고 있습니다. 저는 다시 옛날처럼 학생들의 지지를 받는 전교조가 되어야 한다고 생각합니다.

저는 전교조를 보면서 좀 아쉽다고 할까요? 전교조가 합법화되고 10년이 지났는데 왜 학생 인권의 현실이 요것밖에 안 될까요? 자, 한국의 학생 인권이 얼마나 개선되었습니까? 1987년 6월 항쟁 때부터 지금까지, 또는 제가 고등학교에 다니던 시절부터 지금까지. 제가 고등학교에 다닐 때 앞머리 길이가 3센티미터였습니다. 스포츠형으로 앞머리를 3센티미터까지 기를 수 있었어요. 지금 우리 애를 보니까 7센티미터입니다. 아, 한국의 학생 인권이 지난 30년 동안 4센티미터 전진했구나.

전교조가 학생 인권의 상징인 두발 문제에 매달렸다면 이 정도밖에 안 되었을까요? 저는 두발 문제든 무엇이든 학생들이 가장 불만스러워하는 문제들, 적어도 "밥 좀 먹자, 잠 좀 자자" 같은 문제들에 대해 학생들과 공유하고 함께 싸우면서 학생들의 지지를 회복하는 수밖에 없지 않나 하는 생각이 듭니다.

그래도 선생님들이 희망이다

교육은 가장 치열한 계급투쟁의 현장입니다. 그런데 그 계급투쟁의 구도 자체가 어떻습니까? 가진 자가 승리할 수밖에 없는 구도가 상당히 고착화되어가고 있습니다. 특히 2000년 과외 금지가 깨진 이후에 더욱 그렇죠. 그 이전에도 사교육비 부담이 학부모의 등골을 휘게 했고, 또 사교육비가 그렇게까지 부담이 안 되던 시절에도 대학등록금이 비싸서 '우골탑'이라고 했잖아요. 왜 그렇습니까? 우리는 교육을 입신출세의 수단으로 여겼어요. 교육은 거의 유일한 신분 상승의 통로였습니다. 그래서 한국 사회에 여러 가지 문제가 많고 부정부패가 심했어도 입시관리만큼은 철저히 했습니다. 그나마 입시부정이 제일 적었던 셈이에요.

이제 입시 부정은 문제가 아니에요. 이미 입시는 사교육에 의해 가진 자들만의 게임이 되어버렸습니다. 교육을 통해 입신양명과 신분 상승을 꿈꾸었던 것이, 뭐 교육의 그런 기능이 꼭 좋은지는 모르겠습니다만 어쨌든, 그 가능성마저 차단되어버린 상태입니다.

지금 이명박 정권의 정책은 학교의 학원화입니다. 방과 후 학교라는 게 결국 학교를 값싼 학원으로 만들겠다는 것 아닙니까. 교장 공모제는 뭐예요? 학원장형 교장을 만들겠다는 의도죠. 학원이라는 곳은 입시 점수를 올리는 게 목표입니다. 성적을 올리는 거죠. 그러나 우리가 학교에 기대하는 것은 뭡니까? 전인교육 아닙니까? 학교는 분명히 학원과 달라야 합니다.

저는 학원을 없애자는 극단적인 주장을 하고 싶지는 않습니다. 공부가 부족한 학생은 외부에서 보충을 받아야겠죠. 다만 선행학습이라고 해서 초등학생이 중3 교과를 배우고, 중3 때 이미 미분적분을 끝내야 하는 것은 아니란 말이죠. 어떤 부모는 한국의 사교육 현실에서 벗어나기 위해 조기유학을 보냅니다. 그런데 어떻습니까? 세계의 명문 고등학교에 들어간 조기 유학생들이 방학이면 과외를 받으러 한국에 돌아오는 현실. 어딘가에서 끊어버려야 하지 않겠습니까?

역시 학교 현장에서, 좋은 선생님들이 중심을 잡아주어야 합니다.

학원에서 가르칠 수 없는 것들, 우리가 공동체의 성원으로서 더불어 살아가기 위한 자세와 마음가짐을 선생님들이 키워주어야 합니다. 다른 사람을 경쟁상대로 여기는 게 아니라 친구로서 아픔을 함께하는 마음, 사회의 잘못된 부분에 대해 정당하게 분노하는 마음, 잘못되었거나 옳지 않은 것에 대해 "아니다"라고 이야기하는 당당한 태도와 판단력, 무엇이 옳고 그른지 판단하는 능력을 학교에서 가르쳐야 합니다. 그리고 공동선과 합치되는 선에서 개인의 행복을 추구하는 분별력과 사회의 변화 가능성에 대한 안목을 학교 공간에서 배워야 합니다. 부모들도 학교 선생님들에게 그런 기대를 해야 합니다.

교육 문제가 해결되지 않는 한 부모들은 사교육이라는 개미지옥에 계속 빨려 들어갈 것입니다. 사교육 타파를 반대하는 세력이 누구입니까? 한국 사회에서 2~3퍼센트 이내의 세력이라고 저는 생각합니다. 그 세력의 특권을 영속화하는 시스템으로 한국 교육이 흘러가서는 곤란하지 않을까요? 오늘은 여기서 마치겠습니다.

촛불,
몸에'밴 민주주의의
역동성

역진의 시대, 우리는 무엇을 할 것인가?

함께살자
대한민국

함께살자
대한민국

한국 현대사의
예측 불가능성

촛불과 한국 민주주의, 그리고 한국 현대사가 오늘 우리의 강연 주제
입니다.

2008년은 참 다사다난했죠. 이명박 정권이 출발한 지 이제 겨우 아
홉 달밖에 되지 않았는데 한 5년은 지난 것 같습니다. 정말 너무 많은
일들이 있었어요. 그런데 아직도 4년이나 남았다니, 여러분, 몸과 마
음을 건강하게 돌봐야 할 것 같습니다.

올해 촛불이 갑자기 나타나 5월, 6월, 7월을 밝혔습니다. 그러다가
8월부터 조금씩 사그라졌고, 완전히 꺼졌다고는 할 수 없지만 지금은
좀 희미해지기는 했죠. 의기소침해진 분들도 있고 "거봐라!" 쾌재를
부르는 사람들도 있을 겁니다. "아니다, 촛불이 다시 타오를 것이다"
하고 기대하는 분들도 있을 거고요.

여하튼 촛불이 우리 사회를 반짝 비추고 지나갔어요. 이 시점에서
지난 20년 동안의 역사, 즉 우리 사회가 민주화의 궤적을 밟기 시작한
1987년 6월 항쟁 이후의 역사를 돌아보는 작업이 필요할 것 같습니다.

현실이 영화보다 극적이다

촛불 이야기를 할 때 우리가 제일 먼저 언급해야 할 것이 예측 불가능성일 것 같아요. 누가 촛불을 예측했겠습니까? 흔히 뜻밖의 일이 벌어졌을 때 "영화 같다"거나 "극적이다"라고 하죠? 가령 9·11테러 같은 사건은 할리우드 영화의 상상력을 훌쩍 뛰어넘었죠. 마찬가지로 2008년 한국 사회를 달군 촛불시위 역시 누구도 상상할 수 없던 사건이었다고 생각합니다.

사실 한국 역사는 예측 불가능의 연속이라고 할 만하죠. 그래서 피해를 많이 본 게 한국 영화입니다. 지금은 우리가 헐리우드 영화와 맞장을 뜰 수 있는 몇 안 되는 나라지만 1980년대만 해도 우리 영화가 정말 재미없었어요. 만날 대사가 없어도 별다른 지장 없는 〈애마부인〉류의 영화들이 주를 이루었죠. 꼭 검열 때문만은 아니었습니다. 그 당시 감독들한테 왜 이렇게 재미없느냐고 물으면 농담조로 말합니다.

"현실이 영화보다 더 극적인데 우리가 어떻게 따라가느냐."

농담만은 아니죠. 영화뿐만 아니라 소설도 그렇습니다. 갑자기 해방이 되어 그 감동을 소설로 써보려는데 전쟁이 터지고, 전쟁의 비극을 어느 정도 소화해 풀어보려니까 혁명이 일어나고, 혁명의 열기를 좀 형상화해보려고 하는데 군인들이 반혁명을 일으켰죠. 이러니 문화예술계가 어떻게 감당을 하겠습니까?

촛불도 그렇습니다. 이명박 정권이 등장하면서 대운하, FTA, 영어몰입교육, 광우병 쇠고기 수입 등 온갖 믿기 힘든 일들이 벌어지니까 사람들의 가슴이 부글부글 타올랐죠. 그러면서 뭔가 터져야 하지 않나 하고들 있었어요. 하지만 이렇게 터지리라고 예상한 사람은 단언

컨대 한 명도 없었을 겁니다. 저 자신도 전혀 예측하지 못했고요.

이를 보면서 역사란 원래 예측 불가능한 것인지, 아니면 역사가 이런 힘을 담고 있는데 우리가 읽어낼 힘이 없는 것인지 모르겠더라고요. 가령 지진이 나기 며칠 전부터 벌레나 쥐, 두꺼비들이 집단으로 이동하잖아요. 걔네는 뭔가를 감지하는 거죠. 그런데 사람들은 지진을 닥쳐봐야 압니다. 그때는 이미 늦었죠. 엄청난 변화의 에너지가 삶속에서 꿈틀꿈틀 움직이는데 우리만 못 느끼지 않나 싶어요. 왜 대중의 힘을 읽어내지 못했을까요? 촛불로 그렇게 엄청나게 터졌는데 말입니다.

2006년이나 2007년으로 한번 돌아가보십시다. 상황이 굉장히 암담했죠. 이명박이 선거운동을 시작한 이래 단 한 번도 위기다운 위기가 없었습니다. 심지어 BBK 동영상이 공개되어 "내가 BBK 만들었소" 떠드는데도 지지율이 떨어지지 않았어요.

이런 현실을 두고 김근태 의원이 뭐라고 했습니까? "국민들이 노망이 났다"고 했죠. 당시 유명했던 그 발언을 들으면서 한편으로는 공감하지만 한편으로는 착잡하고 가슴이 아팠어요. 김근태 의원이 누굽니까? 저는 개인적으로 정말 훌륭한 분이라고 생각합니다. 그만큼 헌신적으로, 그만큼 흔들림 없이, 그만큼 뛰어난 개인 역량을 발휘하면서 민주화 운동을 이끌었던 분을 찾기가 쉽지 않을 겁니다. 그런 분이, 그 같은 민주화 운동 경력을 가진 분이…… 사실 민주화 운동이나 대중운동이란 게 뭐예요? 암울한 상황에서도 시민들이 가지고 있는 에너지나 희망을 포착해 조직화해내는 것입니다. 그런데 김근태 씨가 시민들을 상대로 뭐라고 이야기했습니까? 노망이 났다고 했죠. 한편으로는 저도 맞장구를 치고 싶은 마음이 있었지만, 그래도 명색이 운동한다는 입장에서 어떻게 대중을 탓하나 하는 생각이 듭니다.

김근태 씨가 노망 발언을 할 무렵은 11월 대선이 코앞으로 닥치면서 절망적인 상황이었어요. "이대로 가면 100퍼센트 선거에서 진다. 분위기 봐라." 하지만 2006년이나 2007년 9월, 10월까지만 해도 정치권에 있는 사람들은 대단히 안이한 판단을 하고 있었죠. 그 사람들이 뭐라고 이야기했느냐 하면 "걱정할 것 없다. 어차피 선거 레이스가 본격화되면 대통령 선거는 양자 대결로 갈 수밖에 없다. 양자 대결이 본격화되면 5퍼센트 싸움이다. 지금 지지율 격차는 걱정할 필요 없다." 이랬어요.

선거 결과가 어떻게 되었습니까? 힘 한번 써보지 못하고 530만 표 차이로 졌죠. 전에는 몇 표 차이였어요? 김대중하고 이회창이 붙었을 때 38만 표 차이였고, 노무현하고 이회창이 붙었을 때는 50만 표보다 조금 더 차이가 났습니다. 지난 선거에 비해 10배 이상 차이가 났어요. 엄청나게 깨진 거죠.

정치권만 정치 공학에 매몰되어 있었던 것은 아닙니다. 진보진영은 별 수 있었나요? 2007년 내내 이른바 진보 논쟁으로 시간을 다 보냈죠. '무엇이 진보냐?' 대중이 알아듣지도 못하고 관심도 없는 언어로 자기네끼리 싸우다가 결국 선거 끝나고 어떻게 되었습니까?

그나마 힘을 똘똘 뭉쳐도 제도 정치판에서 한계가 뚜렷한 판에 민노당하고 진보신당이 갈라져버렸어요. 만약 5월에 촛불이 터질 줄 알았더라면 미쳤다고 갈라섰겠습니까? 진보진영도 현실을 예측 못 하기는 마찬가지였어요. 왜 진보진영이 현실을 읽어내지 못했을까요?

진보진영에 속한 사람들은 이명박 같은 사람이 대통령이 되는 것은 정말 잘못이다, 하는 생각만큼은 확실했잖아요? 도대체 어떻게 한나라당을 찍을 수 있나 생각들을 했죠. 한나라당의 뿌리가 어딥니까? 신한국당. 신한국당의 뿌리는 민자당, 민자당의 뿌리는 민정당 아닙니까? 민정당은 광주 학살의 주범들이 만든 당이죠. 어떻게 광주 학살자들에게 뿌리를 둔 정당의 후보를 찍을 수 있는가? 게다가 BBK를 보면서 그런 사기꾼이 어떻게 대통령을? 자기 입으로 BBK 만들었다고 말하는 동영상이 버젓이 돌아다니는데도 그 사실을 부인하는 사람입니다. 보통 사람은 절대로 그렇게 못 합니다. 보통 분은 아닌 거죠.

"박종철, 그게 누구니?"

어쨌든 우리는 여전히 민주·반민주 구도에 멈춰 있었던 거 같아요. 저 역시 민주·반민주 구도가 우리 현실을 적확하게 설명한다고 생각하는 사람입니다. 그게 아직 유효하다고 생각하고 있어요.

그러나 대중에게는 어떻게 받아들여지느냐? 이 문제를 우리가 고민했어야 한다는 겁니다. 제가 2007년 1월 부산에 강연을 갔다가 민주화에 대한 대중의 인식과 관련해 뒤통수를 얻어 맞은 듯한 심각한 충격을 경험했습니다.

그때 박종철 열사의 20주기 기념 강연회에 연사로 초청을 받았는데 그 자리에 아주 젊고 세련된 옷차림의 여성분들이 한꺼번에 열 명이나 참석하셨어요. 죄송스러운 말씀입니다만 보통 운동 진영 모임에서는 좀체 보기 힘든 분들이어서 자연스럽게 '저분들이 누굴까' 호기심이 들었습니다. 알고 보니 KTX 여승무원들이었어요.

이분들이 그 자리에 왜 오셨느냐 하면 '박종철 인권상'을 받은 인연 때문이었답니다. 박종철의 이름으로 KTX에 상을 준다······. KTX

KTX 승무원들의 국회 행진
몸에 밧줄을 두른 전 KTX 승무원들이 직접고
용을 요구하며 여의도 국회로 행진하고 있다.
이들 비정규직 노동자들을 벼랑 끝으로 내몰
았던 장본인이 과거 민주화 운동의 주역이었
던 이철 씨라는 사실은 민주화 운동 역사의
아이러니이다.

여성 비정규직 노조가 어떤 곳입니까? 겉은 번드르르한, 21세기에 신
자유주의 구조조정의 벼랑 끝으로 내몰린 여성 비정규직 노동자들 아
닙니까? 적어도 2007년 당시 대한민국에서 가장 첨예한 싸움을 하고
있던 분들이죠. 누가 뽑았는지 모르지만 맞다, 박종철의 이름으로 그
런 분들에게 상을 주는 것은 더할 나위 없이 잘 선정한 일이다, 그런
생각이 들었어요.

강연을 하기 전에 KTX 노조 지부장님이 마이크를 잡고 말씀하셨어
요. 상을 받을 당시는 무척 힘든 상황이었대요. 모든 장기화된 싸움이
다 그렇지만, 처음에 반짝할 때는 찾아오는 사람도 많고 지지도 넘쳐
나죠. 그러다 싸움이 장기화되니까 다들 바빠서 관심도 식고 내부에
서도 떨어져 나가는 거죠. 너무너무 힘들 때인데 어느 날 사무실로 전
화가 왔대요. 박종철 인권상을 준다고. "야, 우리 상 준대." 그 말에 사
무실에 있던 열 명쯤 되는 노조원들이 다들 "와!" 하고 함성을 질렀다
죠. 팔짝팔짝 뛰고 손잡고 껴안고. 그러고 났는데 전화를 끊고 나서
서로 쳐다보며 물었대요. "박종철이 누구니?"

그 순간 '아, 정말 이거다' 싶었습니다. 민주·반민주 구도가 왜 대
중에게 안 먹히는가. 사실 20~30년의 민주화 운동 역사에서 가장 상

징적인 인물이 누굽니까? 박종철 아닙니까? 4·19는 김주열, 6월 항쟁은 박종철. 그보다 더 상징적인 이름을 찾기 힘들죠. 그런데 한국 사회에서 가장 첨예한 전선을 지키고 있던 비정규직 노동자들이 민주화 운동의 상징인 박종철이 누군지도 모르는구나!

KTX의 상황 자체가 얼마나 상징적입니까? 그분들을 벼랑 끝으로 내몬 장본인이 누굽니까? KTX 사태에서 국가 자본의 대리인 역할을 한 사람이 누구입니까? 민주화 운동에서 또 하나의 상징인 '돌아온 사형수', 1970년대 민청학련 사건의 주역 이철 씨 아닙니까? 참, 기가 막힌 구도죠.

자, 21세기 비정규직 노동자들이 과거 민주화 운동에 대해 느끼는 감정이 어떤 거였겠어요? 민주화 운동 열심히 해서 저들은 국회의원도 하고 사장도 하겠지만 세상이 달라진 게 뭐가 있냐? 민주화 운동의 주역들이 우리 비정규직 노동자들을 사정없이 자르고 탄압하지 않느냐? 이런 상황에서 민주와 반민주라는 구도가 대중에게 무슨 의미가 있었겠나? 과연 진보진영에 속한 우리가 이런 대중의 정서를 얼마만큼 알아챘을까? 진보진영 역시 세상의 변화를 깨닫지 못했던 게 아닌가 하는 생각을 했습니다.

장엄한 역사의
7년 주기

아까 촛불시위에 대해 예측을 불허한 역동적인 사건이라고 이야기했죠. 저는 한국 현대사를 보면서 역동성을, 정말 주체할 수 없는 에너지를 많이 느꼈습니다.

원래 우리 역사는 상당히 보수적이었어요. 첫 번째 시간에도 말씀드렸다시피 왕조가 한 번 세워졌다 하면 500년 혹은 1,000년이 기본이에요. 또 사극을 보면 어때요? 왕이 개혁적인 정책을 제시하면 "전하, 그런 전례가 없사옵니다" 하고 물고 늘어지죠. 유교는 유교대로 보수적이고, 농민은 마르크스식으로 이야기하면 감자 포대처럼 보수적인 본성을 가지고 있기 때문에 결코 제 발로 움직이지 않습니다.

그러나 근현대사에 들어서면서 우리나라가 대단히 역동적인 흐름에 휩싸이게 됩니다. 상당한 수준의 문명을 유지하다 식민지로 전락한 뒤에 해방, 민족 내부의 전쟁, 시민혁명, 쿠데타, 군사독재, 민주화로 이어지면서 현재 세계 10위권의 경제력과 군사력을 가진 나라가 되었습니다. 이 과정이 불과 100년도 안 됩니다. 삶의 질을 따진다면 전혀 다른 이야기가 되겠지만 오늘날까지 줄달음쳐온 과정을 보면 정신이 하나도 없어요. 급박하게 정신없이 달려왔잖아요.

"4·19는 전쟁이 끝나고 7년 만에 일어난 거야."

우리 역사를 보세요. 해방과 동시에 분단되었고, 그 다음에 한국전쟁을 겪었죠. 전쟁을 겪으면서 정말 멸균실 수준으로 진보세력을 싹쓸이했습니다. 조금이라도 진보적인 생각을 가진 사람들은 다 죽었죠.

고은 선생의 글에 보면 "나 같은 게 살아서 오일장 장터에서 국밥을 다 먹는다"는 구절이 있습니다. 무슨 이야기입니까? 똑똑한 사람은 다 죽고 쭉정이만 남았는데 나 같은 것은 어떻게 운 좋게 살아남아 여기서 국밥을 먹는다는 겁니다. 국밥을 먹다가 이름 없이 스러져간 그 사람들, 친구들이 생각났던 게죠. 그렇게 몽땅 죽어버린 토양 위에서 전쟁이 끝나고 불과 7년 만에 4·19가 일어났습니다.

저는 4·19의 의미를 우리나라가 아닌 미국에서 깨닫게 되었습니다. 1990년대 초 미국에 있을 때 피코 아줌마들이라고 한국에서 원정 나온 노동조합이 있었어요. 미국 사장이 월급을 안 준 채 회사를 폐업하고 도망쳤어요. 피코 아줌마들이 월급을 받으러 미국까지 쫓아온 거죠. 시애틀 거리에서 그 아주머니들을 지원하는 유인물을 함께 돌리는데 참 힘들더라고요.

1980년대 한국에서 유인물을 돌려봤습니다만 위험하기는 해도 스릴이 있었거든요. 그때만 해도 사람들이 유인물을 주면 잘 받았어요. 보람도 있었죠. 그런데 미국에서는 유인물을 돌리기가 너무 힘들더라고요. 전혀 위험하지는 않은데, 뭐 아직도 이런 짓 하는 사람들이 다

있나 하며 위아래로 쳐다보는 눈길이 참 불편했어요. 그런데 제 옆에 쉰 살쯤 된 백인 아저씨는 아주 씩씩하게 잘 돌리는 거예요.

저녁에 맥주를 마시면서 물었죠. 나는 힘들어 죽겠는데 당신은 무슨 힘으로 그렇게 씩씩하게 잘 돌리느냐. 그랬더니 웃으면서 이런 말을 해요. "너 4월 혁명 알아?" 그래서 당연히 안다고 대답했죠. 그랬더니 자신은 4월 혁명의 힘으로 돌린다는 거예요. 도대체 무슨 이야기냐고 했더니 자신이 아주 찢어지게 가난한 집안 출신이래요. 가난이 싫어 미군에 입대했고 처음 배치된 곳이 서울이랍니다. 주한미군이 된 거죠. 그러면서 그 시절을 정말 꿈꾸듯이 회상해요.

"너 아냐? 그때 서울이 어땠는지? 길거리에 나가면 거지가 득시글댔고 전쟁으로 파괴된 흔적이 그대로 남아 있었어. 세상에 정말 이런 데가 다 있구나 하고 충격을 받았지."

정말 아무런 희망도 없는 세상이었다는 거죠. 그런데 어느 날 갑자기 자기보다 한두 살 어린 고등학생들이 들고 일어났대요. 민주주의를 요구하면서. 그 학생들이 세상을 바꿔버렸다는 거예요. 그게 바로 4 · 19였어요. 너무나 충격을 받아서 미국으로 돌아간 다음에 사회주의자가 되었답니다. 세상이 바뀔 수 있구나 하는 희망을 본 거죠. 그 당시는 4·19로부터 30년이 지난 1990년이었는데 자신은 여전히 그때 그 힘으로 살고 있다는 이야기를 했습니다. 그 사람이 말하더군요.

"4·19는 전쟁이 끝나고 7년 만에 일어난 거야."

제가 학교에 다닐 때 매년 4월이 되면 으레 심포지엄도 열고 기념식도 했습니다. 그래서 4·19에 대해서만큼은 나름대로 친숙하다고 생각했죠. 그런데 4·19가 전후 7년 만에 일어났다는 생각은 해본 적이 없었어요. 여러분, 7년이 얼마나 짧은 시간입니까? 6·15남북공동선언이 있은 지 벌써 8년 반이에요. 그런데 전쟁이 끝나고 7년도 지나지 않아서 고등학생들이 들고 일어나 세상을 바꿔버렸어요. 야, 우리 사회에 그런 힘이 있었구나. 멸균실처럼 싹쓸이해버려도 다시 터지는구나. 그 미국인 친구를 통해 4·19의 의미를 확 깨치게 되었습니다.

자, 4·19가 일어난 다음에 어떻게 되었죠? 박정희가 나와서 짓밟아버렸죠. 4·19는 정말 놀라운 에너지를 담고 있었습니다. 예컨대 4·19혁명이 일어나고 사람들이 통일을 외쳤습니다. 그때 통일을 외친 것은 지금 우리가 통일을 외치는 것하고는 질적으로 달랐다고 생각해요.

요새 이산가족이 만나는 장면을 보면 어떤 느낌이 드십니까? 아, 저런 분들이 있구나, 참 안됐다, 더 많은 이산가족이 만났으면 좋겠다. 이 정도일 테죠. 4·19 때 외친 통일은 느낌이 다릅니다. 우선 구호부터가 우리 정치사에서 가장 선동적이었죠. "가자 북으로, 오라 남으로, 만나자 판문점에서." 지금 들어도 찌릿찌릿한 느낌이 있는데 그때는 오죽했겠습니까?

이 구호를 외친 사람들이 누구냐? 그때 스무 살 남짓한 대학생들이니 전쟁 때는 열 살짜리 꼬마였죠.

"엄마, 나 아빠 따라서 먼저 갈 테니까 빨리 와. 빨리 와야 돼."

그렇게 헤어졌던 아이들이 스무 살 대학생이 되어 열 살 때의 그리움을 간직한 채 "가자 북으로, 오라 남으로"를 외치는 겁니다. 단순한 구호가 아니라 진짜 가자는 것입니다.

그렇다고 통일을 다 좋아하는 것은 아니었겠죠. 통일이 되면 골치 아픈 사람들이 있습니다. 누굽니까? 친일파들이죠. 북쪽은 친일파를 청산했으니까, 남쪽도 친일 청산을 해야 할 것 아닙니까? 군대도 골치 아파지겠죠? 남북이 통일되면 60만, 70만 대군이 무슨 필요가 있겠습니까? 당연히 감축해야죠.

친일파와 군인들이 통일을 꺼렸다면 통일을 누가 제일 겁냈을까요? 군대에 있는 친일파입니다. 군복 입은 친일파들. 박정희가 괜히 목숨 걸고 군사반란을 일으켰겠습니까? 그 당시 박정희 밑에 있던 정보장교들이 나서서 5·16을 일으킨 데는 여러 가지 요인이 있었겠지만 저는 그 주요한 동인 중 하나를 그렇게 봅니다.

군인들이 5·16반란을 일으켜 4·19혁명의 열기를 짓밟았죠. 박정희는 군정을 거쳐 민정 이양을 하고 7∼8년 동안 집권하다가 1971년 대통령 선거에서 김대중하고 붙었습니다. 붙어서 간신히 이겼죠. 대통령 취임을 하자마자 여러 가지 사건들이 뻥뻥뻥 터졌습니다.

이때 누가 데모를 했습니까? 판사가 데모를 했죠. 정확히 말하면 판사들이 집단행동을 했습니다. 사법 파동. 의사들도 집단행동을 합니다. 수련의 파동. 그리고 광주 대단지 파동. 뭐, 정신이 없었습니다.

유신 선포, 그 7년 후

박정희가 취임하고 몇 달 안 되어 국가비상사태를 선언했습니다만 그걸로는 어림도 없었죠. 결국 두 번째 친위 쿠데타를 일으켜 유신을 선포했어요. 대한민국을 완전히 겨울 공화국으로 만들었습니다. 그리고 얼어붙게 만든 지 딱 7년이 지났을 때 박정희가 머리에 총을 맞고 죽었죠. 박정희가 총을 맞은 게 유신해서 다 잡아들이고 완전히 꽁꽁 얼어붙게 만든 지 꼭 7년 만입니다. 1972년 10월 17일 계엄령과 함께 유신을 선포했는데 1979년 10월 17일 부마항쟁이 일어나 또 계엄령을 선포했습니다. 이로부터 열흘이 안 되어 머리에 총을 맞았거든요.

왜 김재규가 박정희에게 총을 쏘았을까요? 김재규는 중앙정보부장이었습니다. 유신 정권을 지탱하는 가장 핵심 역할을 하던 사람이죠.

학생들이 부산과 마산에서 데모를 아주 심하게 했습니다. 노동자들도 들고일어나면서 YH 사건이 터졌고 그동안 겁을 먹었던 야당도 다시 움직이기 시작합니다. 박정희가 경호실장인 차지철한테 물었겠죠. "애새끼들이 겁대가리를 상실했다. 이거 어떻게 해야겠냐?" 그랬더니 차지철이 "탱크 동원해서 1~2만 명 정도 밟아버리면 됩니다. 캄보디아를 보세요. 200~300만 밟아버려도 정권을 유지하는 데 까딱없습니다. 밀어버립시다." 그 유명한 킬링필드죠.

김재규가 보기에 어떻습니까? 박정희나 차지철이나 한다면 하는 놈들입니다. 박정희를 설득할 수도 없고, 부산, 마산에서 1만 명이 죽어나가는 걸 막으려면 어떻게 해야 하나. 대한민국에서 가장 많은 정보를 가지고 있던 중앙정보부장이 고민고민을 하다가 박정희를 죽이는 수밖에 없다는 결론을 내렸죠. 유신의 심장을 쏜 것입니다. 그래서 학살을 막았나요? 막지 못했죠. 장소와 공간이 이동을 했습니다. 결국 다음 해에 광주에서 터지는 겁니다.

10·26사건으로 우리는 박정희 시대를 정리하고 개혁을 하는 듯했습니다. 무언가 기회가 오지 않을까 하는 기대를 가졌습니다. 이를 '서울의 봄'이라고 불렀습니다. '서울의 봄'이 어떻게 되었습니까? 결국 광주로 끝났죠. 박정희는 쏴 죽였지만 박정희 체제를 해체하지는 못했기 때문에 박정희 없는 박정희 체제가 이어지고, 새끼 박정희들의 난장판이 계속되었죠. 박정희 없는 박정희 체제를 이어가던 전두환이 광주에서 학살을 자행했습니다. 박정희가 유신으로 겨울 공화국을 만든 것을 국민들이 7년 만에 깨뜨렸는데 광주를 통해 다시 뒤집었습니다.

여러분, 광주가 어떻게 꺾였습니까?

광주 시민들이 어쩌다 보니까 광주를 장악했습니다. '해방 광주'라고 불렀습니다. 굉장히 감동적인 장면들이 많이 연출되었습니다. 계엄군이 전 도시를 차단했는데 그 광주에 매점매석이 한 건도 없었습니다. 총기가 수천 점이 풀렸지만 그 광주에 강도 사건이 단 한 건도 없었어요. 시민군들이 실탄을 장전해 들고 다니고 수류탄을 들고 다녔어도 총기 사건이 한 건도 없었죠. 가게 털렸다는 데 있습니까? 딱 두 곳, KBS하고 MBC가 불탔습니다. 왜? 텔레비전에서 완전히 거꾸로 이야기하니까. 방송국 두 군데 이외에는 파괴된 곳이 없어요.

그때의 광주를 두고 우리가 대동 세상, 절대 공동체, 또는 코뮌이라고 치켜세우지만, 사실 시민들은 속으로 얼마나 불안했겠습니까? 저놈들이 쳐들어올 텐데, 그러면 우리가 막아낼 수 있을까? 막아내기는 어떻게 막아내 투항해야지. 투항? 어떻게 투항해? 투항할 수는 없지. 도청을 그냥 내줄 수는 없잖아. 그날 밤 도청을 지키던 사람들이 살아서 새 아침을 볼 수 있으리라고 생각했을까요?

영화 〈화려한 휴가〉를 보면 인봉이(박철민)가 집에 갔다가 다시 도청으로 오죠. 그날에 대해 어느 학자가 참 냉정하다고 해야 할지, 잔인하다고 해야 할지 이렇게 썼어요.

"그날 죽고자 한 사람은 대개 다 죽었고 살고자 한 사람은 대개 다 살았다." 〈화려한 휴가〉의 마지막 장면에서 신애(이요원)가 차에 올라 마이크를 잡고 시내를 돌면서 방송을 합니다.

"광주 시민 여러분, 광주 시민 여러분, 우리를 기억해주십시오. 우리는 폭도가 아닙니다." 계엄군도 더 좋은 마이크, 더 많은 차량을 동원해 방송을 했습니다.

"광주 시민 여러분, 광주 시민 여러분, 도청이 폭도에 의해 장악되어 있습니다. 이제 계엄군이 작전을 개시하려고 하니 무고한 시민 여러분은 집으로 돌아가주십시오."

그리고 작전을 시작합니다. 좁은 광주 바닥에서 그 캐터필러의 소리를, 그 콩 볶는 듯한 총소리를 못 들은 시민들이 얼마나 되겠습니까? 다 들었죠. 모두 뜬눈으로 밤을 샙니다. '살아남은 자의 슬픔'이라는 말이 여기서 나오지 않았습니까? 처절하게 깨졌습니다. 그리고 잔인하게 아침 해가 떠올랐습니다.

광주민주화운동과 1987년 6월 항쟁

광주로부터 1987년 6월 항쟁을 만들어내기까지 7년하고 보름이 걸렸습니다. 참담하게 깨진 자리에서 다시 100만 명이 모이는 6월 항쟁을 만들어가기까지 7년이 걸렸어요.

1987년 6월 항쟁 직전의 상황으로 한번 가보실까요. 그해 1월 박종철 열사가 죽었죠. 그 무렵 저는 김근태 씨가 초대 의장을 지낸 민청련에서 발행하는 〈민중신문〉의 신입 기자로 일하고 있었습니다. 운동권 신문기자가 된 지 며칠 안 되었어요.

제가 입사하고 첫 번째 혹은 두 번째 편집회의였을 겁니다. 이런 편집회의라는 게 뻔하죠. 편집장이 기자들 모아놓고 야, 무슨 기삿거리 없냐, 닦달하는 겁니다. 특히 1면에 배치할 기사를 찾는 거예요. 저희 신문 1면에는 전통적으로 투쟁 기사를 배치했거든요. 〈민중신문〉은 격주로 발행되는데 그 전 2주 동안 있었던 폼나는 투쟁을 1면에 크게 실어주어야 할 것 아닙니까? 그런데 실을 만한 게 없는 거예요. 아무것도 없었어요. 편집장이던 선배가 한숨을 푹 쉬며 실내에 100명만 모여도 1면에 톱으로 써줄 텐데 그것도 없냐고 한탄을 했습니다. 아무리 연말연시라지만 그 당시 운동권이 그랬습니다. 왜 그랬을까요?

전두환 독재정권이 1986년 여름 아시안 게임을 성공적으로 치렀습니다. 그 성공이 독재정권의 기를 살려주었고, 그 기세를 몰아 운동권을 싹쓸이하고 88올림픽을 큰 잔치처럼 치르자면서 대공세를 펼쳤어요. 신문을 폈다 하면 무슨 당 사건, 무슨 동맹 사건, 일망타진, 완전 괴멸, 섬멸 같은 말들과 함께 조직도가 쫙 나오고 증거 사진이 실리던 시절이었습니다.

그리고 금강산 댐 사건이 터졌죠. 북에서 금강산에 댐을 건설해 물을 막아놓았다가 유사시에 물을 흘려보내 서울을 물바다로 만든다는 거죠. 그게 9시 뉴스에 나왔어요. 큰 어항에 서울시 모형을 집어넣고 엄청나게 큰 주전자로 물을 콸콸콸 붓는 거예요. 성냥갑처럼 만든 조그만 아파트들이 물에 잠기고…… 물이 다 떨어지면 주전자를 바꿔서 계속 붓습니다. 결국 63빌딩 끝부분과 남산타워 정도만 남고 서울이 모두 잠긴다는 겁니다. 그걸 어떻게 계산했느냐 하면 서울 면적 곱하기 금강산 댐 물 200억 톤. 그것을 서울 중심부 면적으로 나누면 물이 딱 그 높이로 올라간다는 거예요. 그런데 여러분, 물이 위로만 올라갑니까? 옆으로도 퍼져야죠. 그런 말도 안 되는 사기를 쳐서 국민들을 겁줬습니다.

겁을 주고 난 다음에 1986년 10월 말, 11월 초 건국대 사건을 만들어냅니다. 1980년대에 그런 집회가 많았죠. 여러 대학 학생들이 건국대에 모여 연합집회를 하고 나서 집으로 가려는데 갑자기 경찰이 막는 거예요. 모든 출입문을 차단하고 학생증을 검사해 타 대학 학생들을 잡아가니 어떻게 해요? 집에 갈 수가 없죠. 그래서 학생들이 건국대 학생회관 등에서 농성하며 밤을 새웠습니다.

다음 날 신문에 공산분자들이 학교를 점거했다고 났어요. '좌경용공'도 아니고 '공산분자'라고 했던 것 같아요. 그래서 공산주의 혁명 세력의 건국대 점거 사건이 됩니다. 3박 4일인가 묶어두었다가 다음에 헬리콥터를 동원해 진압했어요. 1,200명을 전원 구속했죠. 단일 사건으로 세계 최대 규모입니다. 학생운동권 1,200명이 구속되었는데 집회에 참석한 게 죄다 1~2학년이니까 학생운동의 저변이 깨집니다. 이런 상황이었어요.

건국대 사건으로 학생운동권이 꽁꽁 얼어붙고, 운동권 조직들도 다 깨지고, 그 잔당을 추격하는 과정에서 박종철 사건이 일어났습니다. 박종철은 데모를 해서 잡혀간 게 아니라 그 선배를 잡겠다고 참고인으로 데려가서 사건이 터진 거죠. 그 사건이 역사의 전환점이 되었어요.

박종철은 남영동 치안본부 대공분실에서 고문을 받았어요. 고문받다가 사람들이 죽기도 하지만 그건 정말 운이 나쁜 경우죠. 박종철은 잡혀가서 고문을 시작한 지 몇 시간 안 되어 죽었어요. 여러분도 아시다시피 물고문으로 죽었죠.

옛날에는 물고문이 사람을 반듯이 눕혀 얼굴에 수건을 덮고 그 위에 물을 붓는 방식이었는데 그게 바뀌었죠. 치안본부 대공분실은 아예 방 안에서 물고문을 하도록 욕조를 만들어놓았습니다. 욕조에 머리를 담그는 방식으로. 그때 가슴으로 욕조 턱을 받쳐야 하잖아요? 운이 없으려니 박종철은 욕조 턱에 목이 걸린 겁니다. 머리를 자꾸 누르니까 질식을 하는 거죠. 고문하던 놈들도 좀 이상하거든요. 몸부림을 쳐야 할 텐데 금방 몸이 뻣뻣해지니까. 그래서 의사를 불렀어요. 의사가 왔을 때는 이미 상황이 끝난 거죠.

의사가 허둥지둥 불려 가는 걸 기자가 봤어요. 기자들이 뭔가 감지를 했죠. 그래서 계속 물어보니 의사가 "바닥에 물이 흥건하던데요"라고 했습니다. 사실 그 의사는 상황을 보고 물고문을 당하다 죽었구나 짐작했을 뿐 직접 본 것은 아니잖아요. 그래서 시신에 청진기를 대보니 "수포음이 많이 들렸습니다"라고 했어요. 수포음이란 건 꼬르륵 하는 소리죠. 수포음은 물 안 먹어도 들리는 소리였는데 이분이 기자들에게 자꾸 물과 관련된 이야기를 한 거죠. 기자들은 자꾸 물과 관련된 이야기를 들으니까 아, 물고문을 하다 사고가 났구나, 감을 잡고 기사를 썼습니다. 하지만 기사를 쓴다고 신문에 나요?

1980년대에는 신문사에 보도지침이라는 것이 있었죠. 그래서 데모하는 현장에서 신문기자들을 만나면 우리 같은 사람들이 놀리기도 하고 욕도 하고 그랬습니다. "왜 나왔어? 그거 쓰면 신문에 나나?" 아는 선배나 친구가 기자로 있으면 인사하면서 "야, 뭐 하러 고생하냐. 그냥 대충대충 하지." 그랬습니다. 실제로 데모를 취재한 기사가 신문에 난 적은 거의 없었죠. 폭력 사태 운운 하는 기사라면 몰라도.

어쨌든 기자들이 박종철에 대해 기사를 썼습니다. 그게 실릴지 말지는 데스크의 결정 여하에 달렸지만 나름 기자로서 대학생이 경찰한테 조사받다 죽었다는 사실을 써야 할 것 아닙니까? 그

박종철 사건에서 비롯된 6월 항쟁
박종철 고문치사 사건이 처음 밝혀지고 나서 사람들은 짱돌을 던지는 대신 매일 시간을 정해 묵념을 했다. 그 힘들이 모여 다섯 달 뒤, 100만 명이 모이는 6월 항쟁을 만들어냈다.

런데 데스크가 실어줬어요. 보도지침 때문에라도 잘리는 게 마땅한데 왜 실었을까요? 데스크가 갑자기 민주화에 대한 신념과 언론자유화에 대한 불타는 의지로 실어주었다고 미화해도 나쁠 것은 없지만, 아마 실제와 가장 가까운 것은 내가 안 실어도 다른 신문들이 실을 테니 우리도 싣자, 그랬을 겁니다.

박종철 사건이 신문에 났고 세상이 바뀌기 시작합니다. 그 전에도 고문 사건이 계속 터졌습니다. 김근태 의장이 남영동에서 죽도록 고문당했다는 이야기가 나왔었고, 부천서에서 권 모 양이 몹쓸 짓을 당했다는 이야기도 나왔죠. 그럴 때마다 언론에서는 성을 혁명의 도구로 이용한다고 보도했어요. 그런데 야, 이게 진짜였구나, 학생을 고문해서 죽이다니……. 게다가 경찰들의 변명이 참 가소로웠죠. "탁하고 치니 억하고 죽더라." 이것이 사람들의 분노에 불을 질렀습니다.

박종철을 추모하는 자리에 사람들이 모이는데 처음에는 얼마 되지 않았습니다. 사람들이 다 겁을 먹고 있었잖아요. 그런데 그때의 행동방침이 '우리 묵념하자'였습니다. 전에는 '가두시위' 하면 짱돌 던지고

이한열 열사의 장례식에 모인 군중
1987년 7월 9일 서울시청 앞 광장을 가득
메운 시민들이 이한열 열사의 장례식에 참여
하고 있다. 이날은 1987년 6월 항쟁의 정점
으로 기록되고 있다. (보도사진연감)

화염병 날리고 그랬죠. 그러면 살벌한 백골단이 출동해 짓밟는 거죠. 그런데 박종철 추모식에서는 아주 평범하고 소극적인 묵념을 행동방침으로 정했습니다. 10시 정각, 전국 어디서나 길 가던 사람들도 멈춰서서 묵념을 드리자. 교회와 성당과 사찰은 그 시각에 종을 쳐라. 자동차들은 경적을 울려라. 이게 행동지침이었어요.

10시가 되자 여기저기서 종이 울렸습니다. 지나가던 자동차들이 다들 경적을 울렸어요. 우리 시민들은 수십 년 동안 계속해서 훈련을 해왔잖아요. 국기 하강식. 시민들이 다들 10시에 멈춰 서서 묵념을 드렸습니다. 묵념을 드리면서 보니까 야, 나랑 같은 생각을 하는 사람들이 이렇게 많았구나 싶죠.

신경림 선생의 시에 이런 구절이 있잖아요. "못난 놈들은 서로 얼굴만 봐도 즐겁다." 거기서부터 힘이 연결되어 100만 명이 모이는 6월 항쟁을 만들어내는 데 딱 다섯 달이 걸렸습니다. 실내에 100명만 모여도 1면 톱으로 써줄 텐데, 하며 편집회의에서 한숨을 푹푹 내쉬던 때로부터 불과 5개월 만에 100만 명이 모였죠. 세상이 바뀌려면 이렇게 바뀔 수도 있구나, 그때 절감했습니다.

우리 대중이 참 쉽게 겁을 먹는 것 같죠? 쉽게 포기하는 것 같고? 국민들이 미쳤다, 노망이 났다는 말이 나올 정도인 그 국민들이 금방 또 일어섰습니다.

여러분, 김수영 시인의 유작 시 「풀」을 아시죠? 뭐랄까, 예언자적인 시라고 할 수 있죠. "바람보다도 더 빨리 눕고/바람보다도 더 빨리 울고/바람보다도 더 먼저 일어나는" 그 풀처럼 우리 대중이 다시 일어난 겁니다. 지금은 「풀」의 마지막 구절 "날이 흐리고 풀뿌리가 눕는다"에서처럼 누워 있는지 모르지만 대중은 또다시 일어나리라고 생각합니다.

까먹고 있던
민주 곗돈을 타먹다

촛불시위에 10대들이 나오지 않았습니까? 이 10대들이 어디서 나왔습니까? 저는 1980년대 민주화 운동이 없었으면 이들이 나오지 못했을 것이라고 생각합니다.

촛불시위와 6월 항쟁을 비교해보죠. 사실 6월 항쟁 때도 한 달 내내 길바닥에서 살았습니다. 길바닥에서 목이 터져라 민주주의를 외쳤죠. 저는 20년 전 그때를 돌이켜보면서 지금과 무엇이 다른지 생각해보았습니다. 예전에 민주화 운동을 하던 사람들은 이런 말을 합니다.

"요즘 애들은 민주주의에 대한 고민도 없고, 알려고 하지도 않고, 공부도 안 한다."

예전 386세대들은 어때요? 죽어라 공부했습니다. 386세대들이 자칭 뭐라고 했느냐 하면 '단군 이래 가장 공부를 많이 한 세대'라고 했습니다. 단군 이래 가장 많은 책을 읽은 세대라고도 하는데 뭐, 틀린 말은 아니죠. 그렇게 책을 많이 읽고, 그렇게 열심히 공부한 세대는 없었어요. 386세대는 민주주의에 대해 정말 많이 알고 있습니다. 좀

편향되었을지는 몰라도 민주주의에 대해 죽어라 공부하면서 목숨처럼 민주주의를 갈망했습니다. 길거리에서 김지하 시인의 "타는 목마름으로, 타는 목마름으로, 민주주의여 만세"를 외쳤죠. 정말 목이 터져라, 타는 목마름으로, 민주주의를 외쳤습니다.

그런데 가만히 보니 죽어라 민주주의를 외친 세대가 어이없게도 단 1분, 1초도 민주주의 아래서 살아본 적이 없는 거예요. 민주주의를 한 번도 경험해보지 못했어요. 그러니 그 세대에게 민주주의는 뭡니까? 머릿속에만 있는 민주주의인 거죠.

촛불은 피땀 흘려 부은 민주 겟돈의 열매

요즘 애들은 어때요? 촛불을 처음 든 10대들. 민주주의에 대해서는 아무 개념이 없을 수도 있어요. 아무 생각이 없을 수도 있어요. 공부해본 적도 없어요. 고민도 별로 안 해요. 이 친구들에게 민주주의는 어디에 있어요? 몸에 있더라고요. 바로 온몸이 민주주의의 성감대였던 거예요. 우리는 머릿속에만 그 지식이 꽉 차 있었는데, 10대들은 민주주의의 위기를 우리보다 훨씬 빨리 느낀 겁니다. 마치 탄광에서 카나리아가 광부들보다 먼저 산소 부족을 감지하듯이, 10대는 우리보다 민주주의를 느끼는 감수성이 월등했다고 생각합니다. 10대의 그런 감수성은 어릴 때부터 편안하게 민주주의를 경험한 데서 나옵니다.

우리는 어때요? 민주주의를 외칠 때 정말 목욕재계하고, 죽어도 좋아, 하며 절박하게 외치잖아요. 그러니까 몸이 굳어서 민주주의가 이루어져도 감지를 못 하는 겁니다. 마찬가지 이유로 민주주의가 침탈당해도 감지하지 못하죠. 저도 촛불시위 때 쫓아다니면서 구호를 외

촛불시위에 모인 촛불 소녀들
민주화 운동 세대들은 민주주의를 머리로 이해했지만, 지난해 처음 촛불을 밝힌 촛불 소녀들의 민주주의는 직접 몸에 배어 있는 것이었다.

처보았어요. 그런데 이명박을 향해 "독재 타도, 폭력 경찰 물러가라!" 외쳤을 때 한편으로 웃었어요. 심지어 이런 생각이 들더라고요. 야, 이명박이는 억울하겠다, 이 정도를 보고 독재라니.

요즘 아이들 입장에서는 완벽한 독재라는 거죠. 아이들은 민주주의가 몸에 배어 그 기준이 우리와 다릅니다. 그래서 아이들부터 반응할 수 있었던 거예요. 닳고닳은 좌파 운동권이 그저 책상머리에 앉아서 분석에 매달려 있을 때, 아이들이 들고일어나 세상의 큰일을 시작해 버린 것 아닙니까.

저는 촛불이 민주주의 문제를 제기했다고 생각합니다. 단순히 쇠고기 안전 문제, 건강 문제만이 아니죠. 옛날처럼 직선제 투표 같은 것만 민주주의가 아니라 이제 먹는 문제도 민주주의와 관련된 중요한 문제라는 겁니다.

10대가 불만스러워한 것이 뭘까요? "내 입에 들어갈 것을 왜 니들이 마음대로 정해? 내가 먹기 싫다는데 왜 자꾸 먹으라고 난리야." 누가 정하느냐의 문제죠. 이거야말로 민주주의의 가장 중요한 문제였던 겁니다. 이 부분이 손상당한 거죠.

그래서 제가 이야기했습니다. 이것은 우리가 민주 곗돈을 탄 거다, 민주 적금을 탄 거다. 이 아이들은 수십 년 동안의 민주화 운동 성과가 아니었으면 절대로 태어나지 못했을 아이들이다. 민주화 운동이 없었더라면 민주주의가 훼손당하고 있음을 느끼는 이런 섬세한 감각을 절대로 키울 수 없죠. 정작 민주화 운동에 참여했던 사람들은 적금 부은 것도, 또 곗돈 부은 것도 잊어버린 겁니다. 뜻밖에 아이들이 그 곗돈을 찾아주었죠.

저는 이를 보면서 민주화에 대한 재평가가 필요하다는 생각이 들었어요. 제가 전에 '민주화운동기념사업회' 강연에서 그 이야기를 했습니다. 거기 가서 권영길 의원식으로 물었죠.

"민주화되어서 살림살이 좀 나아지셨습니까?" 왜 그렇게 물었을까요? 과연 민주화의 혜택을 가장 많이 본 사람들이 누구일 것 같아요? 민주화 운동을 했던 사람들일까요? 민주화를 위해 싸웠던 사람들이 정권도 잡아보고 국회의원이 되기도 했습니다만 그 사람들이 정말 행복해졌습니까? 저는 민주화되어서 진짜 덕 본 사람들로 재벌과 언론을 꼽고 싶습니다. 그 밖에도 관료, 사립학교, 교회 등 많지요.

1992년 대선에서 정주영 씨가 대통령 후보로 나왔습니다. 출마한 동기가 무엇입니까? 딱 네 글자로 줄여서 "드러버서"입니다. 정주영이 어느 인터뷰에서 이야기하길, 삐끗하면 100억씩 달라고 하는데 아무리 재벌이지만 돌아버리겠다는 겁니다. 쉽게 말해서 그놈들한테 100억씩 퍼 주느니 아예 그 돈 가지고 자신이 정치를 해보겠다는 거죠. 그때 정주영이 '아파트 반값 공약'을 처음 내놓고 '공산당 합법화'까지 공약으로 내놓았습니다만 떨어졌죠.

전두환 때 국제그룹이라고 있었습니다. 재계 순위 8∼9위쯤 되었을 거예요. 부산 굴지의 재벌이었습니다. 그런데 어떻게 되었습니까? 전두환이 한칼에 날려버렸죠. 그룹이 공중분해되었습니다. 독재정권과 재벌의 힘을 비교한다면 독재정권이 압도적으로 우위였죠.

민주화 이후에 어떻게 되었습니까? 노무현이 재벌들에게 만나자고 했더니 재벌 회장들이 바쁘다고 안 갔죠. 대통령이 부르는데 안 가다니, 전에는 상상도 할 수 없는 일이지요. 왜 안 갔습니까? 정치권력은 유한합니다. 재벌은 세습되는 권력이죠. 세상이 민주화되고 나니까아, 우리 사회의 진짜 권력은 유한한 권력이 아니라 세습되는 권력이라는 거죠. 지금 삼성을 보십시오. 국가권력을 삼성이 좌지우지하는 것 아닙니까? 국회의원은 물론 대통령한테도 장학금을 주는 것 보면 삼성공화국 정도가 아니라 삼성 왕국이라는 소리가 나오죠.

언론은 어떻습니까? 1980년대 언론들은 오욕의 세월을 살았습니다. 아무리 권언유착이라고 하더라도 정권이 바뀔 때마다 용비어천가나 쓰고, 땡전 뉴스라고 해서 5공 시절에는 아무리 중요한 민생 관련 사건 사고가 있어도 9시 뉴스의 첫 꼭지는 무조건 전두환과 관련한 동정 뉴스로 시작했습니다. 언론이 말도 못하게 수모를 당했죠.

민주화되고 나니까 지금 언론이 어때요? 조중동이 죽네 사네 떠들어댔지만 김대중, 노무현 정권 때 대통령 씹기가 정말 껌 씹기보다 더 쉬운 세상을 만들었잖아요.

이런 현상을 보면서 야, 민주화되어봐야 소용없다고 생각할지도 모르겠습니다. 사실 민주화가 되면 옛날에 무고한 사람들 잡아다 고문했던 놈들을 감옥에 보내는 게 마땅할 듯한데 그런 일 하나 해결 못한 채 독재정권 시절에 다 잘나가던 놈들이 지금도 여전히 잘나가고 있죠. 이게 과연 민주화인지, 민주화가 도대체 무엇인지 의문이 들고도 남습니다.

6월 항쟁 이후 지난 20년 동안 우리가 이루어낸 민주화는 민주화된 것도 아니고 안 된 것도 아닌, 〈개그콘서트〉에 나오는 '같기도' 형 민주화라고 누가 말하더군요.

민주화 운동 성과의 사각지대

기억을 좀 돌이켜 민주화 초창기로 한번 가보겠습니다.

1987년 6월 항쟁이 끝나고 난 직후인 7월, 8월, 9월에 노동자 대투쟁이 있었습니다. 석 달 동안 노동현장이 난리가 났죠. 그 석 달 동안 전국에서 일어난 노동쟁의 건수가 3,000여 건이나 돼요. 1953년 한국전쟁이 끝나고 1987년 6월까지 34년 동안 일어난 노동쟁의가 총 3,400건 정도입니다. 그러니까 34년 동안 벌어진 일을 단 100일 동안에 다 해버린 겁니다. 어마어마하게 노동쟁의가 벌어졌죠.

박정희 때나 전두환 때는 어땠습니까? 노동자들이 임금을 시간당 100원만 올려달라고 해도 빨갱이가 들어왔다면서 기동대가 출동했죠. 노동운동을 하려야 할 수가 없었습니다. 임금 인상을 하려고 해도, 순수한 경제 투쟁을 해도 빨갱이로 몰아버리던 시절이었습니다.

1987년 민주화된 이후 1988년, 1989년에는 어땠습니까? 노태우 정권은 여소야대 국면에 찌그러져서 제 살길을 찾느라고 바빴어요. 국가권력이 자본을 도와주지 못하는 상황이 되었고, 자본이 노동자와 직접 상대해야 했던 것입니다.

임금이 얼마나 뛰었느냐? 요새 임금 인상 투쟁하면 5퍼센트, 10퍼센트 가지고 싸울 겁니다. 그때는 노동조합 선거에서 어느 후보가 나와 30퍼센트 임금 인상을 내놓으면 다른 후보가 50퍼센트를 내세우고, 그러면 제3의 후보는 70퍼센트 올리겠다고 경쟁했어요. 진짜로 그만큼 임금 인상을 했습니다. 월급봉투를 주던 시절인데 '왜 이번 달에는 1,000원짜리로 주지?' 하는 생각이 들 만큼 봉투가 두꺼웠다고 해요. 그 월급봉투를 받고 좋아하던 노동자들이 두 번째 달부터는 이러다 회사 망하는 게 아닌가 겁을 냈다고 할 정도예요.

그런데 연말에 회사 대차대조표를 보니까 여전히 이익이 엄청나더라는 겁니다. 또 30퍼센트, 50퍼센트 올렸죠. 2~3년 사이에 월급이 200퍼센트, 300퍼센트 올랐습니다. 이런 현상은 지난 수십 년간 미루어졌던 분배가 한꺼번에 이루어진 이유 때문이기도 하고, 또 3저 호황으로 재벌들이 비축한 여력이 있었던 덕분이기도 하지요. 어쨌든 분배가 많이 이루어졌습니다.

여러분, 그때의 분배가 중요한 점이 뭐냐? 국내 시장이 커진 겁니다. 한국이 민주화와 산업화를 동시에 달성한 저력이 거기에서 나온 겁니다. 국내 시장의 확대. 제가 경제는 잘 모르지만 적어도 이 부분에 대해 우리가 평가를 제대로 해야 할 것 같아요. 민주화되어 살림살이 나아지셨습니까? 네, 분명히 나아졌습니다. 또 우리 살림살이가 나아져서 생긴 제일 중요하고, 직접적인 결과가 무엇일까요? 노동자들에게 시간이 생긴 겁니다. 임금이 2배, 3배로 뛰니까 잔업, 철야 안 해도 먹고살 만해진 거예요. 여윳돈도 생기고 이제 여가를 누리고 싶어진 겁니다. 현대의 경우는 회사 내부에서 차를 사면 훨씬 싸게 해주죠. 노동자들이 자가용을 구입하기 시작하면서 본격적인 마이카 시대가 열립니다. 풍토가 달라지는 거죠.

딱 거기까지였죠. 재벌들이 서서히 제동을 걸기 시작합니다. 몇만 명의 노동자들에게 30~40퍼센트씩 임금을 올려주다 보니까 나중에 재벌들이 기가 막힌 거죠. 야, 저게 다 내 돈인데⋯⋯. 그래서 어떻게 합니까? 돈으로 노조를 무력화하기 시작합니다. 예를 들어 대의원들한테 1억 원씩 안겨주는 식의 매수를 합니다. 그래서 30~40퍼센트의 임금 인상 폭을 10퍼센트 미만으로 낮추는 겁니다. 재벌들 입장에서는 훨씬 이득이죠. 그런 식으로 노조를 무력화하고 정규직 노동자 대신에 비정규직 노동자를 뽑기 시작합니다.

정규직들이 강력한 노조의 보호를 받게 된 것, 이것이 1990년대 이후 우리 사회에 비정규직이 널리 퍼지게 된 요인 중 하나이기도 하죠. 그러면서 민주화 이후 몇 년 동안 분배의 정의가 실현되던 길도 막힙니다. 결정적으로 IMF가 터지고 난 다음에 완전히 비정규직 세대로 넘어갑니다. 요즘 이야기되는 88만 원 세대가 등장하는 거죠. 요즘은 "민주화되어 살림살이가 나아지셨습니까"라는 질문을 하기도 민망한 상황이 되었습니다.

그래도 민주화 초기의 입장에서 평가하자면 분명히 살림이 나아졌다고 할 수 있겠습니다. 저는 6월 항쟁 이후 우리의 민주적, 경제적 여건들이 향상된 만큼 민주화에 대한 종합적인 재평가가 있어야 한다고 생각합니다. 물론 민주화되어서 좋았던 점도 있지만, 또 잃어버린 부분도 있어요. 특히 우리가 반성해야 할 부분 중 하나가 민중운동과 민주화의 분리입니다. 1970년대, 1980년대에는 그렇지 않았다고 저는 기억합니다.

이해찬이나 김근태, 유시민 같은 사람들은 1970년대, 1980년대에 민주화를 위해 정말 열심히 뛰었습니다. 그런데 민주화가 시작된 이후에 그들이 누리게 된 세상과 아직도 민주화되지 않는 세상이 대한민국에 공존하고 있어요. 문제는 민주화되지 않은 세상이 훨씬 더 넓다는 거죠. 그런 부분은 점점 민주화 운동과 괴리가 커져가고 있습니다. 한 예로 비정규직 문제는 완전히 사각지대에 방치되어 있죠.

거리의 정치는
왜 반복되는가?

우리가 촛불시위를 겪으며 기억해야 할 것이 왜 한국에서는 걸핏하면 거리로 나가야 하느냐는 거예요. 정상은 아니죠. 그러나 한국 같은 상황에서는 정상일지 모릅니다. 제도권 정치가 기능을 못 하기 때문입니다. 이른바 대의정치라면 의회에서 국민들의 의견을 대표해야 합니다. 과연 우리나라 제도정치가 국민들을 얼마나 대표할까요?

우리나라 비정규직 노동자가 얼마나 되나요? 통계에 나타난 비정규직 노동자가 980만 명입니다. 총인구의 20퍼센트예요. 그렇다면 적어도 국회에서 비정규직 노동자의 몫이 10퍼센트는 되어야 하는 거 아닙니까? 비정규직 노동자들도 투표권이 있잖아요.

국회의원 중에 농민을 대표하는 사람이 누가 있습니까? 물론 농촌지역 의원들이야 있지만 그 사람들은 농촌지역의 토호들을 대변하잖아요. 실제 농사짓는 농민을 대변하는 사람이 몇 명이나 됩니까? 강기갑 의원 한 사람 아닌가요? 우리 농민이 몇백만 명인데 아무리 농업이 찌그러들고 농민들의 수가 급격히 줄어들고 있다고 하더라도 국회가 얼마나 대변하겠습니까? 청년실업, 백수들, 대학생들…… 국회가 얼마나 대변하고 있습니까?

우리 국회는 인구와 비교해 토호들, 토건업자들을 말도 안 되게 과잉 대표하고 있습니다. 그러다 보니 제도정치가 국민을 대변하지 못하죠. 이런 상황에서 국민들이 제 목소리를 내려면 다른 곳에 판을 차릴 수밖에 없는 겁니다.

길에서 태어난 민주주의

우리나라 거리정치의 역사는 아주 혁혁합니다. 좀 거슬러 올라가면 1987년 6월 항쟁이 있고, 더 거슬러 올라가면 6·3사태나 4·19도 있습니다. 그렇지만 너무 멀리는 가지 말고 6월 항쟁 이후의 거리정치에 대해 이야기해보겠습니다.

6월 항쟁 당시에 왜 대중이 거리로 나갔습니까? 대의정치가 실패했기 때문이었죠. 1987년 6월 항쟁 때 대의정치가 있었습니까? 대통령을 어디서 뽑았어요? 체육관에서 뽑았죠. 6월 항쟁 때 구호는 진짜로 단순했어요. "호헌 철폐, 독재 타도, 직선제로 민주 쟁취." 정말 모두 그것만 외쳤습니다. '직선제'라는 한 마디에 모든 게 다 들어가 있었습니다. 초등학교 반장도 애들이 뽑는데 왜 대통령을 우리 손으로 못 뽑나? 이 단순한 사실로 사람들이 모였죠.

6월 내내 거리를 메웠던 대중이 왜 다들 집으로 돌아갔습니까? 정부가 직선제 요구를 받아들였기 때문입니다. 사람들을 거리로 몰아낸 가장 중요한 요인을 제도정치가 흡수해버린 겁니다. 저는 이 같은 현상이 계속 되풀이되었다고 생각해요.

2002년 우리가 미선이, 효순이 촛불시위에 나갔죠. 사실 처음부터 나간 것은 아니에요. 처음에는 잘 알지도 못했고 월드컵에 미쳐서 다들 "대한민국!"을 외치고 있었죠.

미선이, 효순이 사건은 어찌 보면 교통사고의 측면이 있죠. 사건 자체를 보면 길 가던 아이들이 미군 군사차량에 의해 사고를 당해 죽은 거니까 잘 처리되었으면 그렇게 번지지 않고 끝날 수도 있었겠죠. 국민들이 몇 달 동안 지켜보았습니다. 그런데 사건 처리가 되고 보니 미군한테 책임이 없다네요. 그럼 누구 잘못입니까? 아무도 책임을 안 지면 그때 그 길을 지나간 애들 책임이라는 말밖에 더 됩니까? 말이 안 되죠. 그래서 거리로 나갔습니다. 도대체 이럴 수가 있나? 뭐가 잘못되었는지 따져보자. SOFA가 잘못되었으면 고치자. 한미관계가 잘못되었으면 바로잡아야 할 것 아니냐.

그러다가 왜 집으로 돌아갔습니까? 추운 데서 할 만큼 했으니까 돌아가자. 그래서 돌아갔습니까? 저는 아니라고 생각합니다. 우리가 더 이상 미선이, 효순이 문제로 촛불을 들지 않았던 것은 노무현이 당선되었기 때문입니다. 대통령 선거에서 "반미 감정 좀 가지면 어때?"라고 말하던 후보가 당선되었습니다. 사람들은 제도정치 안에서 변화가 이루어지길 기대했기 때문에 아, 이만하면 됐다, 제도정치 내에서 고칠 수 있는 계기를 제공하는 것으로 만족하고 돌아간 겁니다.

탄핵 때는 어땠습니까? 또 수많은 사람들이 거리로 나왔죠. 그리고 전무후무한 결과를 만들어냈습니다. 노무현 대통령에게 과반수의 국회를 만들어주었습니다. 국회가 문제여서 개혁을 못 한다면, 그래 새 국회 만들어줄 테니 한번 해봐, 하면서 정말 민주개혁세력에게 중앙 권력을 다 밀어준 거예요. 대통령에 이어 여당이 단독 권한을 갖는 국회를 새로 만들어주었잖아요. 거기다 민주노동당 10석을 덤으로 주었습니다. 그래서 거리로 나갔던 사람들이 다 집으로 돌아갔습니다.

어떻게 되었어요? 국회에서 과반수의 의석을 갖고, 민변 출신 대통령에, 민변 출신 국정원장에, 민변 출신 법무부 장관에, 민변 초대 대표간사가 여당 원내대표를 하는 상황에서, 또 국가보안법으로 인해 감옥을 갔다 온 국회의원이 30~40명 되는 상황에서 국가보안법 하나를 폐지 못했어요. 그리고 국민들이 나서서 살려준 대통령이 한나라당과 대연정을 하겠다고 나오니까 우리 마음이 추워진 겁니다. 530만 표 차이가 왜 났습니까? 전에 노무현을 찍은 사람들이 투표소에 안 나간 거죠. 530만 표 차이가 났다지만 이명박 씨가 얻은 표는 노무현 씨가 얻은 표보다 더 적습니다.

그렇게 마음이 상해서 떠나버렸던 사람들 중에 다수가 10대들이 든 촛불을 따라 다시 거리로 나갔습니다. 그래서 100만 인파가 모여들었죠.

집에 갈 수가 없다

이번 촛불시위와 과거의 거리정치를 비교하면 어떻습니까? 이제는 집에 빨리 가고 싶어도 가서는 안 되는 겁니다.

1987년을 보세요. 6월 항쟁 때 사실 지려야 질 수 없는 선거를 양김이 갈라지는 바람에 졌습니다. 2002년에도 노무현 씨 같은 사람이 되면 대통령 노릇 진짜 잘할 줄 알았어요. 그런데 안 됐죠. 한미관계는요? 지난 50년 동안 한미관계에 일어난 변화보다 노무현 집권 5년 동안에 일어난 변화가 더 크죠. 그 정도로 미국이 하고 싶어하는 것 다

들어줬어요. 경제 분야 FTA 해줘, 주한 미군기지 이전해줘, 전략적 유연성 받아들여줘, 주한미군의 성격 변화 인정해줘 등등 미국이 해달라는 건 다 해줬잖아요. 2004년 탄핵 때도 마찬가지였습니다. 지금까지 경험으로 보았을 때 거리정치가 쉽게 제도정치에다 맡기고 집으로 돌아가서는 안 되는구나 하는 생각을 하게 되었습니다.

1987년, 2004년하고 2008년의 차이가 뭐였습니까? 1987년이나 2004년에는 사람들이 거리정치를 끝낼 계기들이 있었죠. 대통령 선거라든지 국회의원 선거 같은 대의정치의 핵심적인 메커니즘이 임박해 있었습니다. 거기에 기대를 걸고, 그것을 통해 대중의 의사를 표현하고, 그 결과를 본 다음에 대중이 집으로 돌아갔죠.

그런데 2008년의 촛불은 어땠습니까? 대통령 선거를 한 지 6개월, 국회의원 선거를 한 지 한 달 반 만에 우리가 촛불을 들 수밖에 없는 상황이 벌어집니다. 대중도 집으로 가고 싶은데 계기를 찾지 못한 겁니다.

또 한 가지, 같은 촛불시위에서도 차이가 있었습니다. 2002년, 2004년에는 밤을 안 새웠잖아요. 10시, 11시쯤 되면 적당히 파하고 "다음에 봅시다" 했습니다. 매일 모이지도 않았죠. 2008년에는 어때요? 정말 왜 매일 나오셨습니까? 우선 재미있어서. 정말 재미있었어요. 집에 못 가는 이유 중 하나가 내가 집에 가고 나면 훨씬 더 재미있는 일이 벌어질까봐 그랬어요. 그리고 얼마나 발랄했습니까?

영화 〈아마데우스〉를 보면, 모차르트가 살리에리를 흉내 내는 장면이 있습니다. 살리에리의 연주를 해보라고 시켰더니, 이거 긴장되는데 하면서 어깨에다 힘을 잔뜩 주고 피아노를 꽝꽝 찍어대는 모습을 모차르트가 아주 경쾌하게 보여주었죠. 대중과 운동진영의 관계가 그

촛불의 바다
6월 민주항쟁 21돌 기념일인 2008년 6월 10일 광화문 네거리에서 덕수궁 앞, 남대문까지 수십만 명의 시민들이 촛불을 밝힌 채 거리를 가득 메웠다.

와 비슷했다고 할까요? 대중이 가진 발랄함과 뛰어난 창조성이 아주
잘 드러났죠.

대중과 운동진영의 차이와 관련해 이번에 재미난 현상이 있었어요.
소위 깃발 논쟁이라고 할까요. 촛불시위에서 보니까 '82쿡', '배운 여
자' 같은 깃발이 보였습니다. 초기에는 깃발 들고 나오는 것에 대해
"운동권 문화다, 깃발 내려라." 반대를 했습니다. "아니다, 착한 깃발
은 들어도 된다"면서 착한 깃발 논쟁도 있었고요. 뭐, 나중에는 다들
깃발을 들고 나왔지만 처음에 왜 대중이 깃발을 거부했을까요?

과거 운동진영하고 지금 대중이 운동하는 방식이 다른 것 같습니
다. 386세대나 저희 긴급조치 세대 같은 경우는 이 한 몸 돌보지 않고
시대의 불의와 맞섰다고 해도 과언이 아닙니다. 우리는 어떤 의미에

서 참으로 불행한 세대죠.

우리 세대를 다른 말로 표현하자면 아마 '독수리 5형제' 세대가 아니었을까 싶어요. 독수리 5형제의 사명은 뭡니까? 지구를 지키는 거죠. 아마 386세대 정도나 겪어야 했던 황당한 코미디일 텐데 "네 삶의 목표가 뭐냐?" 하고 선배가 물었을 때 "우리 사회의 민주화요"라고 대답했다가는 "너 왜 그렇게 시야가 좁아?" 야단을 맞아야 했던 것이 우리 세대입니다. 말하자면 민주화된다고 민중이 해방되는 것도 아니고, 민주화된다고 조국통일 문제가 해결되는 것도 아니라는 거죠. 그러니 "우리 사회의 민주화요" 했다가는 선배들한테 "너는 공부가 더 필요해!" 야단을 맞는 겁니다.

그런 식으로 우리 세대는 거대담론을 받아들이는 수밖에 없었어요. 그 거대담론 앞에 어떻게 자기 자신을 내세우겠습니까? 하지만 그게 사실은 인간 본성에 어긋나죠. 술 마셔도 안 돼, 연애를 해도 안 돼, 오로지 운동만을 위해 살 것을 요구받은 불행한 세대였어요.

그때 자기 몸이 시키는 대로 하지 않고 욕망을 콱 죽이면서 나름대로 열심히 운동하다가 그 조절장치에 이상이 온 사람들이 지금 어떻게 되었을까요? 그들이 모이는 데가 어딜까요? 뉴라이트입니다. 욕망을 죽이고 한참 달리다 어느 순간 이게 아닌 것 같아, 하고 완전히 브레이크다운 된 친구들이 돌아간 곳이 뉴라이트가 아닐까 싶습니다.

우리 사회가 충분히 민주화된 것은 아니지만 이명박이 집권하고 돌아보니 아, 제법 민주화가 되었구나 싶네요. 우리가 뺏길 게 좀 생긴 거죠. 박정희 시대, 전두환 시대가 더 이상 뺏길 것도 없는 시절이었다면 지금은 그래도 세상이 좋아졌다는 생각을 합니다.

옛날에 운동하면서 우리 아들딸들은 비정상적인 세상에서 살지 않았으면 하는 바람들이 있었을 텐데 그런 부분에서 정상화가 된 셈이죠. 사실 1970년대, 1980년대를 살았던 사람들만 유독 정의감이 강했겠습니까? 만날 전경들이 학교 안에서 판을 치고 있죠. 민주주의에 대해 토론하면서 술잔을 기울이던 선배나 학우가 개처럼 끌려가는 모습을 보면서 출세의 꿈을 포기하고 학생운동을 했던 세대 아닙니까.

지금 세대에게 이 한 몸 다 바쳐 운동하라고 하면 어떻게 할까요? 그런 친구들도 아주 드물게 가끔씩 있기는 하겠죠. 그러나 대다수는 88만 원 세대로서 취직 같은 현실적인 문제에 훨씬 더 민감해질 수밖에 없죠. 그것은 민주화된 세상에서 당연하다고 봅니다. 다만 자기 이익만을 마음껏 추구하기보다는 개인의 이익과 사회의 공동선을 함께 증진하는 방법을 찾고, 또 자기 이익을 추구하다 보면 비슷한 사람들끼리 연대를 해야만 자기 이익을 실현할 수 있구나 깨달아야 하겠죠.

대학생들이 등록금 문제로 싸울 때, 청년 실업 백수들이 실업 문제로 싸울 때, 혹은 비정규직들이 고용 안정을 위해 싸울 때, 이는 분명히 자기 이익을 위해 투쟁하는 겁니다. 그렇다고 우리가 집단 이기주의라고 몰아칠 수 있나요? 아니죠. 집단 이기주의란 강자가 자기 이익만을 추구할 때, 그리고 강자의 일방적인 자기 이익 추구가 우리 사회의 공동선을 깨뜨릴 때 하는 이야기예요. 약자들이 자기 이익을 추구해나가는 데 대한 정당한 평가는 아니라고 생각합니다.

민주주의는
절대 거저 얻어지지 않는다

지금은 촛불이 거의 꺼져가는 듯한 상황입니다. 왜 꺼졌습니까?

촛불시위 당시 이명박 정권이 거의 끝장났다는 느낌까지 들었어요. 그때는 '747' 공약을 이렇게 해석했죠. 지지율이 7.4퍼센트까지 떨어져서 7월에 물러난다⋯⋯. 아마 취임 석 달 만에 한 자릿수 지지율로 떨어진 예는 이명박 대통령 말고는 세계적으로 흔치 않을 겁니다.

그러다가 회복했습니다. 보수층이 지지를 한 거죠. 사실 7.4퍼센트까지 지지율이 떨어진 것은 박근혜 지지층과 이회창 지지층까지 다 모여서 오히려 촛불보다 더 거세게 이명박을 욕해댔던 덕도 있습니다. 지지율이 7.4퍼센트까지 떨어지고 보니 이명박도 밉지만 촛불은 더 위험하다는 생각이 든 겁니다. 그래서 아무리 미워도 이명박을 밀어줘야겠다, 이렇게 보수세력이 결집을 합니다.

그 뒤로 간신히 20퍼센트를 넘겨 지금까지 왔다 갔다 하죠. 올림픽 때 금메달 따면 1퍼센트 올라갔다가 2~3일 지나면 도루묵 되었다가, 경제위기 만나서 다시 뚝 떨어지고 있는 겁니다.

이명박의 새로운 전략, 보수세력을 결집하다

지금 이명박이 어떻게 정권을 유지하고 있습니까? 결국 수구집단, 보수세력의 지지에 호소하는 수밖에 없음을 깨닫고 그들을 결집하게 만들 여러 가지 수단을 쓰고 있죠. 촛불에 대한 강경 탄압, 공권력 동원, 즉 검찰과 경찰을 동원하는 겁니다.

검찰이 어디에서 수훈갑이 되었습니까? 시민들의 조중동 불매운동을 깨뜨려 수훈갑이 되었죠. 과거 검찰은 어떻습니까? 김영삼 정권하인 1994년, 1995년에 5·18광주 문제를 조사할 때였어요. "성공한 쿠데타는 처벌할 수 없다. 수사를 하다 보면 '나가리'라는 게 있다. 조사해봤는데 아무 결론이 없다. 이번 수사는 나가리다." 그러면서 전두환을 구속하지 않았죠. 그러자 국민들이 벌 떼처럼 들고 일어났습니다. 할 수 없이 김영삼 정권이 전두환을 구속시켰습니다.

그때 검찰 고위 간부가 했던 이야기가 있습니다. 아주 자조적으로 "우리는 개다. 물라면 문다"고 했어요. 왜 수사 결론이 바뀌었느냐고 물었더니 그런 대답을 했습니다. 허, 자신을 개라는데 뭐라고 하겠습니까? 이번 촛불시위 끝나고 딱 그 표현이 생각납니다. "우리는 개다."

뭐, 혈통이 쉽게 변하나요? 그런데 '우리는 개'인 것은 똑같은데 '물라면 문다'는 아닌 것 같아요. 이번에는 '알아서 문다'가 맞습니다. 알아서 먼저 날뛰는 것 같아요.

노무현 정권하에서 검사들이 어땠습니까? 이른바 '검사와의 대화'를 하면서 자기들도 성깔 있다고 들이받았죠. 노무현 대통령이 국정원이나 검찰을 개혁하지 않았습니다. 그때 개혁해야 했었는데, 노무현은 "검찰이나 국정원은 대통령 건데 대통령이 정치적으로 이용하지 않고 독립성을 보장해주면 그게 개혁이다" 그랬어요. 물론 좋은 뜻으로 내린 결정이지만 사실상 바보 같은 짓을 했다고밖에 평가할 수가 없어요. 그게 진짜 개혁이었으면 지금 국정원이나 검찰이 저런 짓 안 하죠.

정권 바뀌자마자 검찰이 들고 일어나더니, 말도 안 되는 법 논리를 만들어 2차 불매운동을 미국법이 금하고 있다 운운하면서 조중동 불매운동을 싹 잡아들였어요. 촛불시위 때 연행되었던 사람들이 벌금 200만 원씩 기소 중에 있고요.

경찰은 또 뭐 했습니까? 우선 촛불시위 전 과정을 몸으로 때운 공적이 있죠. 그리고 시민들을 상대로 엄청난 폭력을 사용했는데 오히려 촛불시위에 유모차 끌고 나온 어머니들을 아동학대죄로 조사한다는, 말도 안 되는 위협을 하고 있어요.

우리가 반드시 기억해두어야 할 게 있습니다. 역사 전공자로서 의무이기도 한데 저는 반드시 기록해야 할 것이 있습니다. 유모차 끌고 나온 젊은 엄마들을 붙잡아다 조사한 놈들, 유모차 엄마들부터 치고 들어가야 한다고 꾀를 낸 놈들, 이자들의 이름을 반드시 역사에 남겨야 한다고 생각합니다. 길이길이 지워지지 않도록 말입니다. 한국 사회가 민주화되기 위해서는 이런 부분을 개혁해야 합니다. 권력에 붙으면 책임을 지게 되어 있구나, 아, 감옥에 갈 수도 있구나, 보여주어야죠. 지금 우리가 보는 이런 모습들이 바로 수구의 본색입니다. 공안기관 없이는 정권 유지가 불가능하다는 사실이 적나라하게 드러나고 있잖아요.

사실 이명박이 집권하리라는 것은 선거가 있기 오래전부터 예상을 했지만 막상 정권이 교체되고 나니 기분이 심란하더라고요. 그런데

유모차 부대
촛불 탄압 국면에 유모차를 끌고 나온 젊은 엄마들을 붙잡아다 조사한 자들, 유모차 엄마들부터 치고
들어가야 한다고 꾀를 낸 자들의 이름은 반드시 역사에 남겨야 한다.

인수위원회가 가동되는 것을 보니까 야, 5년만 어떻게 버티면 되겠구
나, 하는 희망이 생기더라는 말입니다. 아마 국민 여러분도 놀라셨을
거예요. 인수위 뜨고 난 다음에 '어륀지' 아줌마 나오면서……. 그것
만이 아니죠.

　이 세력이 늘 하던 이야기가 뭡니까? 좌파 아마추어 정권이 나라를
들어먹고 있다, 잃어버린 10년, 우리 프로들이 해야 한다. 그래서 프
로들이 집권을 했는데 너무나 엉터리였죠. 그래도 노무현은 자신이
아마추어라는 것을 알고 열심히 시스템과 매뉴얼을 만들었는데 이 정
권은 왕창 엎어버렸죠. 정말 과감하게 뒤엎었습니다. 첫 번째 시간에
이야기했던 솥단지 유머가 참 절묘하지 않습니까? 노무현이 이명박

에게 텅 빈 전기밥솥을 넘겨줬더니 이명박이 빨리 밥할 자신이 있다면서 장작불 위에 전기밥솥을 떡하니 올려놓았다는 것 아닙니까.

정말 이명박 정권이 하는 짓을 보면 '잃어버린 10년' 운운하며 큰소리를 치더니 어떻게 저렇게 엉터리일 수 있는지. 〈뉴욕타임스〉에서도 이명박-강만수, 리만 브라더스의 환율정책을 언급하면서 투기자본이 다들 한국에 몰려가 한탕한다는 이야기를 아주 국제적인 놀림거리로 기사화했죠.

역진의 쓰나미

이러한 상황을 한발 떨어져 생각해보니 우리나라 수구세력이 어떻게 권력을 유지해왔고 어쩌다 권력을 내주었는지 알 듯합니다. 그리고 이명박 정권이 어느 방향으로 가고 있는지 알 것 같아요.

어떻게 권력을 유지했습니까? 지난 시간에 이야기했듯이 기본적으로 공포정치에 의거한 것이죠. 공안기관, 중앙정보부, 안기부를 내세워 말 안 듣는 놈들 두들겨 패고, 사찰하고, 도청하고, 국민들 겁주고. 한편에서는 욕망의 정치로 부동산 키우고, 또 특정 계층에 파이를 분배해서 지지층 만들고 교육과 방송, 언론을 통해 국민들을 철저하게 세뇌했죠. 땡전 뉴스, 보도지침을 통해 언론을 꽉 잡았어요.

어쩌다 정권을 놓쳤습니까? 반쯤 민주화되고 나니까 중앙정보부, 안기부가 예전처럼 사람 잡아다가 두들겨 팰 수가 없고, 정치인들이 자신들 사찰 못 하게 국정원 같은 곳을 꽁꽁 묶어놓다 보니 국민들한테도 그 혜택이 돌아가는 겁니다. 안기부, 국정원, 보안사가 함부로 민간인들을 사찰 못 하게 만드니 손발이 묶였죠.

언론은 어때요? 나름대로 방송 민주화 투쟁, 언론 민주화 투쟁을 하면서 노조를 만들어요. 그래서 방송민주화가 되었죠. 언론이 더 이상 앵무새가 아니게 되었어요.

학교 현장에서는 전교조가 떴습니다. 전교조가 추구하는 참교육이 실현된 것은 아니지만 옛날의 말도 안 되는 이념 교육, 그 꼴은 더 이상 안 봐도 되잖아요. 수구세력이 무슨 실력이 있던 게 아니라 공안기관과 방송, 교육 등으로 정권을 유지했는데 그게 무너져버리니까 정권을 내준 겁니다. 거기다 IMF 외환위기까지 맞았죠.

이번에 이명박이 정권을 잡았어요. 그러니까 다시 하는 짓이 뭡니까? 국정원을 강화하죠. 어떻게 강화합니까? 법률을 고칩니다. 이른바 '등' 법률 있죠. 법조문 뒤에 '등(等)'이라는 한 글자를 집어넣는 겁니다. 국정원이 옛날에 워낙 나쁜 짓을 많이 해서 그 임무를 명확하게 규정했어요. "국정원은 요것, 요것, 요것만 해. 이외에는 다 불법이야." 그랬는데 거기다 한 글자를 더 집어넣는 거예요. '등' 한 글자만 넣으면 '기타 등등'에 모든 것이 포함될 수 있는 겁니다. 여러분을 사찰하고, 여러분의 휴대전화를 뒤지고, 계좌를 뒤지는 것이 '등'에 다 포함되게끔 고치고 있습니다. 국가안보라는 미명하에요.

방송은 어떻습니까? 왜 정연주를 쫓아내지 못해 안달하고, 왜 YTN에 무리하게 낙하산을 투입했습니까? 저는 정연주 사장을 공격하는 것을 보고 줄 서 있는 놈들 자리 만들어주려고 그러는 줄로만 알았어요. 그런데 촛불과 겹쳐서 보니 옛날처럼 방송을 장악해 권력을 유지하려는 겁니다. 그 시절로 돌아가려는 겁니다. 여러분, 잃어버린 10년이 아니라 20년, 30년 전으로 돌아가고 있죠.

지금 한국 민주주의가 이 지경까지 후퇴했어요. 그런데 촛불만큼이나 놀라운 일이 또 터졌습니다. 금융위기죠. 이 금융위기가 실물경제의 위기로 어떻게 발전할지 이제 시작이기 때문에 예측할 수가 없죠. 1929년 대공황에 이어 80년 만의 공황이 오는 것이 아닌가 두려울 뿐입니다.

파시즘이 올까 두렵다

촛불은 굉장히 많은 가능성을 만들어주었습니다. 그러나 제가 촛불을 보면서 느낀 것이 있어요. 이번 촛불에 100만 명쯤 모였죠? 과거에는 100만이 모이면 그게 전 국민의 의사라고 주장해도 되었습니다. 지금은 아니더라고요. 절차 민주주의가 주는 힘, 이명박이 쿠데타로 집권한 것이 아니라 선거로 집권했으니까 쫓아낼 방도가 마땅치 않다는 거죠. 여러분이 집을 잘못 계약한 겁니다. 무르려면 굉장히 손해를 보거나 아예 무를 방법이 없거나, 어쩔 수 없이 들어가서 살아야 하는 상황인 겁니다.

또 한 가지, 이명박이 살아난 것은 절차 민주주의의 힘 이외에 제도권 안에서 야당이 너무 약해졌기 때문입니다. 이는 노무현 정권의 가장 큰 실책 중 하나인데, 지지세력이 아닌 공무원들과 더불어 정치를 했다는 거죠. 그래서 지지세력이 다 흩어져버리고 국민들은 더 이상 민주당에 대해 어떠한 기대도 없습니다.

사실 80석이라면 결코 적은 의석이 아닙니다. 옛날 제7대 국회에서 신민당은 38석인가를 가지고도 야당 노릇을 톡톡히 했어요. 의석이 적은 것보다는 당의 정체성이 없고 방향이 없다는 게 문제잖아요.

정말 걱정으로만 끝났으면 좋겠습니다만 특히 걱정되는 것이 하나 있습니다. 역사적 경험으로 보면 이런 경제위기가 심화되었을 때 파시즘이 나왔습니다. 파시즘. 한국 사회에서 이명박과 '강부자'에게 가장 분노하고 있는 대중이 지지할 대상을 찾지 못하면, 그러니까 4년 후에 다시 선거를 치를 때까지 우리가 새로운 희망을 만들어내지 못하면, 변화의 힘을 만들어내지 못하면, 한국판 오바마를 만들어내지 못하면, 결국 어디로 가겠습니까? 그 사람들이 갈 곳이 박근혜가 되었든 김문수가 되었든, 혹은 새로운 제3의 인물이 되었든, 파시스트가 끌고 갈 가능성이 크지 않을까 하는 생각이 듭니다.

히틀러는 쿠데타를 일으키지 않았습니다. 히틀러는 선거를 통해 합법적으로 당선되었습니다. 그러면 우리가 무엇을 해야 할까요? 다시 일반 국민들의 지지와 신뢰를 끄집어낼 만한 장치가 있습니까? 사실 일반 국민이라는 게 뭐 특별한가요? 우리가 손을 뻗어야 할 제일 큰 국민이 누구겠습니까? 비정규직 노동자겠죠. 비정규직 노동자들이 과연 촛불을 신뢰할 수 있을까요? 촛불은 비정규직 노동자들에게 얼마나 다가갔습니까?

촛불시위 무렵 이랜드 김경욱 위원장의 인터뷰가 제 가슴을 아프게 했습니다. 얼마 전 사측과의 기나긴 투쟁에서, 그걸 타결이라고 해야 할지 승리라고 해야 할지 모르겠습니다만 해결이 되었습니다. 노동자들이 현장으로 돌아갔어요. 그런데 조건이 뭡니까? 김경욱 위원장을 비롯한 19명의 조합 간부는 복직이 안 되는 조건으로 나머지 몇백 명이 복직되었습니다. 그 김경욱 위원장이 인터뷰에서 말하길, 촛불을 보면서 절망했다는 거예요. 촛불을 들 수가 없다. 왜? 광화문에서 끝없는 촛불이 희망으로 타오르고 있지만 자기 조합원들은 몇 달씩 파업을 하다 보니 전기세를 못 내어 전기가 끊겼졌다는 겁니다. 애들이 집에서 촛불을 켜놓고 숙제하고 있다. 현실의 촛불이 이거다. 그래서 자신은 광화문에 한없이 타오르는 촛불을 보면서 절망한다고 했습니다.

촛불은 원래 어디를 비추어야 됩니까? 형광등 밑은 촛불을 비출 필요가 없죠. 촛불이 있어야 할 곳은 가장 어두운 곳입니다. 과연 5월부터 7월까지 피어 올랐던 촛불이 그런 역할을 했나요? 우리 사회에서 가장 어두운 곳, 가장 필요한 곳을 촛불이 찾아갈 수 있을까요? 우리가 찾아가지 못할 때 어떻게 될 것 같습니까?

다시 한 번 말씀드립니다만 그곳을 찾아내지 못했을 때 저는 파시즘이 올 가능성이 정말 크다고 생각합니다. 우리가 좀더 절실하게, 좀더 절박하게 행동해야 합니다. 지금 이명박 정권 4년, 거기다가 다음에 또 이상한 사람이 정권을 잡아버리면 제 50대는 다 날아갑니다. 저는 그렇게 살고 싶지 않습니다.

4년 후, 지금부터 준비해야

미래의 변화와 희망을 만들어내기 위해 우리는 무엇을 해야 할까요? 한국 민주주의가 지금 기로에 서 있다고 생각합니다. 이제 4년 남았습니다. 그 4년 후를 대비해야 합니다.

인물 중심으로 가서는 안 됩니다. 정책과 원칙을 살려야 한다고 생각해요. 사람들마다 중시하는 게 다를 겁니다. 저는 역사를 공부했으니까 과거사 청산 같은 문제를 중시할 수 있겠고, 누구는 경제 문제를 중시할 수 있겠고, 누구는 비정규직 문제를 중시할 수 있겠죠. 각자 중시하는 문제가 제각기 다를 겁니다. 여기서 아젠다를, 원칙을 세웁시다. 그 원칙을 실현할 사람이 있다면 우리는 아무 조건 없이 지지해

촛불을 든 가족
촛불 문화제에 참여한 한 가족이 서울 을지로 1가를 행진하며 환하게 웃고 있다.

야 합니다. 조건이 없다는 것은 뭐예요? 나한테 뭘 해달라는 요구 없이, 나는 내가 바라는 원칙과 정책이 실현되는 것으로 만족한다는 입장하에 우리가 지지할 만한 사람을 만들어내고 찾아내야 합니다.

좁은 의미의 정치를 할 생각은 조금도 없지만 저는 정말로 좋은 정치를 할 사람이 나오면 모든 것을 걸겠습니다. 모든 것을 바치겠습니다. 팍 엎어져서 충성하는 한이 있더라도. 적어도 대한민국에서 국정원과 검찰을 개혁하고 과거사 청산을 다시 시작할 수 있는 원칙을 가진 사람, 법을 가지고 장난치는 놈들을 소탕하고 거기에 자신을 내던질 수 있는 사람이라면 그를 따라 그 역할을 하는 데 제 몸을 던지겠습니다. 비정규직 문제를 해결하고자 하는 사람은 자신이 생각하는 조건을 내걸고, 당신이 이걸 해결하겠다면 나는 이렇게 충성하겠다고 밝힐 수 있어야 합니다. 이를 통해 우리가 우리의 후보를 만들어내야 한다고 생각합니다.

그런 각오로 우리를 내던지지 못할 때 우리 삶은 지금보다 상당히 어려운 지경에 빠질 수 있습니다. 민주주의는 절대로 거저 얻어지는 게 아니라는 사실을 이번에 다시 확인했습니다. 아마 여러분도 비슷한 심정일 테고요. 그 민주주의를 지키기 위해 여러분 스스로 해야 할 일들과 원칙을 다시 한번 점검해보십시오.

우리에게 남은 시간이 4년입니다. 1년 동안 원칙을 찾고, 1년 정도 그 원칙에 합당한 사람을 찾고, 그 사람을 준비시키고, 경쟁을 시켜야 하는데 시간이 많지 않습니다. 그 많지 않은 시간 동안에 우리가 무엇을 할 수 있을까요? 각자 무엇을 준비하실지 여러분도 고민을 해주시면 하는 바람입니다.

여기서 마치겠습니다.

특강–한홍구의 한국 현대사 이야기
© 한홍구 2009

초판 1쇄 발행 2009년 3월 31일
초판 14쇄 발행 2018년 6월 5일

지은이 한홍구
펴낸이 이상훈
편집인 김수영
기획편집 정진항 고우리
마케팅 조재성 천용호 박신영 조은별 노유리
경영지원 이해돈 정혜진 장혜정 이송이

펴낸곳 한겨레출판(주) www.hanibook.co.kr
등록 2006년 1월 4일 제313-2006-00003호
주소 서울시 마포구 효창목길6(공덕동) 한겨레신문사 4층
전화 02-6383-1602~3 **팩스** 02-6383-1610
대표메일 book@hanibook.co.kr

ISBN 978-89-8431-323-1 03900